思想政治教育研究文库

Ⅲ

思想政治教育传播

一个参与治理的视角

吴 凯 著

九 州 出 版 社

JIUZHOUPRESS

图书在版编目（CIP）数据

思想政治教育传播：一个参与治理的视角／吴凯著
. －－北京：九州出版社，2023.5
ISBN 978－7－5225－1797－1

Ⅰ. ①思… Ⅱ. ①吴… Ⅲ. ①互联网络—应用—思想
政治教育—研究—中国 Ⅳ. ①D64-39

中国国家版本馆 CIP 数据核字（2023）第 076059 号

思想政治教育传播：一个参与治理的视角

作　者　吴　凯　著
责任编辑　沧　桑
出版发行　九州出版社
地　　址　北京市西城区阜外大街甲 35 号（100037）
发行电话　（010）68992190/3/5/6
网　　址　www.jiuzhoupress.com
印　　刷　唐山才智印刷有限公司
开　　本　710 毫米×1000 毫米　16 开
印　　张　16
字　　数　287 千字
版　　次　2023 年 5 月第 1 版
印　　次　2023 年 5 月第 1 次印刷
书　　号　ISBN 978－7－5225－1797－1
定　　价　95.00 元

目 录
CONTENTS

第一章

绪　论

第一节　研究缘起、思路与意义

一、研究缘起

网络，在成为现代人生产工具的同时，逐渐形成了一种别样的生活方式。人们在网络中彰显自我、寻找自我、构建自我，似乎一旦失去同网络的连接，就会被打回"原形"，回到原初状态，变得无所适从，且又无所事事。

网络是一个好东西，其便捷性和现实作用早已不言自明，人们在大开眼界的同时，也沉迷于精彩纷呈的网络景观，"我们的社会逐渐依循网络与自我之间的两极对立而建造"①。这说明，那些依托网络建立起来的生活方式，包括人们的交往生活和精神世界，都会因"两极对立"陷入一种复杂的张力结构。就像橡皮筋一样，唯有一松一紧才能确保橡皮筋不会断。人们在网络中进行舆论生产、消费、传播，同样需要遵循张力结构的作用要求，若是为了一时之快或一己私欲，网络舆论就会异化为哗众取宠和鼓噪民意的牟利工具，失去"最大公约数"的公共价值。

纵观近几年的网络舆论热点事件，如"南京宝马撞人案""江歌案""丽江游客被打案""于欢辱母案""昆山反杀案""范冰冰逃税事件""长生疫苗事件""D&G辱华事件""彭博案""格力电器公开举报奥克斯""华为前员工李洪元离职被拘251天""肖战粉丝举报AO3"等。尽管此类事件大多是在"线

---

① ［美］曼纽尔·卡斯特．网络社会的崛起［M］．夏铸九，王志弘，等译．北京：社会科学文献出版社，2001：4.

下"发生的，但却在网络空间引起公众的普遍关注，公众在网络论坛、贴吧、微博发表各式各样的网络舆论，其中有理性、平和的声音，也有盲从、躁动、暴力、裹挟的非理性声音，甚至存在一些"非马""淡马""反马"的不良网络舆论，不仅为网络舆论生态带来极大的运行挑战，而且为思想政治教育传播制造了诸多难题。

2019年10月27日，中共中央、国务院印发《新时代公民道德建设实施纲要》（下称《纲要》）。《纲要》第五部分着重从四个方面提出"抓好网络空间道德建设"①的重要性、必要性和可行性。《纲要》的发布，为公众如何进行网络空间交往，如何开展网络舆论生产、消费、传播提供了指南，它对网络舆论生态治理具有非同凡响的意义。首先，《纲要》在国家层面明确了网络空间道德建设的重要性，它为网络舆论生态治理提供了顶层设计和政策依据。其次，《纲要》强调要让"正确道德取向成为网络空间的主流"②，这可以让公众在网络舆论生产、消费、传播过程中感受到社会道德的风向，沐浴在积极、和谐、健康、充满正能量的社会氛围中，品悟道德力量。最后，《纲要》将网络空间道德建设纳入公民道德建设的总体范畴，这实则是进一步肯定网络内容建设在新时代社会主义道德建设中的重要地位，它同网络舆论生态治理具有内在的一致性，都是致力于网络空间的健康、有序、理性、和谐发展。

2019年12月20日，国家互联网信息办公室发布《网络信息内容生态治理规定》（下称《规定》）。《规定》共有八个部分，除总则和附则之外，分别从网络信息内容生产者、网络信息内容服务平台、网络信息内容服务使用者、网络行业组织、监督管理、法律责任等六个方面进行了规定③。网络信息内容生态治理与网络舆论生态治理，两者紧紧围绕网络综合治理体系展开，只不过网络舆论是网络信息内容的一个方面，一个范畴。《规定》的出台，旨在净化网络空间，推动网络舆论生态治理，确保网络信息内容生产的合理性与合法性。这既是推进"中国之制"的现实需要，也是维护广大人民群众切身利益免受不良网络信息内容侵扰的需要。

网络舆论生态治理中的思想政治教育传播能否发挥其作用，取决于是否在

---

① 中共中央国务院印发新时代公民道德建设实施纲要［N］．人民日报，2019-10-28（01）．

② 中共中央国务院印发新时代公民道德建设实施纲要［N］．人民日报，2019-10-28（01）．

③ 中华人民共和国国家互联网信息办公室．网络信息内容生态治理规定［EB/OL］．［2020-2-21］．http：//www. cac. gov. cn/2019-12/20/c_ 1578375159509309. htm.

网络舆论生态治理框架内建立思想政治教育传播渠道，是否将思想政治教育的立场、理念、内容、方法、价值贯穿到网络舆论生产、消费、传播的全过程与各环节。网络舆论生态治理涉及思想政治教育问题，迫切需要思想政治教育传播的介入，使其作为一种治理手段参与其中。现阶段的学术研究，尽管思想政治教育传播已经介入到了网络舆论生态治理过程中，对网络舆论的价值分析和教育引导也具有思想政治教育的成分，但总体上仍处于薄弱状态，参与不够、效果欠佳，主要表现为：思想政治教育传播在网络舆论生产、消费、传播过程中的作用发挥有待进一步加强，公众网络舆论参与未能很好地受到思想政治教育传播的价值影响，思想政治教育传播未能参与网络舆论生态治理的全过程与各环节，主流意识形态与社会主义核心价值观凸显不够等。网络舆论生态治理过程包含人的思想与行为因素，需要给予教育引导和价值关怀，充分彰显思想政治教育在网络舆论生态治理过程中的传播优势，使其成为一种重要且有效的治理措施，同其他治理手段相辅相成、相得益彰，这是本书研究的出发点。

二、研究思路

网络舆论生态治理中的思想政治教育传播研究，需要通过清晰的网络舆论生态问题来呈现。能否提出问题，对于思想政治教育传播参与网络舆论生态治理是关键性的一步。结合提出的问题，判断思想政治教育传播的参与程度，是否存在缺场、弱场的情况，然后在此基础上进一步拓展思想政治教育传播参与网络舆论生态治理的途径。

在网络空间中，有政治性网络舆论、经济性网络舆论、文化性网络舆论、娱乐性网络舆论等，网络舆论的多样性决定了网络舆论生态治理手段的全面性。从整体性视角理解网络舆论生态，对其内涵指向、问题镜像进行客观把握，在理论层面对网络舆论生态治理作出解释和说明。本书对网络舆论生态治理采取一般范式的理解思路，即从整体上把握网络舆论生态治理，并不针对具体的网络舆论类型作出分析和说明。一般范式有利于思想政治教育传播纵向深入网络舆论生态治理过程，无须过多考虑不同类型网络舆论对思想政治教育传播的影响，便于宏观思想政治教育学的科学发展，"宏观思想政治教育学着眼于对思想政治教育创新发展的战略考量"[①]，思想政治教育传播参与网络舆论生态治理，理应成为宏观思想政治教育学研究的重要任务。这首先需要探讨网络舆论生态治理与思想政治教育传播两者之间的关系，从分析网络舆论生态的要素和问题、

---

① 沈壮海．宏观思想政治教育学初论［J］．思想理论教育导刊，2011（12）：88.

讨论网络舆论生态治理议题入手，并在对其多样性分析的前提下，寻找思想政治教育传播参与网络舆论生态治理的可能性及各种条件。其次，以网络舆论生态治理中思想政治教育传播的价值判断为切入点，在分析思想政治教育在网络舆论生态治理中的传播特点的基础上，探讨思想政治教育传播进入网络舆论生态治理新场域的内容。

至此，思想政治教育传播同网络舆论生态治理有何关系，它对网络舆论生态治理有何功能，是否处于在场状态，在场状态如何，作用发挥如何，都有了进一步的认识，为网络舆论生态治理中思想政治教育传播的实践理路奠定基础。

三、研究意义

网络舆论生态治理中思想政治教育传播研究的意义，需要从思想政治教育传播对网络舆论生态治理的系统影响来判断总结。

（一）理论意义

第一，本书初步说明了网络舆论生态治理同思想政治教育传播的关系，建立了思想政治教育传播参与网络舆论生态治理的学理支撑。权力、议题、话语是网络舆论生态治理不可回避的话题，也是思想政治教育传播参与网络舆论生态治理的主要问题。网络舆论生态治理涉及范围之广，不能仅限于从传播学、舆论学的角度对其进行研究，还需要从思想政治教育学的角度对其进行深入考量。这不仅可以进一步拓宽网络舆论生态治理的理论视野，而且有助于思想政治教育学在网络舆论生态治理中的理论延伸，在化解弱场状态的基础上凸显思想政治教育传播对网络舆论生态治理的理论优势，架构思想政治教育与网络舆论生态治理的理论模式，推动新时代思想政治教育传播学的理论发展。

第二，本书揭示了思想政治教育在网络舆论生态治理中的传播特点，确立了思想政治教育传播进入网络舆论生态治理新场域的理论命题。网络舆论生态问题是网络舆论生产、消费、传播过程多维作用的结果，在一定程度上决定了网络舆论生态治理的复杂性和艰巨性，也决定了思想政治教育传播参与网络舆论生态治理的特殊作用。本书通过对思想政治教育传播在网络舆论生态治理中的现状分析，深挖思想政治教育传播弱场的风险问题，从思想政治教育的视角丰富网络舆论生态治理的理论。

（二）现实意义

第一，推动新时代思想政治教育传播学的实践深化，助推学科发展。新时代思想政治教育传播学要关注网络空间背后的价值隐忧和精神挑战，网络舆论生态在给思想政治教育传播提供多样选择的同时，在一定程度上解构了新时代思想政治教育传播学的价值图景，易使人陷入网络空间的道德纷争和价值冲突，甚至成为民粹主义、极端民族主义、虚无主义、自由主义、享乐主义滋生泛滥的温床。仅在理论层面提出思想政治教育传播参与网络舆论生态治理是远远不够的，还要在实践层面进一步深化两者之间的关系，探寻思想政治教育学科发展的实践生长点。

第二，搭建网络舆论生态治理同思想政治教育传播的交融渠道。本书紧扣"思想政治教育传播是什么"的问题，重点对涉及"思想政治教育传播"的诸多问题展开实践探索，充分运用辩证唯物主义和历史唯物主义的方法，将传播学、舆论学同思想政治教育学充分交融，不断回答和解决"思想政治教育传播"中重大而又紧迫的现实难题，使网络舆论生态治理同思想政治教育传播充分交融，在交融中发展，在发展中创新。

第三，有利于指导网络舆论工作格局中的思想政治工作。新时代思想政治工作面临新的难题，既要充分考虑社会主要矛盾变化给思想政治工作带来的影响，又要站在"数字化生存"的角度重新思考思想政治工作的实践面向。本书提出的"思想政治教育传播进入网络舆论生态治理的新场域"和"思想政治教育传播参与网络舆论生态治理的原则"，对于思想政治工作适时拓展研究论域，及时抢占互联网高地，用思想政治工作的理论魅力去把控网络舆论工作具有实践意义。

第二节　学术史梳理及研究动态

网络舆论生态治理中的思想政治教育传播研究的学术史梳理，需要回应两个方面的问题：一方面是以网络舆论生态治理为基点的学术探索，从中发现是否包含对思想政治教育传播问题的关注，这是思想政治教育传播参与网络舆论生态治理现状如何的有力说明；另一方面是立足思想政治教育传播，细化其在网络舆论生态治理中的问题呈现，这是总结两者关系并对其进行检视和拓展的关键。

一、国内学术史梳理及研究动态

国内学术史梳理及研究动态分为两个部分：第一，围绕网络生态、舆论生态、网络舆论生态，指出网络舆论生态存在的问题，并在此基础上分析其治理思路；第二，对网络舆论生态治理中的思想政治教育传播问题进行梳理和分类，探明思想政治教育传播在网络舆论生态治理中的作用状态，明确两者的关系领域和范围。

（一）关于网络舆论生态治理的相关研究

学界大致遵循"网络生态—舆论生态—网络舆论生态"的思路，分析网络舆论生态存在的问题，并对其如何治理展开研究。

1. 关于网络生态的研究

学界倾向于将其同网络文化、伦理关系相关联。就网络文化而言，聂辰席认为，构建和谐的网络生态已经成为构建社会主义和谐社会和建设社会主义先进文化的重要组成部分[①]。从这一观点来看，网络已经不再是简单的虚拟性工具，它早已渗入人们生活的方方面面，在虚拟空间成燎原之势的时候，直接形成了极具特色的网络文化。只不过这种网络文化有着内在的"先天不足"和"后天不良"。蔡志文、万力勇从文化根源的视角分析了网络生态危机的表征[②]，这实际上就间接指出了网络生态存在一定的"文化矛盾"。人们本想利用网络来构建一个服务自我生存与发展的网络生态，但却因诸多因素的影响使其脱离了原有的正常轨道，其中涉及了"法律规范问题、信息主体问题、信息技术问题、经济发展问题"[③]。如何正确看待因网络而起的网络文化以及网络生态的问题，就成为学界拨开"网络迷雾"，想要探寻的现实目标。

就伦理关系而言，人们生活在网络之中，并通过它来组建属于自己的网络。不同的网络造就了具有不同生活方式和伦理关系的人们。为此，陈宗章认为"网络生态的形成与发展，根本上体现了人的关系性本质"[④]。可以看出，网络空间人与人的伦理关系，在很大程度上有赖于网络生态的呈现，我们要致力于构建一种和谐的网络生态来处理人在网络空间的伦理关系。尽管"网络生态危机的实质是人与信息矛盾的激化"[⑤]，但这种矛盾并不构成人类生活的根本矛盾。也就是说，伦理关系折射出的是人们在网络空间"如何生存及如何生活好"

---

① 聂辰席. 营造和谐的网络生态 [J]. 求是，2007（18）：19-20.

② 蔡志文，万力勇. 浅论网络生态危机的表现及其文化之源 [J]. 四川教育学院学报，2004（1）：64-66.

③ 张庆锋. 网络生态论 [J]. 情报资料工作，2000（4）：2-3.

④ 陈宗章. 试论网络生态的基本特征 [J]. 电子科技大学学报（社会科学版），2019（5）：71.

⑤ 唐一之，李伦. "网络生态危机"与网络生态伦理初探 [J]. 湖南师范大学社会科学学报，2000（6）：18.

的关系问题，它有两个方面的问题所指：其一，伦理关系包含对现实空间的思考，网络生态的呈现在某种程度上也是对现实生活空间的直接表现，我们不能抛开现实生活空间来单向度思考网络生态及其伦理关系；其二，伦理关系并不全面否定和排斥网络生态，只不过我们需要正视网络生态存在的问题，并在问题的合理解决中对其暴露出的伦理关系展开全面反思与重建，从狭义的方面理解，就是致力于"网络社会主体道德素质的培养"①。

2. 关于舆论生态的研究

学界试图在舆论场的概念范式中理解舆论生态，并对其涉及的关键词和重要领域进行正本清源。舆论场是新华社原总编辑南振中提出的一个重要概念，他认为媒体舆论场和口头舆论场是两个并不完全重叠的舆论场②，随后引发诸多学者对此问题的关注与讨论，推动了舆论场概念研究的深化与发展。学界对舆论生态的研究，更多的是同传媒结构、政治与经济社会发展相关联，如何理解与把握舆论生态背后的社会诱因，是其研究重心。其一，"两微一端"（微博、微信及新闻客户端）构成了舆论生态研究的突破口，它的研究面向是多方面的，但更加侧重对"两微一端"背后的舆论监督、微博反腐、社会动员、议程设置、群体性事件、新闻生产的关注和问题的解决。其二，努力在舆论生态中探寻深层次的发展规律和运行机理，以期指导实践。康培培、肖景辉倡导把握复杂舆论生态中的"变"与"不变"，从而为主流媒体舆论引导提供创新策略③，朱春奎致力于通过话语秩序的变迁来揭示官方话语危机的困境，并探求舆论生态背后的"最大公约数"④。其三，将舆论生态困境同国家治理现代化与网络空间法治化相关联，以期通过"宏微并重"的手段来优化舆论生态环境。张勤认为网络舆情同政府信任有着千丝万缕的联系，舆论生态在某种程度上也反映了行政生态环境，这不仅可以倒逼政府转型，而且有利于政府信任的重塑⑤。谢晓娟、金国峰从法治化建设⑥方面，秦前红、李少文从法治原理⑦的层面，分别分析了

① 张红薇. 网络生态危机与网络主体的道德素质培育［J］. 河南师范大学学报（哲学社会科学版），2007（3）：200-201.

② 南振中. 把密切联系群众作为改进新闻报道的着力点［J］. 中国记者，2003（3）：5.

③ 康培培，肖景辉. 复杂舆论生态中的"变"与"不变"——主流媒体"主题宣传"创新策略分析［J］. 中国编辑，2018（5）：64-67.

④ 朱春奎. 新型舆论生态下的官话困境［J］. 人民论坛，2013（13）：58.

⑤ 张勤. 网络舆情的生态治理与政府信任重塑［J］. 中国行政管理，2014（4）：40-44.

⑥ 谢晓娟，金国峰. 网络空间法治化建设的路径分析［J］. 马克思主义研究，2016（8）：142-148.

⑦ 秦前红，李少文. 网络公共空间治理的法治原理［J］. 现代法学，2014（6）：15-26.

网络空间法治建设的必由之路，这无疑奠定了制度化在舆论生态中的功能性地位①。

舆论生态较网络生态有了更加丰富的内容，愈加趋近于现实生活，成为探究人们进行舆论表达动机的重要抓手。但它也暴露出一些弊端和短板，这就注定了舆论生态需要在治理的视域下作出新的理解，并对其进行解构与重构。

3. 关于网络舆论生态的研究

学界开始意识到网络舆论生态问题及其对整个经济社会发展的系统影响，何以防范和化解网络舆论生态运行的潜在风险，尤其是在"不确定性"的基础上重构网络舆论生态，成为网络舆论生态治理研究的主导方向。

其一，"不确定性"指出了网络舆论生态的结构性紧张，迫切需要走向治理的网络舆论生态对此作出回应。正如张涛甫主张的那样，"当下中国的舆论'流动性过剩'是社会转型与媒介生态转型的产物"②。这意味着"不确定性"不仅构成了网络舆论的主要特征，而且导致网络舆论生态走向一种不确定性的境地，为此便需要对"失衡的舆论场进行结构性的再平衡"③。其二，网络舆论生态的观察视角需要兼顾不同主体的参与诉求和表达动机，以"公共性抑或公众性"④的视角全面审视"网络舆论生态泛娱乐化的负效应"⑤。这表明，网络舆论生态的研究视角在不断拓宽，既有来自学界理论研究的作用，也有网络舆论生态自身不断演化的因素。其三，注重对网络舆论生态平衡机理与系统特性的研究。机理是我们能否深入到网络舆论生态系统内部的关键环节，只有掌握了机理，我们才能一窥网络舆论生态的运动过程，才能总结出客观的、必然的规律性认识。蔡骐、袁会认为网络舆论生态的平衡机理是"以有机运行与动态平衡为主的预决性取向和基于反馈循环链的稳定域维持"⑥，张金桐、曹素贞则将其运行

① 宰飞. 舆论生态平衡论——以《焦点访谈》为例 [J]. 中国电视，2005（4）：48-50.
② 张涛甫. 舆论"流动性过剩"的风险考量及其化解之道 [J]. 天津社会科学，2014（1）：71.
③ 张涛甫. 纠偏：舆论场的结构性再平衡——兼论两种舆论引导偏向 [J]. 新闻与写作，2017（3）：51.
④ 焦德武. 公共性抑或公众性：观察网络舆论生态的两种视角 [J]. 湖南师范大学社会科学学报，2017（6）：53-58.
⑤ 高如. 警惕网络舆论生态泛娱乐化的负效应 [J]. 毛泽东邓小平理论研究，2017（8）：66-72.
⑥ 蔡骐，袁会. 网络舆论生态的系统特性与管理策略 [J]. 湖南师范大学社会科学学报，2017（6）：48.

机理理解为"分解性机理和融合性机理"① 两部分。

此类分析，基本上是从自组织和媒介环境的视角加以展开的，具有一定的客观性与科学性。但网络舆论生态是一个庞大的运动系统，我们很难从理论上全面厘定它究竟具有哪些机理，只能从外在的媒介环境出发，结合网络舆论生态的内在运动过程，对网络舆论生态展开回溯性认识，对网络舆论生态治理进行一定的认识论分析，才能理解和把握其平衡机理，继而进行网络舆论生态治理研究。

4. 关于网络舆论生态存在的问题

学界更多的是对网络舆论生态"问题"的梳理，并没有基于其生态发展现状作出一个明确的判断与评价。殷俊、李月起将"话语权失衡、起哄与非理性'迁怒'、网络虚假信息层出不穷、网络谩骂"② 视为网络舆论生态问题，高中建、胡玉婧把"网络舆论生态的自我调节能力不足、外部制约体制不健全"③ 理解为网络舆论生态问题的导致因素，但这些研究仍处于初步的探索阶段，并没有深入网络舆论生态运行系统内部，尤其是没有结合运行结构的构成来综合把握网络舆论生态问题的起因，只是停留在问题的表象分析上。"判定认识或理论之是否真理，不是依主观上觉得如何而定，而是依客观上社会实践的结果如何而定。"④ 这意味着，对问题的认知和判定，必须依据网络舆论生态的运动过程，必须深入它的运行机理内部进行综合把握，提炼出符合网络舆论生态发展现状的问题表征。

5. 关于网络舆论生态治理

学界从不同维度提出治理选择方案。例如，杨立青在制度文明建设⑤，曲飞帆、杜骏飞在复杂科学理论及方法论⑥，谢金林在提升政府网络话语能力⑦，何

---

① 张金桐，曹素贞. 网络舆论生态平衡模型架构与运行机理［J］. 当代传播，2017（4）：85.
② 殷俊，李月起. 网络舆论生态失衡矫正途径探析［J］. 新闻与写作，2015（9）：58.
③ 高中建，胡玉婧. 网络舆论生态失衡表现及其矫正［J］. 人民论坛，2014（14）：39.
④ 毛泽东. 毛泽东选集：第一卷［M］. 北京：人民出版社，1991：284.
⑤ 杨立青. 浅议把制度文明建设作为网络舆论空间治理的根本之策［J］. 新闻记者，2017（4）：95-96.
⑥ 曲飞帆，杜骏飞. 复杂系统论：中国网络舆论研究的范式转向［J］. 南京社会科学，2017（11）：107-114.
⑦ 谢金林. 网络舆论生态系统内在机理及其治理研究——以网络政治舆论为分析视角［J］. 上海行政学院学报，2013（4）：90-101.

明升在网络治理定位①，张爱军、许德胜在网络治理模式②，刘霞、向良云在网络治理结构③，张涛甫、王智丽在舆论治理框架④等多方面展开讨论。可以肯定的是，这些研究成果无不为我们探索和构建网络舆论生态治理提供了条件与可能，进一步深化了治理理论同网络舆论生态的结合与运用。不同学者对网络舆论生态有着不同的治理理解，所采用的治理视角和治理方法均有着各自的研究特色和学科属性，但这并不能断定"此治理"并非"彼治理"，两者之间仍存在诸多相似与共通之处。

（二）关于思想政治教育传播参与网络舆论生态治理的研究

针对这一问题，学界大致从以下三个方面展开研究：

1. 网络舆论中具有可供思想政治教育传播利用的积极因素

廖小琴从"教育对象的主体性、思想政治教育改革发展、思想政治教育相关论题"⑤ 三个方面阐述了网络舆论对思想政治教育的影响，强调要合理利用网络舆论的积极方面，助推思想政治教育的创新发展。夏晓虹、张宇认为大学生的认知行为容易受网络舆论的影响，思想政治教育要因势利导，积极营造正向、和谐、健康的网络舆论氛围，"正确引领网络舆论，形成网上正面舆论强势，是网络思想政治教育的内在需求"⑥。张傅、付长海、李静霞等人认为，新媒体在思想文化领域对"思想政治教育主客体关系、思想政治教育环境、思想政治教育方式"⑦ 产生重大影响，这意味着网络舆论要充分发挥新媒体的技术优势，"借鉴信息论，加强思想政治教育内容的信息化分析"⑧，最终构建传播

---

① 何明升．中国网络治理的定位及现实路径［J］．中国社会科学，2016（7）：112-119.
② 张爱军，许德胜．网络治理的三种模式：比较与选择［J］．晋阳学刊，2014（6）：79-84.
③ 刘霞，向良云．我国公共危机网络治理结构——双重整合机制的构建［J］．东南学术，2006（3）：23-29.
④ 张涛甫，王智丽．中国舆论治理的三维框架［J］．现代传播（中国传媒大学学报），2016（9）：32-36.
⑤ 廖小琴．网络舆论——新时期思想政治教育的重要视域［J］．学校党建与思想教育，2003（9）：51.
⑥ 夏晓虹，张宇．加强网络舆论引导，有效开展网络思想政治教育工作［J］．理论学刊，2005（9）：126.
⑦ 张傅，付长海，李静霞．传播学视域下的"生命线"［M］．北京：知识产权出版社，2017：37-39.
⑧ 张傅，付长海，李静霞．传播学视域下的"生命线"［M］．北京：知识产权出版社，2017：146.

学视域下的"生命线"。戴益民认为网络舆论是公民意识培育的重要途径①，公众通过网络舆论表达，积极进行政治参与，民主意识得到提高。王莹、薛浩认为网络舆论中渗透着关于公共问题的讨论，有利于中国公民社会的发展②。刘九洲、许玲指出"网络空间中的公民协商与公民行动已经在现代多元社会多次显露出强大而深远的影响"③。但也有一些学者持保留意见，认为当前中国网民还不具备公共领域要求的批判意识，"未能建构起一个真正意义上的'虚拟公共领域'"④。网络舆论的理性成分有助于公民意识的培养，不能因非理性网络舆论而忽视其合理成分和有益表现，因为"网络人际互动推动人的交往实践活动进入新境界"⑤。

2. 思想政治教育传播与网络舆论生态的关系

在网络社会，思想政治教育需要借助网络媒介扩大其传播范围，提升其教育引导效果，同时要接受网络社会带来的诸多挑战，这就注定了网络舆论生态同思想政治教育传播的关系是密切又复杂的，"网络舆论生态既能成为高校思政课实效性提升的'加分项'，又能成为'减分项'"⑥，思想政治教育传播要想切实发挥作用，就必须避免"减分项"的负面影响，及时、有效地利用"加分项"，扩大其辐射领域。这意味着，思想政治教育传播要寻求网络舆论生态平衡，在这一前提下重新思考思想政治教育的传播面向，"以相对平衡的网络舆论生态为师生的学习、工作、生活和成才成长营造清朗的网络空间"⑦。同时，思想政治教育传播还要反向透视网络舆论生态失衡的诱因，在原因分析中谋划思想政治教育效能实现的策略⑧。

3. 思想政治教育传播在网络舆论生态治理中的作用

学界对该问题的认识和讨论，仍处于起步阶段，尽管不少学者肯定网络舆

---

① 戴益民. 网络舆论与公民意识的培育 [J]. 传媒观察，2008（2）：39-40.

② 王莹，薛浩. 网络舆论与中国公民社会的建构 [J]. 新闻爱好者，2009（14）：74-75.

③ 刘九洲，许玲. 论网络舆论传播中的公民协商和公民行动 [J]. 华中师范大学学报（人文社会科学版），2010（6）：121.

④ 罗坤瑾. 网络舆论与中国公共领域的建构 [J]. 学术论坛，2010（5）：179.

⑤ 吴满意. 网络人际互动——网络实践的社会视野 [M]. 北京：人民出版社，2015：269.

⑥ 李凤. 论网络舆论生态与高校思想政治理论课的相互关系 [J]. 北京城市学院学报，2019（6）：94.

⑦ 李伟东. 基于网络舆论生态平衡需求的高校宣传思想工作发展维度 [J]. 学校党建与思想教育，2016（24）：17.

⑧ 敬菊华，韩凯丽. 高校网络舆论生态的构建——基于思想政治教育效能实现的视角 [J]. 黑龙江高教研究，2015（2）：127-129.

论、网络舆论生态同思想政治教育的关系，认识到思想政治教育在其中可以发挥作用，扩大传播范围，提升引导效果，但思想政治教育传播本身能否作为一项治理手段参与网络舆论生态治理，却没有达成共识，也没有充分运用思想政治教育学原理分析和研判网络舆论生态治理，只局限于零星的涉及。互联网的二重性以及它对思想政治教育的深刻影响，均能在"定义域"和"问题域"方面为思想政治教育传播学提供有益借鉴①，可以建立新的思想政治教育传播方式，拓展思想政治教育在网络舆论中的价值延伸②，并进一步思考网络舆论背景下思想政治教育的创新发展问题③。但是，这些研究并没有很好地说明网络舆论生态治理与思想政治教育传播有何价值关联，以及如何从思想政治教育学科属性的角度来理解这种价值关联。

　　通过对以上两个部分的学术史梳理，本书初步掌握了网络舆论生态治理的研究脉络，厘清了思想政治教育传播在网络舆论生态治理中的发展样态。基于现有研究成果，思想政治教育传播在网络舆论生态治理中的表现，大多局限于对网络舆论、网络舆论生态的认知与理解，只是肯定了网络舆论对思想政治教育传播，以及需要解决。但是，网络舆论生态治理中有没有思想政治教育传播，存在何种思想政治教育传播，思想政治教育传播可否参与网络舆论生态治理，能否作为一种治理手段等问题，却没有得到充分的讨论与回答，需要进一步深化。

　　事实上，网络舆论生态治理过程存在大量的可供思想政治教育传播借鉴的资源，尤其是网络舆论生产、消费、传播过程的典型案例，如果把这些问题同思想政治教育传播结合起来，深挖网络舆论生态问题的社会诱因，探究网络实名制背后的"灰色地带"，尤其是网络谣言、涉黄涉恐、网络攻击、网络暴力等违法（非理性）现象，将会有益于推进思想政治教育传播在网络舆论生态治理中的纵深发展，有助于网络舆论生态治理对思想政治教育传播的理论吸收和借鉴。

二、国外学术史梳理及研究动态

　　国外并无直接关于网络舆论生态治理中的思想政治教育传播研究的文献，

---

① 张瑜. 论互联网的二重性与思想政治教育创新发展 [J]. 教学与研究，2018（7）：68-75.

② 徐椿梁，包迎华. 网络舆论环境下高校思想政治教育中的价值延伸 [J]. 中共宁波市委党校学报，2014（6）：24-26.

③ 谢瑶函，唐小林. 论网络舆论背景下思想政治教育的创新 [J]. 黑龙江高教研究，2015（11）：133-135.

多数研究成果集中于对网络、舆论的讨论，以此引发对其他问题的关注和解决，这些讨论兼具多学科、跨学科和实证研究的特征。本书试图勾勒四条主线，以期在这些讨论中探寻适合网络舆论生态治理中的思想政治教育传播研究的理论借鉴和现实启示。

（一）舆论的研究视角

1. 舆论的虚构与象征

"外部世界与脑中影像"① 是沃尔特·李普曼对舆论的经典概述，其著作《舆论》是传播学领域研究舆论问题的奠基性著作。在这篇著作中，李普曼对舆论的形成和发展作了细致而深入的分析，认为必须处理好三个方面的关系，即"行动的环境、人们头脑中关于那个环境的图景，以及人对于从环境中滋生出来的那幅图景做出的反应"②。按照李普曼的定义，舆论之所以形成，首先是在人们的头脑中形成了关于"公共事务"的理解图景，这一图景除了同前面提到的三方面关系相关之外，更为重要的是，这一理解图景成为人们付诸实践的指南，"以社会群体的名义由一些个体去付诸实践，那么就成了更宏大意义上的舆论"③。时至今日，我们对舆论的理解和界定，仍旧是在李普曼这一经典定义框架内进行的"二次加工"。随后，李普曼用了相当大的篇幅介绍了造成这种局面的原因以及可能产生的后果。

2. 政治心理学的尝试

约翰·R. 扎勒在其著作《公共舆论》中讨论了民众如何获取信息并将其转化为公共舆论，并提出了四类模型。他同李普曼的不同之处在于，扎勒将政治心理学引入舆论形成过程的分析之中，研究了舆论的碎片化状态，通过模型评估提出公共舆论存在的精英主导问题。在此基础上，扎勒对影响舆论的信息流进行筛选和评估，解释人们是如何利用舆论研究的政治偏好问题，"其目的是尽最大可能在一个有黏聚力的理论体系中整合公共舆论的动力机制"④。

---

① ［美］沃尔特·李普曼. 舆论［M］. 常江，肖寒，译. 北京：北京大学出版社，2018：3-26.

② ［美］沃尔特·李普曼. 舆论［M］. 常江，肖寒，译. 北京：北京大学出版社，2018：15.

③ ［美］沃尔特·李普曼. 舆论［M］. 常江，肖寒，译. 北京：北京大学出版社，2018：24.

④ ［美］约翰·R. 扎勒. 公共舆论［M］. 陈心想，方建锋，徐法寅，等译. 北京：中国人民大学出版社，2013：1.

（二）舆论和群体的关系影响

1. 冲动的社会

美国学者保罗·罗伯茨在其著作《冲动的社会》中表达了因自我为中心而造成的同理心式微的隐忧，并提出如何构建一种充满合作与自信的理想社会的蓝图的思考。罗伯茨很有见地地指出，"当我们的身份从生产者转化为消费者，我们的身心已经完全被市场所掌控"①。这里不免发出一个疑问，舆论究竟是否需要以市场为导向，一味迎合市场的舆论是否就是最大多数人的真实需求？显然，罗伯茨对这一疑问的回答是坚决的，对这一问题的批判是深刻的。罗伯茨认为自我已经成了所有事物的中心，所有事物都必须围绕自我来运转，新闻也就变成了一种完全迎合个人喜好的定制信息流。

2. 乌合之众与群氓

古斯塔夫·勒庞、塞奇·莫斯科维奇很早就对此问题进行了详尽的论述，在他们的经典著作《乌合之众》《群氓的时代》中也有"冲动的社会"的影子。勒庞细致地分析了群体心理和群体意见，并归纳出不同群体的心理特点，认为"我们注定要屈从于群体的势力，这是因为群体的眼光短浅，使得有可能让它守规矩的所有障碍已经被——一清除"②。在勒庞看来，集体心理的作用是巨大的，其后果也是深远的，甚至是颠覆性的。一旦群体心理占据了上风，集体无意识就足以摧毁一个偶然事件。莫斯科维奇是当代欧洲最著名的社会心理学家之一，通过《群氓的时代》的书名便可看出他本人对群体的态度。在他看来，"我"之所以成为"群氓"一员，关键原因就在于"我"失去了理智，陷入了欲望、骚动、暴力的深渊，一股盲目且不可控的力量左右着"我"，"就像被实施了催眠术的实验对象，人们变成了受无意识摆布的机械人"③。在以上两位学者看来，群体有其内在的弊端，撇开他们对群体的成见，我们仍可以发现群体对舆论研究的积极作用，固然群体有时会滑向集体无意识，但群体的积极建构力量却是不用质疑与忽视的。

（三）舆论的地位

伊丽莎白·诺尔-诺依曼用"舆论"来形容"我们的社会皮肤"，以此探讨

---

① [美] 保罗·罗伯茨. 冲动的社会 [M]. 鲁冬旭，任思思，冯宇，译. 北京：中信出版社，2017：14.

② [法] 古斯塔夫·勒庞. 乌合之众：大众心理研究 [M]. 冯克利，译. 北京：中央编译出版社，2005：9.

③ [法] 塞奇·莫斯科维奇. 群氓的时代 [M]. 许列民，薛丹云，李继红，译. 南京：江苏人民出版社，2003：138.

舆论作为社会控制的机制。在本书看来有三层含义：第一，舆论是浅显的，就像我们的皮肤一样，是可以被人直观的；第二，舆论像我们的皮肤一样脆弱，一旦损伤，就需要一定的时间来修复；第三，舆论既有关于人性的体现，又有由人所组成的社会关系的表象，社会利用舆论，而舆论同样也能保护社会。针对这一点，诺依曼强调，"公共舆论——我们的社会皮肤。'我们的'——它的含义可以是我们的社会，公共舆论如同皮肤一样保护着我们的社会，而使它能够成为一个整体。'我们的'——它的含义也可以是那些承受着公共舆论的个体，这些个体也承受着社会皮肤的感受性"①。此外，诺依曼认为"沉默的螺旋是公共意见形成及广泛传播的过程"②，这就引发了对当前网络舆论生态的问题思考。当沉默螺旋形成时，沉默者是继续保持沉默，还是在集体无意识的强大压力下走向另一个选择？这个选择可否促成良善公共意见的形成，还是会迈向另一个极端？

（四）网络与舆论结合的不同结果

曼纽尔·卡斯特在其《网络社会的崛起》一书中详尽论述了信息化对整个经济社会发展的重要作用，以及人在网络社会中的变化，"我们的社会逐渐依循网络与自我之间的两极对立而建造"③。这就意味着网络同舆论的结合，一方面是顺应时代发展的潮流，是网络信息化社会发展的必然，另一方面则由此导致新的矛盾的出现和激化，人在网络空间的关系对立紧张，这种关系不仅是人在网络社会适应过程的呈现，而且间接说明我们社会的正根据此种关系而不断向前推进。也就是说，我们的社会依据网络而建构，网络也因我们社会的发展需要而向前发展。网络的作用是巨大的，进一步使人类迈向"数字化生存"的境地。尼古拉·尼葛洛庞帝认为，"数字化的生活将越来越不需要仰赖特定的时间和地点，现在甚至连传送'地点'都开始有了实现的可能"④。正是因为这种可能，媒介成为人的延伸，我们才能在"信息乌托邦"中探讨众人是如何生产知识的，才能解码网络沟通、互动行为的内在动机与原理，才能避免"我们只听

---

① ［德］伊丽莎白·诺尔-诺依曼. 沉默的螺旋：舆论——我们的社会皮肤［M］. 董璐，译. 北京：北京大学出版社，2013：189.
② ［德］伊丽莎白·诺尔-诺依曼. 沉默的螺旋：舆论——我们的社会皮肤［M］. 董璐，译. 北京：北京大学出版社，2013：59.
③ ［美］曼纽尔·卡斯特. 网络社会的崛起［M］. 夏铸九，等译. 北京：社会科学文献出版社，2001：4.
④ ［美］尼古拉·尼葛洛庞帝. 数字化生存［M］. 胡泳，范海燕，译. 北京：电子工业出版社，2017：160.

我们选择的东西和愉悦我们的东西的通讯领域"①，如此舆论才能在网络世界发出理性的声音。

以上四个方面是国外学者对网络舆论的研究，都是在舆论形成过程的基础上进行的，尤其是关注那些极易推动舆论发展的影响因素，其中包含对政治学、传播学、社会学、心理学的思考。在这些研究中，网络只是一个被利用的媒介工具，或者说舆论本身只是借助网络进一步融入经济社会发展过程，成为一窥公民政治生活参与现状的媒介。所不同的是，舆论并没有因网络的无限扩大而走向的"疯狂"的地步。恰恰相反，舆论正是利用网络媒介而变得更加生动、现实和真切，成为直观反映和解决现实生活问题的"武器"，只不过如何利用"武器"就成为当下不得不思考的问题。

实际上，国外学者并没有直接对网络舆论生态治理中思想政治教育传播的问题展开具体讨论，但由网络舆论引申出的相关议题研究，尤其是国外学者的跨学科视野为本书提供了借鉴思路，主要体现在以下六个方面：第一、从伦理角度关注信息对象的内在价值，指出其道德尊严的可能性②，肯定了网络伦理与互联网技术发展的密切关系③，强调计算机伦理对计算机技术性质和社会影响的分析④。第二，利用公众舆论进行民意调查，以此发现公众意见同情绪/情感词汇的相互关系，从而捕捉公众舆论的发展趋势⑤；基于统计方法呈现民意调查分析结果，分析极端观点形成的深层次动因，并在此基础上进行经验模拟和建模⑥；分析公众如何利用意识形态假设来完成其政治偏好，展现政治体制结构中

---

① ［美］凯斯·R.桑斯坦．信息乌托邦：众人如何生产知识［M］．毕竟悦，译．北京：法律出版社，2008：8.

② DOYLE T. A Critique of Information Ethics［J］. Knowledge，Technology and Policy，2010，(23)：163-175.

③ RAMADHAN A，SENSUSE D I，ARYMURTHY A M. e-Government Ethics：a Synergy of Computer Ethics［J］. Information Ethics，and Cyber Ethics. International Journal of Advanced Computer Science and Applications，2011，2(8)：82-86.

④ MOOR J H. What Is Computer Ethics?［J］. Metaphilosophy，1985，16(4)：266-275.

⑤ O'CONNOR B. From Tweets to Polls：Linking Text Sentiment to Public Opinion Time Series. International Conference on Weblogs & Social Media［J］. DBLP，2010，期(卷)：122-129.

⑥ RAMOS M，SHAO J，REIS S D S，et al. How does public opinion become extreme?［J］ Scientific Reports，2015，5(1)：1-14.

的舆论性质①。第三，民主理论必须注意到影响民意的因素②，舆论往往是政策的近因，它对政策的影响有时候远远大于政策影响本身③。第四，分析传播与舆论研究的过去、现在和未来④，包括改进了解调查相应的性质、管制通信技术的变化、关注说服过程形成意见等⑤。第五，探讨公共政策如何影响公众意见，并提出用于评估政策的研究框架⑥。第六，舆论研究进入了一个新时代，传统的调查研究可能起不到主导作用，新技术的扩散，例如移动设备和社交媒体平台，正在改变公众舆论研究者所处的环境⑦。

上述六个方面的研究虽然并未涉及思想政治教育传播问题，但在一定程度上启发我们从不同角度，如从信息伦理、公众情感、意识形态、民主理论、说服、公共政策、社交媒体等方面对思想政治教育传播展开多维分析与讨论。

国外学者围绕治理概念、政府治理、民主与治理、治理与服务、社区公民治理等研究，启发了本书对该问题的深入思考。第一，关于治理概念。阿尔坎塔拉认为治理概念本身具有被滥用的嫌疑，其主要指向生活和管理能力的危机，但"良好治理"却需要有待进一步加强和深化⑧。斯托克提出治理概念的五个论点，并以此为组织框架说明西方民主国家在维护社会秩序和集体行动方面的制度化操作路径⑨。彼得斯对斯托克关于治理概念的五个论点进行了批判性讨

① KUMLIN S. Ideology-driven opinion formation in Europe: The case of attitudes towards the third sector in Sweden [J]. European Journal of Political Research, 2001, 39 (4): 487-518.

② PAGE BI, SHAPIR RY, DEMPSEY GR. What Moves Public Opinion? [J]. American Political Science Association, 1987, 81 (1): 23-43.

③ SHAPIRO P R Y. Effects of Public Opinion on Policy [J]. The American Political Science Review, 1983, 77 (1): 175-190.

④ MUTZ D C, YOUNG L. Communication and Public Opinion: Plus Ca Change? [J]. Public Opinion Quarterly, 2011, 75 (5): 1018-1044.

⑤ PRICE V. Public Opinion Research in the New Century [J]. Public Opinion Quarterly, 2011, 75 (5): 846-853.

⑥ PACHECO J. Attitudinal Policy Feedback and Public Opinion [J]. Public Opinion Quarterly, 2013, 77 (3): 714-734.

⑦ PRICE V. Public Opinion Research in the New Century [J]. Public Opinion Quarterly, 2011, 75 (5): 846-853.

⑧ [法] 辛西娅·休伊特·德·阿尔坎塔拉. "治理" 概念的运用与滥用 [J]. 黄语生, 译. 国际社会科学杂志 (中文版), 1999 (1): 105-113.

⑨ [英] 格里·斯托克. 作为理论的治理：五个论点 [J]. 华夏风, 译. 国际社会科学杂志 (中文版), 1999 (1): 19-30.

论，他认为"治理完全可以将政府包含在其中"①，同时需要对治理的实现过程进行深入的研究和追问。第二，关于政府治理。罗西瑙等人对不同国家和地区的治理模式展开比较研究，旨在寻求一种能够超越威权统治的治理模式，推动民主化与全球秩序的发展②。彼得斯在总结政府治理模式问题的基础上，对市场式政府、参与式政府、弹性化政府、解制型政府四种政府治理模式进行比较分析③。第三，关于民主与治理。卡蓝默从民主的角度讨论了治理存在的艰难困境，提出21世纪治理需要遵从的若干原则，并说明了治理层次之间的关系④。第四，关于治理与服务。登哈特等人从公民参与政策制定的角度提出公共行政、公共管理应该是服务，而不是掌舵，治理与统治、管理的区别就在于此，"新公共服务"与治理有着深层次的关联，都是对公共利益、责任和人的重视⑤。第五，关于社区公民治理。博克斯围绕社会公民治理，集中讨论了公民、代议者、公共服务职业者三个关键角色的地位、性质、功能和相互关系，在面向现实问题的基础上，对公民治理的基础理论、原则、要素进行了总结⑥。

通过对以上文献的梳理可以看出，国外学者侧重宏观理论的研究，倾向从社会心理、集体行动的视角对舆论展开机理分析，并结合一定的民意调查和案例研究。但不论是网络舆论的现有研究，还是结合治理理论展开的网络治理，都未涉及对网络舆论生态治理的针对性研究，也没有较好地涉及思想政治教育传播的问题。毕竟，网络舆论生态治理要结合中国实际，要从当前中国的网络空间治理情况作出客观、理性、全面的思考，而西方的治理理论和范式能否合理解释中国问题，是否具有"水土不服"的情况，都需要通过实践来检验和证明，甚至某些学者的观点本身就存在偏激之处，甚至是谬误。针对这一点，我们必须加以清醒的认识，不能盲目照搬照抄西方理论，而不考虑中国实际。

① ［美］B. 盖伊·彼得斯. 治理：关于五个论点的十点想法［J］. 邵文实，译. 国际社会科学杂志（中文版），2019（3）：20.
② ［美］詹姆斯N·罗西瑙. 没有政府的治理［M］. 张胜军，刘小林，等译. 南昌：江西人民出版社，2001：32-185.
③ ［美］B. 盖伊·彼得斯. 政府未来的治理模式［M］. 吴爱明，夏宏图，译. 北京：中国人民大学出版社，2014：22-114.
④ ［法］皮埃尔·卡蓝默. 破碎的民主：试论治理的革命［M］. 高凌瀚，译. 北京：生活·读书·新知三联书店，2005：5-170.
⑤ ［美］珍妮特·V. 登哈特，［美］罗伯特·B. 登哈特. 新公共服务：服务，而不是掌舵［M］. 丁煌，译. 北京：中国人民大学出版社，2014：22-125.
⑥ ［美］理查德·C. 博克斯. 公民治理：引领21世纪的美国社区［M］. 孙柏瑛，等译. 北京：中国人民大学出版社，2014：53-133.

三、亟待解决的问题

通过对学术史梳理及研究动态的分析，本书认为网络舆论生态治理中的思想政治教育传播研究需要着重关注、回应和解决以下三个问题：

第一，网络舆论生态治理可否成为思想政治教育传播的新场域。言外之意，网络舆论生态是否需要思想政治教育传播参与其治理过程，尽管国内外学者大多采取多学科、跨学科的研究视角，而且国内学者倾向运用实证分析和数据分析的研究方法，但就现有的研究成果来看，思想政治教育学并没有完全充当网络舆论生态治理的"工具"。当然，"工具"只是次要的，最为重要的是思想政治教育学要主动开辟网络舆论生态治理的研究场域，不仅要入场，而且要在场。也就是说，我们要充分地使思想政治教育原理、方法、内容、价值在网络舆论生态治理中"落地生根"且要"开花结果"，发挥思想政治教育传播对网络舆论生态治理的助益作用。这是网络舆论生态治理中思想政治教育传播研究薄弱的地方，也是思想政治教育传播作为一种治理手段，开始进入新场域的初步尝试。

第二，网络舆论生态治理过程是否具有"思想政治教育问题"。在网络舆论生态治理语境下，"思想政治教育问题"要在"人的问题"的框架内作出理解。在当下时代，有人的地方，只要具备一定的互联网条件和能够吸引人们关注的重大事件，就一定会产生相应的网络舆论①。从宽泛的意义上讲，网络舆论看似同"思想政治教育问题"毫无关联，但"人的问题"却是两者始终绕不开的话题。人在网络中生存，必然决定了人们要通过一定的网络舆论表达来实现对个人、他人、社会，甚至是对整个世界的主观表达与构造，这就为思想政治教育的存在提供了前提。虽然网络舆论生态治理有技术的作用因素，但参与到网络舆论生产、消费、传播过程的始终是人，是活生生的、现实的人，也是具有主体意识和现实利益需求的人。只有关注人，尤其是关注到不同动机的人对网络舆论生产、消费、传播过程的影响，以及由此形成的不同的社会关系和交往关系，我们才能发现网络舆论生态治理对人的重新理解与定位，才能观察到人在网络舆论生产、消费、传播过程中的生存方式与交往状态，才能真正触及人的思想、精神和信仰，并以此作为寻找"思想政治教育问题"和思想政治教育传

---

① 在不具备互联网条件的情况下，尽管发生重大事件，网络舆论的产生、消费、传播也是徒然，只能在现实空间传播。同样，如果具备互联网条件，但没有重大事件的发生，或者没有吸引人注意力的事件的发生，网络舆论的产生也是艰难的。为避免陷入独断论和绝对论，我们对这一问题要辩证地看待。

播的突破口。

第三，网络舆论生态治理与思想政治教育传播有何种价值关联。由于大众传播媒介的变化，尤其是新媒体技术的广泛应用，思想政治教育传播也发生了很大的变化。然而，这种变化需要面对一个事实，那就是网络社会心态给公众网络舆论生产、消费、传播带来的冲击与影响，"网络社会心态折射了社会情感，是网络与现实社会发展的动态反应，对于更全面把握网络与现实社会的变迁具有重要意义"[①]。就网络舆论生态治理而言，社会心态是网络舆论生产、消费、传播过程的隐性价值因子，并成为公众以何种动机、何种态度参与网络舆论表达的"举止特性"。每一个舆论场都有不同公众网络舆论参与的社会心态，每种社会心态背后都有不同的公众网络舆论生产、消费、传播的结果。在这种情况下，社会心态就成为思想政治教育传播洞察公众在网络舆论生态治理过程中的价值关联。社会心态又是通过何种形式或途径使网络舆论生态治理与思想政治教育传播建立的关联，对此需要给予重视。同时，如何将这一价值关联转化为增进思想政治教育传播的有效形式，多角度、全方位推动网络舆论生态治理的纵深发展，是深化该问题社会价值的重要体现。也就是说，两者之间的价值关联，首先需要在网络舆论生态治理内部寻找，并适当考察两者之间是否存在一定的结合点，并要求思想政治教育传播利用结合点对网络舆论生态治理进行系统认识，进一步彰显思想政治教育传播在网络舆论生态治理过程中的价值与影响。

第三节　核心概念界定

核心概念界定是文章主题的基础环节，需要认真理解和把握。本书涉及的核心概念主要有三个：网络舆论、网络舆论生态、思想政治教育传播。尽管学术史梳理部分已对相关概念作了简要说明，但本书持何种概念立场，有必要做进一步解释。

一、网络舆论

网络舆论，顾名思义就是在网络空间呈现的舆论。陈力丹等人认为"在舆

---

① 刘璐，谢耘耕．当前网络社会心态的新态势与引导研究［J］．新闻界，2018（10）：76.

论的基本要素中，'共识'无疑是最重要的部分"①。但什么是共识？在网络空间，共识不一定就是民意，不一定能够代表最大多数人的真实想法，当乌合之众和群氓席卷网络空间，当民意被网络舆论裹挟，当公众失去理智的时候，共识就不再是真正意义上的意见集合，它只不过沦为了操纵网络舆论的工具。此时，网络舆论≠民意，不再是最大多数人的利益代表，在网络空间出现的声音不一定是客观的、真实的，也就无所谓真正的共识。

网络舆论有一条社会定律，即：人们总是通过舆论来完成对公共政策、社会管理、道德风尚、热点事件的意见表达和态度反应。也就是说，任何能够引起人们关注的事件所形成的舆论，其背后都包含人们对当前事件的态度认知、立场判断和价值取向。所以，当我们分析网络舆论时，必须综合考虑网络舆论背后的事件成因，以及人们对此事件的态度。因为只有将网络舆论的前因后果都考虑在内，我们才能客观、理性、全面看待"同一事件可能引起不同网络舆论"的复杂现象。

因此，本书将网络舆论概念界定如下：网络舆论是公众围绕某一热点事件在网络空间形成的意见集中表达与反应。它由三个核心构成：第一，事件。尤其是具有极大渲染力、渗透力、影响力、感染力和传播力的热点、焦点事件，可以是关乎国家大政方针的事件，也可以是国际新闻、社会新闻、娱乐新闻、社会人物的相关事件。第二，网络。互联网是网络舆论得以形成的基础条件，是其广泛传播的重要媒介。如果没有网络平台，舆论就只能在现实空间发酵，就不会像网络舆论那么复杂、快捷与多变，也不会取得与网络舆论一样的传播效果。第三，公众参与。公众参与数量、程度、水平直接决定了网络舆论的传播范围、质量和实效，以及事件在网络空间的发酵力度、讨论程度和传播范围，理性的公众是否参与在某种程度上决定了网络舆论可否成为真实的民意。

二、网络舆论生态

生态，本是一个生态学研究的概念。"生态学的考察方式是一个很大的进步，它克服了从个体出发的、孤立的思考方法"②，在自然生态系统，这是一种很普遍的考察方式，它要着重考察自然系统内部之间的关系状态，"要求观察事

---

① 陈力丹，易正林.传播学关键词［M］.北京：北京师范大学出版社，2009：293.
② ［德］汉斯·萨克塞.生态哲学［M］.文韬，佩云，译.北京：东方出版社，1991：前言 1.

物之间的关联"①。除此之外，它还要求对自然生态系统作出一个客观的评价，即对生态本身是好是坏、是优是劣、是盈是亏进行总体判断。我们常说的"生态文明""生态发展""生态破坏""生态恶化"就是最好的例证。"文明""发展"是对"生态"好、优、盈的判断与评价，"破坏""恶化"是对"生态"坏、劣、亏的判断与评价。"生态平衡""生态和谐"则是另一种判断，它们主要强调"生态"内部各要素之间的关系处于一种融洽状态，内部冲突较少，就算存在冲突，也不影响生态的整体稳定性，即好坏、优劣、盈亏处于"势均力敌"的状态，一旦临界点被打破，"生态"要么偏向"文明""发展"，要么偏向"破坏""恶化"。

现代生态学研究已经走出了单纯研究生物与自然环境的关系局限，开始在人类活动范畴综合考虑生态的实践面向。王沪宁在其著作《行政生态分析》一书中，从生态分析视角提出行政生态的概念，认为"行政生态学之要旨，在于把行政生态视为一有机体，有机体在生活过程中要受到生态环境的各种条件的制约和影响"②。钱俊生等人从哲学视野考察了生态的概念，强调"人、生物同环境之间的相互关联的生态关系是客观存在着的"③。在这里，人同自然环境的关系开始纳入生态视域。这同人与自然的关系，尤其是同自然环境不断恶化有关。由于自然生态开始出现坏、劣、亏的情况，因此人们逐渐意识到这并不是人类社会发展所需要的，而是要竭力避免的问题。这些问题的出现，同人类的生产生活与实践方式密切相关。也就是说，人类并不是采用一种"生态"的方式来对待自然环境，并没有完全意识到人在自然环境中的角色和地位，以及自然环境对人类生活的作用与反作用。陈先红从公共关系的视角对生态一词进行新的理解，在其著作《公共关系生态论》中，生态作为一种宏观视角的研究框架，将生态学的关系触角延伸到公共关系领域，从而对公共关系理论体系进行生态定位，她认为生态"不仅表达了公共关系的词源学意义，而且体现了公共关系的文化学内涵"④。邵培仁等人提出"媒介生态"的概念，强调"媒介生态所关注的是环境而不是机器，是全局和整体而不是局部和个体，是关联互动的

---

①　［德］汉斯·萨克塞．生态哲学［M］．文韬，佩云，译．北京：东方出版社，1991：70.

②　王沪宁．行政生态分析［M］．上海：复旦大学出版社，1989：27-28.

③　钱俊生，余谋昌．生态哲学［M］．北京：中共中央党校出版社，2004：3.

④　陈先红．公共关系生态论［M］．武汉：华中科技大学出版社，2006：215.

关系而不是独立封闭的机构"①。

以上学者对生态的理解和运用，已经完全走出生态概念的本初意义，开始将其同人文社会科学相结合，在人的活动中建立对生态的关系定位。本书对生态的概念理解同样遵循这一理路。生态是一种关系性存在，它既指向自身内部的诸多要素，考察内部要素之间的结构关系以及作用状态，同时将内部要素同外部世界相关联，尤其是在人的活动范畴进行系统考察。从这个意义上说，生态构成了人的活动环境，同时人的活动环境本身也是一个生态系统。

网络舆论生态的概念界定，既要立足网络舆论的现实逻辑，又要遵循生态的分析框架。一方面，网络舆论生态是舆论在网络空间的"生态"表达。众所周知，网络舆论有多种形态，不同地区、不同部门、不同群体围绕同一事件都可以产生不同的网络舆论，有从政治、经济、文化、社会、历史方面的解读，也有从科技、教育、商业、传媒、娱乐层面的认知，"每一种舆论都表现为特殊的共同意志，体现着明显不同或略有差异的舆论目标"②。它在宏观形态上表现为不同参与群体围绕同一事件的合作关系，具有利益共同体的价值立场，在微观形态上表现为公众网络舆论参与的多样化、多元化、动态化，是每一个参与者语言、风格、个性、魅力、诉求的网络呈现。

另一方面，网络舆论生态包含对网络舆论的"生态"评价。网络舆论有好有坏，网络空间不可能都是好的网络舆论，也不可能都是坏的网络舆论。因为网络舆论一旦出现同质化的倾向，网络空间就会被同一种声音占有，人们不再思考是否需要其他声音，也不再关注现有的声音是否就是客观、理性、真实的表达，并逐渐丧失对网络舆论的质疑和反思能力，"这种舆论形态对社会可能造成的威胁是'舆论共振'"③，其后果是十分严重的，我们必须要加以防范和化解。对网络舆论的"生态"评价，除了要对网络舆论本身进行好与坏、优与劣、盈与亏的认知、判断之外，还要对网络舆论背后涉及的诸多关系进行系统评价。也就是说，网络舆论并不单单是我们看到的、听到的、想到的那样，它的背后还存在一定的社会关系和问题，必须要将人类实践活动纳入网络舆论评价范畴。这便是一种"生态"的评价方式。

因此，本书将网络舆论生态概念界定如下：网络舆论生态主要是指网络舆

① 邵培仁. 媒介生态学：媒介作为绿色生态的研究 [M]. 北京：中国传媒大学出版社，2008：5.
② 刘建明. 当代中国舆论形态 [M]. 北京：中国人民大学出版社，1989：8.
③ 陈力丹. 舆论学——舆论导向研究 [M]. 北京：中国广播电视大学出版社，1999：111.

论系统内、外部相互关系的作用状态，以及对这种状态的整体评价。这一概念需要统筹考虑三个方面的问题：第一，网络舆论生态的性质判定，即对网络舆论生态进行好与坏、优与劣、盈与亏的评价。第二，网络舆论生态的内部构成，它涉及网络舆论生产、消费、传播过程，以及作为网络舆论生态要素结构的网络舆论资源、网络舆论主体、网络舆论环境。第三，网络舆论生态的外部延伸，这个问题可以视为网络舆论对人类生活和现实空间的关系辐射，是人们信息交流可以利用的网络资源，也是人们进行自我呈现的可能方式。

三、思想政治教育传播

思想政治教育本身包含传播，是实践过程的价值传播表现，但它又不是完全的传播过程。如在育人过程中，教育者要通过各种手段和途径，包括灌输、教育、解惑、引导、劝服的方式，使受教育者（受众）接受、认同思想政治教育，这个过程就包含思想政治教育传播的内容，其目的在于使受教育者（受众）在实践过程得到锻炼、熏陶、提升和塑造。

思想政治教育传播同一般意义上的传播活动相比，具有两个典型特征：其一，思想政治教育是对主流价值、核心价值、正向价值的传播。思想政治教育传播具有固定的目的，而并不是盲目的，它需要对人们思想与行为的偏差进行必要的政治引导和教育改造。通过政治引导，逐渐使人们对主流意识形态和社会主义核心价值观产生认同并得以践行。通过教育改造，努力解决主客体冲突、思想与行为偏差给人们思想道德素质提升带来的诸多困境，提升人们在教育过程的价值体认。其二，思想政治教育传播是一个说服的过程。说服在"思想政治教育发展史上有着重要的地位和作用"[①]，通过说服，思想政治教育可以以平易近人的话语方式贴近人民群众，使人们对思想政治教育产生信服。说服的过程，也是说理的过程，是思想政治教育传播深入人心的过程，它不存在不可一世、颐指气使、高高在上、盛气凌人、咄咄逼人、以势压人、以理压人的情况，而是晓之以理、动之以情、导之以行、道之以德，从受教育者（受众）的立场出发去把握思想政治教育传播过程，使思想政治教育传播以信息方式融入说服过程，达到润物细无声的效果。

思想政治教育传播包含两种类型：一是思想政治教育内容的传播；二是思想政治教育作为一项实践活动体现出来的传播现象，尤其是具体活动中的传播关系、传播行为、传播样式和传播效果。针对第一种类型，思想政治教育传播

---

① 陈秉公.思想政治教育学原理［M］.北京：高等教育出版社，2006：172.

就是普遍意义上的内容传播，要把思想政治教育内容以不同的方式传播给受教育者（受众），在传播中完成育人的任务。同时，这种传播应当是真、善、美的传播，突出强调传播的过程属性和结果属性，即"一切好思想都在传播之列，传播中达到解放思想的作用"①。针对第二种类型，思想政治教育传播就变成了传播思想政治教育的活动，成为思想政治教育学科内部的一个专门领域，我们可以暂且称之为"思想政治教育传播学"。

因此，在本书语境下，思想政治教育传播的概念界定如下：思想政治教育传播是对思想政治教育内容、价值、目标的传播实践。从宏观层面来看，这一概念可以上升到"思想政治教育传播学"的视域，在学科层面给予理论观照；从微观层面来看，这一概念可以理解为针对具体领域，围绕具体问题展开的传播思想政治教育的实践活动。

第四节 研究框架、方法、创新与不足

研究框架是网络舆论生态"是什么"的逻辑思考，是我们更好利用思想政治教育传播对其展开多维认知的手段和途径，也是我们接近和把握网络舆论生态治理的工具与桥梁。研究方法将问题的实质指向思想政治教育传播何以解读网络舆论生态治理，它首先在网络舆论生态"是什么"这个问题上要求思想政治教育传播在场并进行创新扩散，要抓住"是什么"的特点与根本，尤其是要对公众在网络舆论生产、消费、传播过程的行为与结果进行系统分析，从更新、更高的层次全面把握不同公众网络舆论参与造成的不同结果，这是思想政治教育传播参与网络舆论生态治理最为重要的方法和目的。

一、研究框架

本书的研究框架分为六个部分。

第一章，为绪论部分，主要就研究缘起、思路与意义，学术史梳理及研究动态、研究框架与方法、创新与不足展开讨论。首先，在研究缘起、思路与意义部分，本书主要从网络的双重性及网络舆论"最大公约数"的价值属性出发，结合近几年网络舆论热点事件和《新时代公民道德建设实施纲要》《网络信息内容生态治理规定》，认为网络舆论生态治理中的思想政治教育传播研究具有一定

---

① 孙其昂．思想政治教育学前沿研究［M］．北京：人民出版社，2013：209.

的现实必然性与合理性，既要在理论方面对现实问题作出回应，也要在解决现实问题中实现对理论研究的拓展。其次，本书结合国内外学术史梳理及研究动态，提出网络舆论生态治理的研究线索，爬梳网络舆论生态治理同思想政治教育传播的关系表现，并进一步指出网络舆论生态治理中的思想政治教育传播研究面临的三个亟待解决的问题。最后，分析本书的研究框架与研究方法，并就创新与不足做了介绍。

第二章，从网络舆论生态的相关问题概述、走向治理的网络舆论生态、网络舆论生态治理的多样性和全面性、网络舆论生态治理的思想政治教育传播学解读四个方面，论述网络舆论生态治理与思想政治教育传播的关系。首先，对网络舆论生态要素构成进行分析，说明网络舆论生态的运行结构，阐释网络舆论生态的基本特征，指出网络舆论生态存在的问题。其次，在对治理概念的辩证理解中，提出网络舆论生态治理的内涵指向、价值体现、核心议题。再次结合网络舆论生态治理涉及的诸多关系，分析它的全面性和多样性。最后，从思想政治教育传播学角度对网络舆论生态治理展开探讨，提升对其理论的把握能力。

第三章，着重探讨网络舆论生态治理中思想政治教育传播的价值判断。明确权力条件、议题目标、话语力量是思想政治教育传播参与网络舆论生态治理的聚焦点，从四个方面分析思想政治教育在网络舆论生态治理中的传播特点，为思想政治教育传播进入网络舆论生态治理新场域奠定基础。同时，进一步发挥思想政治教育传播的优势，全面掌握其在促成信息交流、建立传播关系、引导参与行为、改善舆论结构等方面对网络舆论生态治理的功能表现。

第四章，致力于网络舆论生态治理中思想政治教育传播的现状分析。首先指出思想政治教育传播在网络舆论生态治理中处于弱场状态，缺少对公众网络舆论参与的教育引导，在网络舆论生产、消费、传播过程参与不够，尚未对网络舆论生态治理作目标追问。其次指出思想政治教育传播弱场的风险，并从马克思主义理论学科角度加以分析，尽管风险是客观存在的，但其后果并不是全局性和系统性的破坏，而是可以预见、调控、治理的相对性破坏。最后，从五个方面探讨思想政治教育传播弱场的"后真相"诱因。

第五章，主要回答了网络舆论生态治理中思想政治教育传播的实践理路。首先，从思想政治教育学科角度出发，确立思想政治教育传播参与网络舆论生态治理的在场原则。其次，针对网络舆论生产、消费、传播过程暴露的问题，提出思想政治教育传播要在舆论场凝聚发展活力。最后，立足思想政治教育传播创新主题，巩固思想政治教育传播参与网络舆论生态治理的现实基础。

第六章，主要探讨网络舆论工作格局中思想政治教育传播的新思考。首先，提出思想政治教育传播要把握网络舆论工作格局，把控思想政治教育传播在网络舆论工作格局中的演化趋势。其次，立足方法论辩证，阐明信息交往、传播关系、参与行为在网络舆论工作格局中的作用关系。最后，网络舆论工作格局中思想政治教育传播实践，要从公众网络舆论参与，网络舆论生产、消费、传播过程，网络舆论生态平衡等三个方面展开创新思考。

二、研究方法

（一）问题研究法

网络舆论生态存在哪些问题，思想政治教育传播参与网络舆论生态治理情况如何，这些都是不可回避的问题。问题研究法聚焦网络舆论生态问题镜像，在对权力异化、议题偏差、话语冲突的讨论中，总结网络舆论生态面临的失衡问题，并由此出发引出对网络舆论生态治理的理解。权力、议题、话语是思想政治教育传播参与网络舆论生态治理的聚焦点，但思想政治教育传播在网络舆论生态治理中的现状如何，作用发挥如何，都需要进行专门的研究和讨论。问题研究法，着眼于网络舆论生态运行的现实难题，明确思想政治教育传播参与网络舆论生态治理的作用状态，聚焦思想政治教育传播弱场的问题，系统优化思想政治教育参与网络舆论生态治理的途径。

（二）系统研究法

网络舆论生态涉及要素、关系、过程、治理等各方面问题，需要对其展开系统研究。我们能不能从宏观层面对其进行综合把握，能否对其问题展开全面分析，都在一定程度上影响思想政治教育传播参与网络舆论生态治理的程度。这主要是因为思想政治教育传播的发生对象，完全基于对网络舆论生态治理的系统理解，只有获得对后者的充分认识，思想政治教育传播才能彻底发挥作用。除此之外，在明确思想政治教育传播参与网络舆论生态治理聚焦点的前提下，系统研究法进一步说明两者的关系状态，即思想政治教育传播进入网络舆论生态治理的新场域表现在哪些方面，说明两者在价值阐释、实践方面有何系统关联，最终在深层透视、宏观定向维度为思想政治教育传播参与网络舆论生态治理提供方法论指导。

（三）跨学科研究法

网络舆论生态治理本是传播学、舆论学的重要论域，但也引起了管理学、社会学、情报学等学科的关注。思想政治教育要适应网络社会的发展，要在网络媒介变化中及时拓展研究范围，充分利用网络舆论的合理成分，对网络舆论生态运行存在的问题，尤其是公众思想与行为的变化，以及非理性网络舆论引起的社会冲突，进行针对性的思想教育、价值引导和意义重建。这就注定了传播学、舆论学、管理学、社会学、情报学等学科不能承担思想政治教育学的学科任务，不能对网络舆论生态治理中的"人的问题"进行学科阐释，不能对网络舆论生产、消费、传播过程中的育人问题进行理论解析。跨学科研究法，就是要凸显思想政治教育的学科属性，将育人价值充分彰显在网络舆论生态治理过程，使思想政治教育传播作为一种手段参与网络舆论生态治理，进一步提升思想政治教育学在跨学科研究中的学术地位。

三、创新之处

第一，视角创新，确立网络舆论生态治理的思想政治教育传播学研究视角。虽然诸多学者对网络舆论生态治理进行了较为深入的研究，也取得了丰硕的学术成果，对网络舆论生态的含义、特征、问题都取得了较大的共识，但这些研究仍受限于生态学、传播学、管理学的学科视野，并未过多考虑网络舆论特征、网龄低龄化趋势、网络媒介素养的因素，尤其是作为个体的公众，网络舆论生态治理对个体思想与行为是否产生影响，现有的研究成果并未深入涉及。也就是说，网络舆论生态治理，治理的对象是网络舆论生态存在的问题，但公众网络舆论参与引起的"人的问题"，却没有取得丰富的研究成果，缺少思想政治教育学的理论支撑。本书力求通过对网络舆论生态问题的综合分析，尤其是结合网络空间的发展变化，提出思想政治教育的传播特点与功能优势，对网络舆论生态治理展开思想政治教育传播学分析，搭建网络舆论生态治理研究的新视角。

第二，观点创新，提出思想政治教育传播应当参与网络舆论生态治理的观点。目前国内学者关于网络舆论生态的治理方案，要么是泛泛而谈，没有针对性，要么是借用西方治理概念，流于名词解释，未能深层触及网络舆论生态治理的思想政治教育传播土壤。本书立足网络舆论生态问题，结合其存在的可能风险，对网络舆论生态治理进行思想政治教育追问，深层剖析网络舆论生态治理中的思想政治教育传播问题，提出思想政治教育传播应当参与网络舆论生态治理的观点，从"思想政治教育传播发展阶段拓展网络舆论生态治理视野""思想政治教育传播出场目标突破网络舆论生态治理难题""思想政治教育传播实践条件匡正网络舆论生态治理框架""思想政治教育传播多项认知测度网络舆论生态治理过程""思想政治教育传播互动效应重塑网络舆论生态治理价值"等五个方面，论述思想政治教育传播进入网络舆论生态治理的新场域，建构具有马克思主义方法论的网络舆论生态治理思路。

第三，多维度构建思想政治教育传播参与网络舆论生态治理的路径，为网络舆论生态治理注入新的活力。一般情况下，网络舆论生态治理倾向借助信息技术手段解决网络空间问题，但网络舆论生态治理涉及的问题很多，范围很广，需要运用多学科知识建立较为立体的治理思路。本书从"思想政治教育传播参与网络舆论生态治理的原则""思想政治教育传播要在舆论场凝聚发展活力""思想政治教育传播要把握网络舆论工作格局""思想政治教育传播要在网络舆论生态治理中建构创新主题"等方向出发，系统探讨思想政治教育传播在网络舆论生态治理中如何发挥作用，立体阐释思想政治教育传播参与网络舆论生态治理的可行路径，为网络舆论生态治理提供一种新的选择方案。

四、不足之处

第一，直接的实证数据欠缺。网络舆论生态治理，是诸多学科竞相追捧的话题，多数研究成果均建立在实证研究基础之上。网络舆论生态治理中的思想政治教育传播研究，需要第一手数据作为支持，尤其需要实证数据来论证思想政治教育传播参与网络舆论生态治理的可行性。尽管本书结合相关案例进行了数据分析与说明，但对第一手问卷数据的分析仍感不足，后续工作将会加强实证研究，以第一手数据和事例作为有效补充。

第二，未能深入研究思想政治教育传播参与网络舆论生态治理的成效经验。思想政治教育传播参与网络舆论生态治理的效果如何，需要通过实践检验。尽管本书提出"思想政治教育传播在网络舆论生态治理中处于弱场状态"的判断，但在如何解决弱场问题，进一步强化思想政治教育传播参与网络舆论生态治理的成效经验，尤其是思想政治教育传播参与网络舆论生态治理之后将会遇到什么问题上，论述比较粗浅，深入性不够，且由于讨论主题所限，没有对相关问题展开系统探讨，只能留待以后研究。

第二章

网络舆论生态治理与思想政治教育传播

探究网络舆论生态治理与思想政治教育传播的关系，一方面有利于我们更好地把握网络舆论生态治理的实质，深入网络舆论生态治理议题，寻找和发现可供思想政治教育传播利用的有益成分；另一方面有利于我们深刻反思当前的网络舆论生态治理问题，观察和捕捉它同思想政治教育传播的结合点，为思想政治教育传播参与网络舆论生态治理提供可行思路。

第一节　网络舆论生态的相关问题概述

网络舆论生态既要借助"生态学要求观察事物之间的关联"① 的观点进行理论阐释，也要突破"关系"视野的局限，尤其是需要立足网络舆论的现实发生土壤、媒介环境和参与主体的行为活动，动态分析和评价它的发展现状。

一、网络舆论生态的要素构成和评价

网络舆论生态的要素构成和评价，需要立足于网络舆论资源、网络舆论主体、网络舆论环境。网络舆论生态不是单一的结构状态，它探求的是网络舆论对参与主体的思维、情感、态度、认知、行为的制约和转换，以及这种制约和转换对网络舆论生产、消费、传播过程的影响。

（一）要素构成：网络舆论资源、网络舆论主体、网络舆论环境

关于网络舆论生态的要素构成，有三种较为代表性的观点：第一种观点认为"网络舆论生态系统主要由网络舆论环境、网络法律规范和网络舆论主体三

---

① ［德］汉斯·萨克塞. 生态哲学［M］. 文韬，佩云，译. 北京：东方出版社，1991：70.

大部分构成"①，第二种观点认为网络舆论生态系统由"官方、媒体和公众三方舆论场"② 构成，第三种观点认为网络舆论生态由"网络、事件、网民、情感、传播、影响等不同要素"③ 构成。这三种观点都从系统关联的视角审视网络舆论生态的要素构成，均是遵循生态学的研究视角，但并未深入论及网络舆论生态是如何影响参与主体的立场、态度、观点、意见和情绪的。网络舆论生态除了受要素构成的集体影响之外，还作用于要素构成以产生新的网络舆论表达，促成新的网络舆论生产、消费、传播，并帮助参与主体塑造新的网络社会交往。也就是说，网络舆论生态要素并不是处于一种单向意义上的关联状态，而是处于互动的关联状态，具有流动性和动态性特点（如图2-1和图2-2所示）。

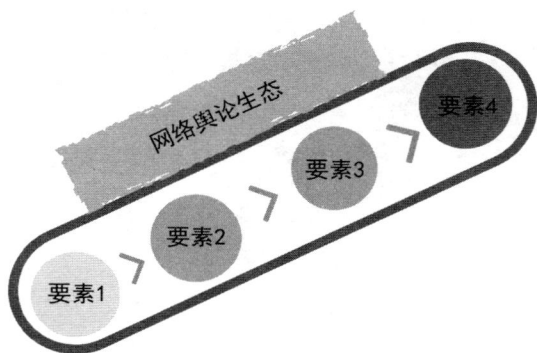

图 2-1 单向的网络舆论生态要素

一般而论，生态学强调从系统关联视角看待某一事物的发展运动，从这一视角出发，网络舆论生态要素构成应当是一种彼此联系的状态。本书认为网络舆论生态的要素构成包括三个方面：网络舆论资源、网络舆论主体、网络舆论环境（如图2-3所示）。

---

① 刘泾. 网络舆论生态视域中的谣言治理研究［J］. 情报科学，2014（5）：43.
② 徐世甫. 网络舆论生态治理研究［J］. 南京社会科学，2015（11）：84.
③ 东鸟. 当前我国网络舆论生态的主要特征和发展趋势［J］. 中国党政干部论坛，2016（2）：109.

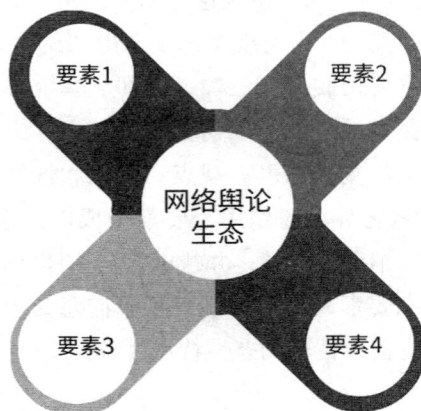

图 2-2　互动的网络舆论生态要素

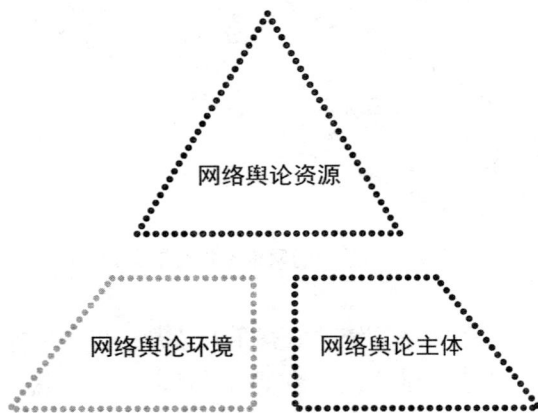

图 2-3　网络舆论生态要素构成结构图

　　网络舆论资源是指网络舆论所能够拥有的一切物质要素的总称。网络舆论资源构成网络舆论生态的基础，它是公众立场、态度、观点、意见、情绪的集中组合，任何能够引起公众反应、关注、参与的事件、话题、议题均可视为网络舆论资源。需要指出的是，网络空间的虚拟交往和拟态环境决定了网络舆论资源可以分为"合法性资源、动机性资源和倾向性资源"①。合法性资源是网络舆论资源的核心命题，它可以有效保障网络舆论生态的正向发展，有利于确保

_____

　　① 吴凯. 主体引导、调试机制与网络舆论生态治理［J］. 重庆社会科学，2017（3）：102.

网络舆论生态的健康与平衡。合法性资源包括主流意识形态、社会主义核心价值观在内的一切有利于网络舆论生态正向发展的价值理念。动机性资源、倾向性资源都是网络舆论资源的偏好表现，它们均是基于某种特殊需要而呈现出来的，具有一定的目的指向性。不同的是，动机性资源具有深层动力的作用，直接指向网络舆论生态运行的目标状态，即"我要成为什么""我想成为什么"；倾向性资源则是其在网络舆论生态运行过程中的趋势性表现，即"我要选择什么样的"。动机性资源、倾向性资源具有一定的投机性、功利性和不稳定性，但这并不能否认它们在某种情况下也是一种合法性资源，只不过它们对网络舆论生态运行具有两面性，既可以正向促进，也可以反向约束和消解。

　　网络舆论主体是指能够以主体身份参与到网络舆论生产、消费、传播过程中的人（包括法人①）。这里的主体身份是对人（法人）的主体意识、主体能力和主体行为的强调，意指网络舆论主体具有一定的针对性和目的性，能以其特定的参与方式影响网络舆论生产、消费、传播过程，并不断赋予自己调控网络舆论的能力。在一定程度上，网络舆论主体对网络舆论资源具有较大的选择、组合、调配能力。网络舆论主体要善于利用合法性网络舆论资源，及时对动机性、倾向性网络舆论资源进行内部整合与调试，使其符合网络舆论生态平衡的发展需要。如果网络舆论主体不合理运用动机性、倾向性网络舆论资源，那么就会给网络舆论生态运行带来诸多不确定因素，或多或少地影响网络舆论生态平衡的实现。

　　网络舆论环境是指网络舆论得以形成发展的物质环境和拟态环境的总和。物质环境是网络舆论得以产生和发展的现实土壤，具有客观实在性。"诸如议程设置、沉默的螺旋、第三人效果等理论，都是以拟态环境为基础"②，拟态环境主要是指网络舆论物质环境以外的，能够影响网络舆论生产、消费、传播过程的"想象"。这种"想象"并不是说拟态环境是一种纯粹的虚无，而是以信息为基础对网络舆论图示化、图像化、情绪化、标签化的强调，是公众参与网络舆论的情感、共识和期待，具有夸大、超越物质环境的特点。

　　网络舆论资源、网络舆论主体、网络舆论环境是不断运动、变化、发展和相互作用的。网络舆论生态在要素关联上呈现为互动化状态，并将关注焦点转向网络舆论对参与主体的整体塑造，包括对网络舆论生产、消费、传播过程的

---

① 当组织单位需要进行网络舆论生产、消费、传播的时候，法人就可以作为网络舆论的主体，此时并不具体指向某一现实的个人。

② 陈力丹，易正林. 传播学关键词［M］. 北京：北京师范大学出版社，2009：126.

全面影响。从某种意义上说，网络舆论资源、网络舆论主体、网络舆论环境赋予了网络舆论生态自我调适和引导交往行为的功能。

（二）动态化的网络舆论生态要素结构范式

网络舆论生态并不是一个脱离运动的抽象范畴，它在范式上表现为要素结构的动态化，深受构成要素的影响。如果这种影响只是要素内部的纵向变化，要素之间是一种机械式的联结而非一种动态化的表现，那么网络舆论生态就可能无法通过要素动态调整而达到自我适应的目的，最终陷入失衡困境。

生态学主张的要素关联并不完全等同于网络舆论生态要素的双向互动，两者在关系互动、作用发生方面存在质的区别。从图2-1中可知，网络舆论生态要素之间是一种单向的静态关联，以此套用本书给出的网络舆论生态要素，可知网络舆论资源、网络舆论主体、网络舆论环境三者之间仅是并列的单向关联，彼此之间并不具有相互发生作用的条件和功能。这样一来，网络舆论就无法通过三要素之间的相互作用对参与主体发生改变，也就谈不上对网络舆论生产、消费、传播过程构成持续性影响，并直接导致网络舆论生态要素结构内部无法通过自适应运动达到相互调整、补充、协作的目的，从而影响网络舆论生态平衡的实现。因此，网络舆论生态运行要竭力避免单向的网络舆论生态要素的结构影响，要借助要素之间的双向互动来获取保持平衡运行的条件和能力。

三要素的双向互动可以有效达成对网络舆论生态运行的积极作用。网络舆论生态要素是一个双向互动的动态结构，通过图2-2和图2-3便可得知。这种双向互动的动态结构为网络舆论生态提供了平衡的空间基础，三要素可以根据网络舆论生态的发展需要适时作出调整，这样就可以避免因单向要素结构某一环节的紊乱而带来偶然性或突发性的影响。同时，三要素之间还伴随着双向互动对网络舆论生态进行的批判和反思，使投机性、功利性、娱乐性、煽动性、消费性网络舆论逐渐回归理性。

要素的对称性是网络舆论生态的关键变量。网络舆论生态要素需要始终处于对称性平衡状态，这并不是说网络舆论生态要素要时刻保持运动状态，而是说要通过要素动态调整来确保网络舆论生态运行走向平衡。运动是网络舆论生态的表现样式，它可以确保网络舆论生态要素结构处于活力状态，使网络舆论资源、网络舆论主体、网络舆论环境自觉主动地相互发生作用，根据网络舆论生态运行需要，及时在结构内部进行动态调整，形成一种固定的范式，使之成为网络舆论生态的范式来源，并最终影响网络舆论生态的发展轨迹和运行目的（如图2-4、图2-5所示）。

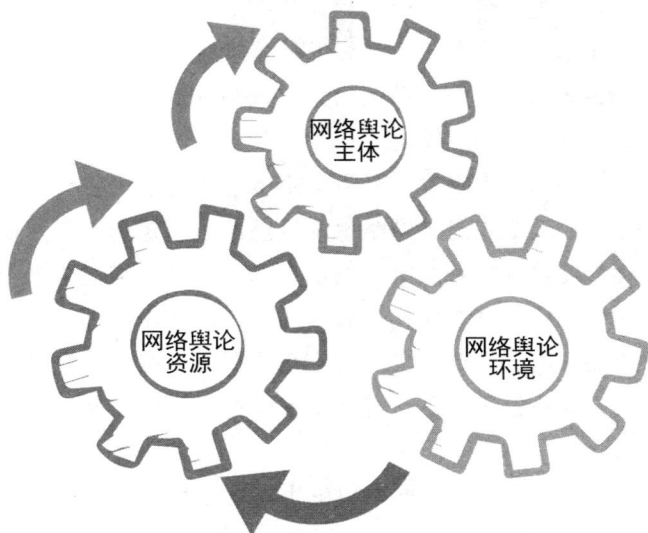

图 2-4　网络舆论生态要素的运动结构

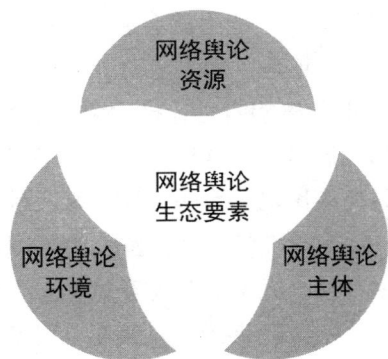

图 2-5　网络舆论生态要素结构范式

　　网络舆论生态要素结构动态化，意味着在网络舆论资源、网络舆论主体、网络舆论环境三者之间建立了合理的行动框架。网络舆论生态并不是以"总—分"模式建立在要素之上的综合体，它可以作为暗含动态调整和相互适应的集体行动。要素的运动结构（如图 2-4 所示）为网络舆论生态运行提供平衡条件与可能，并通过相应的范式（如图 2-5 所示）在要素之间进行自适应与融合，以保持要素之间必要的张力。从运动的角度来看，要素之间均存在产生消解、融合、创生网络舆论生态范式的力量，这种力量既可以为网络舆论生态运行提供必要的平衡措施，进一步优化网络舆论生态要素的运动结构，还可以反向作用于网络舆论生态运行，产生一些不平衡因素。因此，对网络舆论生态的理解，只掌握到网络舆论生态要素的运动结构是远远不够的，还需要通过网络舆论生态要素结构范式来反观其动态优化。

从要素结构的动态优化出发，网络舆论生态运行过程必然在运动范式上与各要素发生关系。运动范式揭示网络舆论生态的运行逻辑：要素适应逻辑和要素融合逻辑。运行逻辑既是对网络舆论生态运行走向平衡的强调，也是对网络舆论生态要素运动结构的动态建构。展开而言，动态建构进一步优化各要素的行动框架，确保要素内部、要素之间具有自我调适的能力，其最终目的在于弱化要素之间的对立和不稳定状态，弱化要素结构分化对网络舆论生态运行的负面影响。

一方面，要素适应逻辑预示网络舆论生态运行是"弱关联—强运动"的结构状态。"弱关联"并不否认和剥离网络舆论生态要素的相互联系，而是为网络舆论生态运行创设一个集体行动框架，同时采取运动范式并赋予要素以适应能力，适应能力可以借助运动范式来维护网络舆论生态要素的运动状态。伴随要素适应，网络舆论生态"强运动"能力就会愈发得以彰显，并为要素提供横向与纵向交叉流动的可能途径。正是在"强运动"作用下，以"弱关联"形式发生作用的各要素就不得不重新解构自己，排除阻碍要素集体行动的消解因素，以便获取新的运动空间和发展可能。这样一来，网络舆论生态运行就会在要素适应逻辑作用下不断摆脱失衡困局。另一方面，要素融合逻辑揭示网络舆论生态运动范式的根本特征，并为网络舆论生态运行增加新的平衡通道。"没有人际纽带网络或集体认同，这些组织既不能获得意识形态上的统一，也不能获得组织上的力量，去制造持久的社会运动。"① 这表明，要素融合需要通过"运动延伸"和"运动转化"，去关注运动范式是如何被网络舆论资源、网络舆论主体、网络舆论环境塑造的。运动范式只有在动态化的指引下才能促成网络舆论生态平衡发展，且在网络舆论生态要素结构的帮助下塑造新的"运动延伸"和"运动转化"。

尽管要素适应和要素融合构成了网络舆论生态的运行逻辑，但这是否就意味着网络舆论生态已然成为"只运动""未关联"的结构状态呢？其实不然！网络舆论生态运行的一个十分重要的特点就是结构动态化，这是一种理想的结

---

① ［美］西德尼·塔罗. 运动中的力量：社会运动与斗争政治［M］. 吴庆宏，译. 南京：译林出版社，2005：102.

构状态。它遵照要素运动范式对网络舆论生态运行施加影响和改变，这些改变除了源于要素适应和要素融合的需要之外，也受制于网络舆论生态平衡的影响，并为构建一个良性运转的网络舆论生态而服务。

（三）网络舆论生态的辩证评价

网络舆论生态以其呈现的运动状态为评价结果。正向的评价结果易于引发公众对网络舆论生态的积极回应，并取得理想效果。负向的评价结果容易导致公众对网络舆论生态产生全面质疑，并制约实效达成。可以看出，评价结果关系到公众对网络舆论生态的全面认识，并直接影响到他们在网络舆论生产、消费、传播过程中的行动。任何仅仅专注关系视角的网络舆论生态分析，都不足以全面揭示网络舆论生态的内涵指向。为此，必须从辩证的视角努力探寻网络舆论生态的评价思路与方法，避免受到单一、片面评价的局限与影响。

虽然网络舆论生态需要借助生态学方法来研究其关系样态，但就其本质而言，更需要对网络舆论生态评价结果进行综合分析。在很大程度上，网络舆论生态已经远离生态学的原初释义，它更强调结合评价结果来通观网络舆论生态，网络舆论生态只能是好与不好、平衡与失衡、健康与不健康的描述，而不是对网络舆论生态有何种关系的认识。进一步说，如果将网络舆论生态内涵指向固定在对其评价结果上，就不仅需要对网络舆论生态进行客观、正确、全面的现状描述，还需要运用辩证思维对网络舆论生态进行正向或负向的评价。但不管是何种评价结果，都必须确保网络舆论生态始终处于运动状态。如果没有评价，由网络舆论生态结构要素衍生出的价值观念体系就会失去评判标准，对公众而言，网络舆论生态就会沦为"任人打扮的小姑娘"。

评价，主要是指对网络舆论生态实然状态作出的整体判断，评价主体可以是普通公众，也可以是政府、社会、媒介或社会组织。评价"要揭示的不是世界是什么，而是世界对于人意味着什么，世界对人有什么意义"[1]。评价要以客观事物的现实状态为依据，需要公众在情感、态度、认知的基础上对网络舆论生态作出好或不好、平衡或失衡、健康或不健康的价值判断，并将这种价值判断"通过一定的方式，借助一定的符号系统，而传达给他人"[2]，并最终反作用于网络舆论生产、消费、传播过程。马克斯·韦伯在《经济与社会》中区分了

---

① 冯平. 评价论 [M]. 北京：东方出版社，1995：30.
② 冯平. 评价论 [M]. 北京：东方出版社，1995：223.

四种社会行为的决定类型，其中包括"目的合乎理性""价值合乎理性"① 两种类型。本书认为技术合理性评价、价值合理性评价构成了网络舆论生态的基本评价视角。

按照技术合理性评价的要求，网络舆论生态是为实现特定目的而进行的有条件运动。这种考虑主要体现在主观需要的满足和目的实现的可能上，只要满足需要和达到目的，网络舆论生态运行就是合乎目的的，技术合理性就得到了足够的体现。在网络舆论生态语境下，技术合理性评价具有强烈的结果导向，只要达到目的，结果就算完成，至于网络舆论生态运行如何，尤其是不好、失衡、不健康的运行状态是否得到重视并且是否得到妥善解决，都可以忽略不计。这样很容易出现聚合行为和扩散效应，加剧网络舆论生态运行的混乱和不稳定。按照价值合理性评价的要求，网络舆论生态并不受特定目的或手段的影响，具有无条件性，在主观上相信网络舆论生态好或不好、平衡或失衡、健康或不健康等评价结果的纯粹性，"至于行动可能会引出什么后果，则在所不计"②。不管网络舆论生态运行状态如何，价值合理性必然包括对网络舆论生态的整体判断，这种判断既基于网络舆论的客观实际，又受到网络舆论生态运行情况的影响。但在整体上，价值合理性强调网络舆论生态具备的精神气质，即它在哪些方面具有一些好的、健康的、正向的价值特征，如和谐、博爱、友善、诚信、民主、开放、共享等。虽然技术合理性与价值合理性之间有着错综复杂的关系，但在任何情况下，评价都会受到技术合理性与价值合理性的综合作用，片面坚持某一评价而忽视另一评价的关联性影响，都是不可取的。

本书认为技术合理性评价与价值合理性评价相统一的立场，是网络舆论生态辩证评价的基本遵循。技术合理性评价要求对网络舆论生态进行有条件的追求、计算与评价，但若人们的思维、情感、态度、认知、行动受到有条件的主观需要和特定目的的制约，那么由此展开的评价虽然可以确保结果的实效性，但却无法避免技术合理性评价的限制性影响，即网络舆论生态好或不好、平衡或失衡、健康或不健康的评价结果是否就是客观的、真实的评价结果。这样一来，人们对网络舆论生态就会产生误解，使其陷入概念工具化的窠臼。因此，我们必须综合价值合理性评价对网络舆论生态加以理解。价值合理性评价的分析立场，强调网络舆论生态并不受制于任何外来因素的限制和影响，并不需要

---

① ［德］马克斯·韦伯. 经济与社会：上卷［M］. 林荣远，译. 北京：商务印书馆，1997：56.

② 苏国勋. 理性化及其限制——韦伯思想引论［M］. 上海：上海人民出版社，1988：89.

一个先入为主的主观条件来规定网络舆论生态的运行逻辑，也就是说，任何与价值合理性相悖的非理性因素都会干扰网络舆论生态的客观评价。显然，价值合理性评价也有其不足之处，这种建立在无条件行动之上的网络舆论生态很容易陷入绝对主义的泥淖，无法解释有条件的工具合理性评价对网络舆论生态的正向理解。

二、网络舆论生态的运行结构

网络舆论生态的运行结构是对其内部要素的排列组合，是对要素之间关系的整体呈现。网络舆论生态的运行结构需要回应三个方面的问题：其一，阐明引发网络舆论"事件"背后的动机和诉求；其二，分析网络舆论生态要素的结构影响；其三，考察"事件"和网络舆论生态要素对网络舆论生态的综合影响，并分析它们是否有利于推动网络舆论生态的结构性调整和自适应平衡。我们分析网络舆论生态的运行结构，主要目标就是发现网络舆论生态作为一项整体单元，是怎样受到"事件"、网络舆论生态因素的双重影响的，从而产生正向或者负向的网络舆论。如果我们能够找到藏匿其中的发生原理和作用机制，那么就会探寻网络舆论生态结构演进与优化的路径，从而使其始终处于一个风险较低，且相对稳定和平衡的自适应运动状态之中。网络舆论生态的运行结构，主要通过运行结构关系得以体现。通过对运行结构关系的讨论，我们就可以认识不同形式和作用的关系样态，从而更加有利于我们去把握网络舆论生态的运动过程，推动网络舆论生态的良性运转。

（一）运行结构的关系

1. 驱动关系

驱动关系是一种具有目的性的建构关系。它把参与主体的认识实践能力有机融于网络舆论生态的运行过程之中，驱使参与主体按照网络舆论生态运行的总体要求进行权力行使、议题设置和话语表达，从而形成网络舆论生态所需要的认识实践能力。驱动关系取决于参与主体的需求意识，其本质是参与主体的能力驱动。这些能力既包括以权力、议题、话语为认识实践对象的能力，也包括参与主体对网络舆论生态进行有机把握的能力。在参与主体的需求意识中，它与权力、议题、话语发生关联并形成新的需求，持续作用于网络舆论生产、消费、传播过程，使之成为参与主体的内在驱动力。这就意味着参与主体的需求意识不同，其形成的驱动关系和驱动力也是不同的。因此，从参与主体的需求意识出发，我们需要辩证地看待驱动关系对网络舆论生态的作用方式，以此寻找有利于网络舆论生态自适应平衡的驱动力。

就网络舆论生态自适应平衡而言，它需要的是自主性质的驱动关系。这种驱动关系的重要功能就是提出和建构网络舆论生态良性运转所需要的驱动力，从而把参与主体的需求意识和认识实践能力，与权力、议题、话语进行有机结合，"使主体形成一种具有明确指向性的、自觉的、能动的认知态势，从而在主体认识活动中形成一个接一个的'聚焦点'和'兴奋点'"①。这样一来，网络舆论生态就会随着参与主体需求意识和行动能力的提高，形成正向的驱动关系，从而把权力、议题、话语进行有机融合和自适应调整，促使网络舆论生态朝着良性运转的发展目标有序运行。

那么，如何才能形成网络舆论生态自适应平衡所需的驱动关系呢？一方面，要重视对参与主体需求意识的甄别与引导。参与主体的需求意识是多方面的，是变动不居的，但任何变化着的需求意识都有其发生之基和存在根源，并通过一定的对象性实践活动表现出来。因此，在网络舆论生产、消费、传播过程中，要加大对参与主体需求意识的甄别力度，分析辨别哪些是理性的、合理的、正向的需求意识，哪些是非理性的、不合理的、负向的需求意识，并通过科学引导来全面把握参与主体的需求意识，不论是已经形成的需求意识，还是正在形成或尚未形成的需求意识，都要确保参与主体的期望落差保持在可控范围之内，因为"公众满意与否还取决于人们所看到的与其所期望的之间的一致程度"②。另一方面，要倡导参与主体对其需求意识进行反思。参与主体需求意识的反思，其实就是对网络舆论生产、消费、传播过程的批判性审查，对权力、议题、话语融于网络舆论生态过程的再认识。需求意识的反思，有助于参与主体摆脱网络舆论生态的"假象"，以一种科学、理性、审慎的眼光看待网络舆论生态，确保参与主体需求意识始终保持固有的精神气质和价值导向，勇于进行自我责难和怀疑，以解决需求意识的矛盾冲突来促使正向驱动关系的发生与形成。因此，只有通过反思，参与主体才能准确定位其需求意识的合理性与必要性，驱动关系才能不断得以充盈，并最终促进网络舆论生态的自适应平衡。

2. 调节关系

调节关系是一种具有选择性的适应关系。它主要是指参与主体在网络舆论生产、消费、传播过程中对权力、议题、话语的调节，以便使参与主体的思想

---

① 王霁. 认识系统运行论［M］. 北京：中国人民大学出版社，1990：34.

② ［美］小约瑟夫·S. 奈，［美］菲利普·D. 泽利科，［美］戴维·C. 金. 人们为什么不信任政府［M］. 朱芳芳，译. 北京：商务印书馆，2015：107.

行为受到协调与归向，并通过参与主体适应能力、应变能力和配合能力的提高，来确保网络舆论生态的自适应平衡。

调节关系在网络舆论生态自适应平衡过程具有选择功能和转换功能。选择功能源于参与主体在网络舆论生产、消费、传播过程中对权力、议题、话语的对象性认识与选择性获取。在调节关系中，参与主体是以网络舆论生态现状为问题导向的，通过现状检视即可一窥权力、议题、话语在网络舆论生产、消费、传播过程中的联结情况。现状检视可以明确如何调节参与主体的思想行为，确定参与主体适应能力、应变能力和配合能力的提高途径。这样一来，参与主体能否适应权力、议题、话语在网络舆论生产、消费、传播过程中的变化，能否根据网络舆论生态现状来调节自己的适应能力、应变能力和配合能力，就成了调节关系能否发生作用的关键。转换功能是参与主体在网络舆论生产、消费、传播过程利用权力、议题、话语的联结作用创造出的一种新的结构关系，并保持网络舆论在生产、消费、传播过程中的自动调节和适应。通常情况下，这种新的结构关系是参与主体思想行为的再深化，是其认识实践能力的再提高，具有更加明确的目的指向性。这一方面源于参与主体意识到只有再造新的结构关系才能消解网络舆论生态困境，另一方面则是网络舆论生态现状为权力、议题、话语的重组提供了新的契机。正因为调节关系的转换功能，网络舆论生态才得以利用权力、议题、话语的自动调节和适应来运行到相对平衡的状态。

要想很好地发挥调节关系的功能作用，参与主体在网络舆论生产、消费、传播过程中就必须注意两个方面的问题。一方面，要努力确保参与主体对权力、议题、话语的调节与网络舆论生态自适应平衡保持一致。因为只有当参与主体的调节关系与网络舆论生态自适应平衡保持一致，且最大程度地激发参与主体的适应能力、应变能力和配合能力，调节关系才能真正融于并促进网络舆论生态的自适应平衡，才能在网络舆论生产、消费、传播过程中切实发挥作用，并达到同步发展的目的。另一方面，要大力提高参与主体对权力、议题、话语的利用能力和再造能力。利用能力和再造能力不是凭空去把握网络舆论的生产、消费、传播，而是要在客观、全面、正确理解权力、议题、话语的基础上，以网络舆论生态自适应平衡为最高指向，生发新的理解框架和结构增长点，以新的结构关系来促进网络舆论生态产生自适应平衡的直接动力。

3. 反馈关系

反馈关系是一种具有舆论效能感的评价关系。所谓舆论效能感，就是公众认为其在网络舆论生产、消费、传播过程中的参与行为能够对网络舆论生态产生一定影响的心理感知。舆论效能感是衡量公众网络舆论参与的一项重要指标，也是网络舆论生态作用于自身的评价依据。反馈关系依舆论效能感而建立，舆论效能感又因反馈关系得以加强。一方面，反馈关系的发生离不开网络舆论生产、消费、传播过程的关联作用，公众参与其中并通过这种关联作用形成对网络舆论生态的心理感知和价值判断。另一方面，舆论效能感不是对网络舆论生态现状的评述，而是对其运行结构反馈关系的感知与测评，具有内在性、系统性和深层性。虽然说反馈关系与舆论效能感在某种程度上具有通约性，但从根本上说，舆论效能感的输出为反馈关系的建立提供了源源不断的动力保障，成为反馈关系有效作用于网络舆论生态的关键中介。

一般而言，反馈关系在网络舆论生态中最直接的作用就是对公众网络舆论参与产生影响。这种影响主要围绕三个方面进行。第一，反馈关系的建立与否，在很大程度上受到权力、议题、话语的制约，也就是说公众舆论效能感越强，反馈关系就越有效，网络舆论生态自适应平衡就愈加成为可能。第二，反馈关系不必转化为反馈行为，但反馈关系必须能够有效作用于公众对权力、议题、话语的心理感知和价值判断，只有当反馈关系发生实质性的作用关系，网络舆论生态才能因反馈关系的建立而实现自适应平衡。第三，反馈关系是一种双向结构关系。在这种结构关系中，既有公众在网络舆论生产、消费、传播过程中建立的反馈关系，也有网络舆论生态因权力、议题、话语的联结而建立的反馈关系，又有公众通过心理感知和价值判断与网络舆论生态建立的反馈关系，"呈现出思想往来的双向，思想联结的双向"①。

反馈关系的建立和形成是一个复杂的过程，它是公众网络舆论效能感的产物，受到多种因素的制约和影响。反馈关系的形成大致有两种路径——中心路径和边缘路径。所谓中心路径，是指反馈关系始终围绕网络舆论生态自适应平衡这一中心进行，仔细权衡公众在网络舆论生产、消费、传播过程中的参与行为对网络舆论生态产生的影响，在综合运用权力、议题、话语的基础上作出具有预见性、可控性、稳定性的决定。中心路径有利于公众形成较为强烈的网络舆论效能感，是在深思熟虑的基础上建立和形成的。所谓边缘路径，是指反馈关系只是针对网络舆论生态运行结构状况作出的机械反应，这种反应没有过多考虑网络舆论生态自适应平衡的诸多因素的影响，而是一种简单的、仓促的、应急的反应。边缘路径有其存在的合理性，虽然并未对网络舆论生态作出深层次的系统分析，但边缘路径所建立的反馈关系依然可以有效作用于网络舆论生

---

① 余仰涛.思想关系学——思想政治工作原理［M］.武汉：武汉测绘科技大学出版社，2000：124.

态自适应平衡，只不过这种反馈关系并不是完整意义上的双向结构关系。

（二）运行结构的类型

网络舆论生态的良性运转，仅依靠运行结构的影响要素是远远不够的，还必须建立起一定的组织类型。组织类型是网络舆论生态影响要素以某种方式进行"组织融合"的结果，对不同组织类型的分析有利于我们更好地把握网络舆论生态。运行结构的组织类型大致可以划分为主动型结构和被动型结构两种形式。

1. 主动型结构

主动型结构，顾名思义就是指结构的影响要素能够主动参与到网络舆论生态的内部运转之中，并按照网络舆论生态自适应平衡的要求进行组织融合（如图 2-6 所示），是有符合其自身发展逻辑的生态系统。主动型结构主要是从影响要素的主动参与来进行确定和划分的。当权力、议题、话语主动出现在网络舆论生态运转的过程之中时，尤其是与网络舆论生态发生具有实质性的组织融合时，权力、议题、话语才能真正发挥其主动性、主导性和组织性作用。正是由于主动型结构发起的组织融合，网络舆论生态才有了维持其动态平衡的发展空间，权力、议题、话语也因网络舆论生态的良性运转而具有了融合的可能。主动型结构是对网络舆论生态活力的价值彰显，当权力、议题、话语与网络舆论生态自适应平衡相一致时，其对公众的情感激发、共意动员、认同塑造是不可或缺和至关重要的。

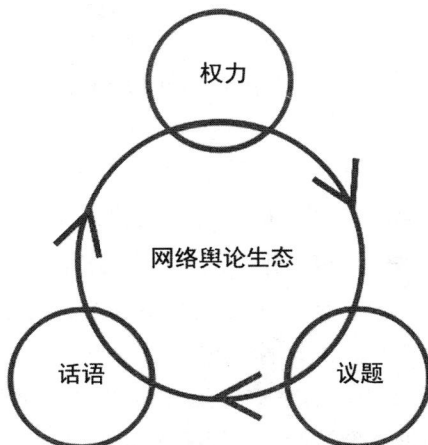

图 2-6 主动型结构的组织融合

主动型结构是与网络舆论生态内部发生作用的，并不指向网络舆论生态的外部环境。由于将网络舆论生态自适应平衡作为目的，权力、议题、话语均采用内向性对冲式结构策略（如图2-7所示），在发生方式和作用机制上都可以视为一个闭合系统。例如，权力既可以通过单向运动方式主动作用于网络舆论生态，还可以在闭合系统内部与议题、话语发生结构关联，在组织内部进行有机匹配与组织融合，通过消除结构的不确定性来保障网络舆论生态的系统稳定。主动型结构的内向性对冲式结构策略，不仅可以有效扩大权力、议题、话语在网络舆论生态中的结构功能，还可以通过组织融合为网络舆论生态提供匹配的系统资源，在结构功能上使权力、议题、话语逐步趋于理性，从而使主动型结构置于一个简单的、闭合的、可控的组织网络之中。可以说，主动型结构面向的是充满活力的网络舆论生态，其结构策略的注意力既有网络舆论生态的自适应平衡，也有主动型结构内部的组织生存。

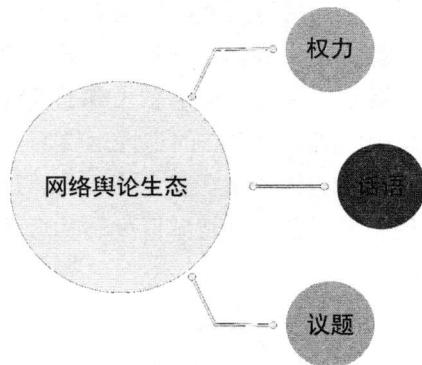

图 2-7　主动型结构的作用机制

主动型结构是以组织融合为前提变量的，它嵌入于网络舆论生态系统之中。"组织理性将技术置于特定的时空中，并且通过投入和产出的活动使技术与更宽泛的环境相联结。组织理性要求的是开放系统的逻辑。"① 显而易见，仅靠组织融合来保障网络舆论生态自适应平衡是远远不够的，还需要在权力、议题、话语的相互联结中形成一定的组织理性。这里的组织理性必须解决主动型结构可能面临的不确定性，以理性协同来整体提高组织的主动性、适应性和融合性。其实，当主动型结构与网络舆论生态发生作用时，权力、议题、话语就会构成

---

① ［美］詹姆斯·汤普森. 行动中的组织——行政理论的社会科学基础［M］. 敬乂嘉，
　　译. 上海：上海人民出版社，2007：29.

一张网络舆论生态之网，它们分析、选择、融合、建构网络舆论生态自适应平衡所需要的一切动力资源。对网络舆论生态来说，主动型结构不单单是理性选择的对象，因为它确实超出了权力、议题、话语单方面发生作用所造成的影响。而且，形成一个好的、平衡的、健康的网络舆论生态还需要借助其系统结构影响要素的主动参与和组织融合。

2. 被动型结构

被动型结构主要是指权力、议题、话语依靠外力被动进入网络舆论生态的运行过程。大致可以分为两种类型：外推式结构和内吸式结构（如图2-8、图2-9所示）。被动型结构有一定的弊端，但这并不是说被动型结构对网络舆论生态自适应平衡是完全无用的。在被动型结构内部，权力、议题、话语并不能像主动型结构那样进行有效的横向联结与融合，网络舆论生态自适应能力也因此受到相应的限制，主要有两个方面的影响因素。一方面，有来自公众"蒙面狂欢"集体无意识对权力、议题、话语的横加干预，急于通过强力干预迫使政府部门作出回应。另一方面，源于网络舆论生态对权力、议题、话语的强行吸纳，这主要是由于网络舆论生态急于摆脱结构失衡的困扰，迫切需要作为调节手段的权力、议题、话语的强力支持。但不论是何种情况，此类强力干预，试图迫使权力、议题、话语强行融入网络舆论生态，使之与网络舆论生态发生联系，但却忽视了网络舆论生态的系统兼容能力，没有过多考虑网络舆论生态对此情况是否具有排斥的可能。

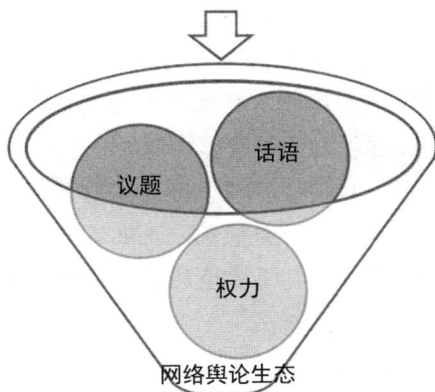

图 2-8　外推式结构

不管是外推式结构，还是内吸式结构，都无法在生态学意义上完全保持网络舆论生态自适应平衡。网络舆论生态自适应平衡，虽然在一定程度上需要其

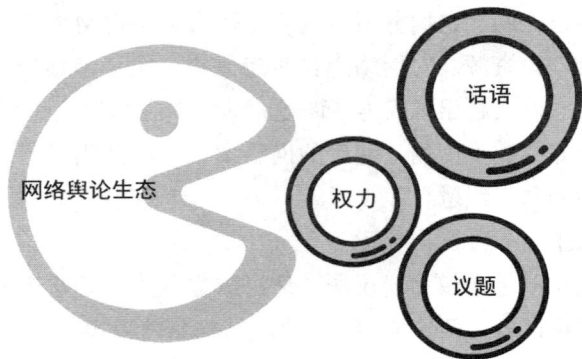

图 2-9 内吸式结构

系统结构发生作用，但对于权力、议题、话语而言，它们所需要面对的是网络舆论生态的整体结构，需要根据网络舆论生态自适应平衡的客观需要进行互动与融合。网络舆论生态自适应平衡，注重的是对权力、议题、话语的整体考量和综合适应，而不是依靠外力强行发生作用关系。

就外推式结构而言，尽管权力、议题、话语也能与网络舆论生态发生关联，起到一定的正向促进作用，但公众"蒙面狂欢"的强势诉求却因此为网络舆论生态自适应平衡带来诸多不确定因素，我们无法判断这种强势诉求是否具有真实的客观普遍性，网络舆论的推波助澜使外推式结构被不明真相的"吃瓜群众"所利用。"不满情绪并不一定会让人产生改变现状的渴望。要让不满加深为愤愤不平，还需要加入另一些因素。其中一个因素是拥有权力感。"① 这样一来，在经权力介入之后，议题、话语也会相继强化公众内在的情感动机和诉求，很容易激化公众的不满情绪，"个体非常有动机去尝试不同的反应，不管是象征性的，还是明显的，直到不愉快的情绪状态缓和为止"②。这对网络舆论生态来说是十分危险的，这种危险一旦持续存在，公众的情感动机和诉求就会转变为一种习惯性的情绪反应和扩散式的反复想象。正如本尼迪克特·安德森所指出的那样，"我们所面对的，是一个几乎完全以视觉和听觉来表现对现实的想象的世界"③。

---

① ［美］埃里克·霍弗. 狂热分子：群众运动圣经 ［M］. 梁永安，译. 桂林：广西师范大学出版社，2011：31.

② ［美］卡尔·霍夫兰，［美］欧文·贾尼斯，［美］哈罗德·凯利. 传播与劝服 ［M］. 张建中，李雪晴，曾苑，等译. 北京：中国人民大学出版社，2015：50.

③ ［美］本尼迪克特·安德森. 想象的共同体 ［M］. 吴叡人，译. 上海：上海人民出版社，2016：21.

就内吸式结构而言，网络舆论生态对权力、议题、话语呈现的是单子式的干预，试图通过强行吸纳来满足网络舆论生态的自适应平衡。这种结构类型主要发生在公众的强烈质疑使政府部门不得不作出回应的情况下。在某种程度上取决于权力、议题、话语对网络舆论生态的遵从程度，是一种同向异质结构类型。同向异质结构类型只是一种暂时性过渡，它并不能从根本上对网络舆论生态结构失衡作出有效应对，也不会自动跟随网络舆论生态进行转换联结。通常情况下，网络舆论生态需要其结构要素的一致性来确保良性运转，但内吸式结构却无法满足这种可能。在内吸式结构中，网络舆论生态虽然是作为一种整体性的存在，但它对权力、议题、话语的强行吸纳，也只是对自适应平衡结果的满足，并未过多考虑网络舆论生态对权力、议题、话语的实际需求程度和容纳能力。随着控制的增强，便会出现网络舆论生态对权力、议题、话语的抵制和排斥，由此产生的冲突便会导致内吸式结构的失控，从而使网络舆论生态滑向不可控和恶化的危险境地。

三、网络舆论生态的基本特征

有研究者从"网络、事件、网民、情感、传播、影响"① 等要素出发，认为这些要素的发展特性共同构成了网络舆论生态的主要特征。不可否认，以网络舆论生产、消费、传播过程为中介形式所构成的网络舆论生态，其基本特征必然与网络舆论资源、网络舆论主体、网络舆论环境有着千丝万缕的联系，但这并不足以说明网络舆论特征就是对网络舆论生态特征的描述，两者之间有着质的区别。网络舆论特征是网络舆论在生产、消费、传播过程中的特性呈现，而网络舆论生态则是一个系统的综合体，需要综合考虑其构成要素、运行结构的影响和作用，还要对网络舆论生态作出相应的评价。概而言之，网络舆论生态特征比网络舆论特征更为复杂、全面、系统和综合，需要在网络舆论生态自适应平衡的整体框架中进行理解与界定。

（一）圈层式生存

圈层理论是一组来自社会学的概念，这一概念与费孝通先生提出的"差序格局"② 有着异曲同工之妙。"每个人都是他社会影响所推出去的圈子的中

---

① 东鸟. 当前我国网络舆论生态的主要特征和发展趋势［J］. 中国党政干部论坛，2016（2）：109-112.

② 费孝通. 乡土中国［M］. 北京：生活·读书·新知三联书店，1985：21-28.

心"①，圈子是为个人服务的，离开了圈子的作用，个人也就无法游刃有余地进行"圈内"交往，自此成为"圈外"人。孙隆基在《中国文化的深层结构》一书中精辟地指出，中国人"一旦超出了由众多的'二人'之'心'的交叉网组成的人情的磁力场，'个体'就很难对自己下定义，也容易趋于'乱'"②。不难发现，由圈子建立起来的关系格局，在人们日常生活交往中确实发挥着不可替代的重要作用，成为中国人情社会极具稳定的关系法则。对此，有学者基于圈层理论提出了"互联网圈子"③ 的概念，试图对互联网圈子进行媒介生态分析，以此寻找一条解析中国互联网圈子传播的可行性路径。

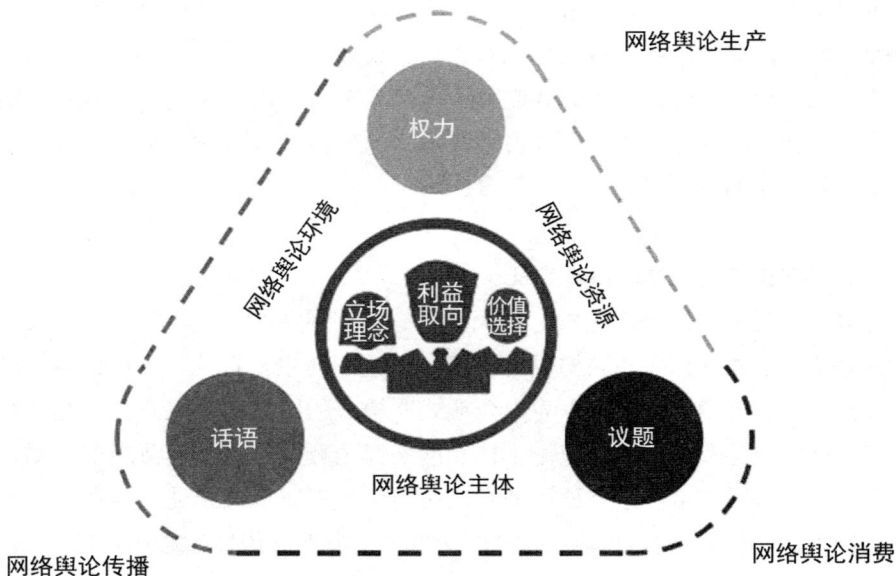

图 2-10　网络舆论生态圈层式生存结构图

与圈层理论相似的是，网络舆论生态也存在着圈层式生存的典型特征。所谓圈层式生存，主要是指网络舆论生态有其存在的普遍性基础，不论是网络舆论生产、消费、传播过程，还是权力、议题、话语的联结与融合，其中都贯穿着公众共同的立场理念、利益取向和价值选择，并以此成为公众聚集并织造网络舆论圈子的取舍标准（如图 2-10 所示）。圈层式生存反映了当前网络舆论生

① 费孝通. 乡土中国 [M]. 北京：生活·读书·新知三联书店，1985：23.
② 孙隆基. 中国文化的深层结构 [M]. 桂林：广西师范大学出版社，2004：63.
③ 朱天，张诚. 概念、形态、影响：当下中国互联网媒介平台上的圈子传播现象解析 [J]. 四川大学学报（哲学社会科学版），2014（6）：74.

态的两个主要趋势：流转多样化与属性单一化（如图2-11、图2-12所示）。流转多样化是就网络舆论生态整体结构而言的，它有着多样的网络舆论资源、多样的网络舆论主体、多样的网络舆论环境，公众对权力、议题、话语的联结与融合也可以采取多样化的形式和途径，且可以在结构之间进行多样的要素流转与融合。但是在流转多样化的网络舆论生态内部（就每一"圈""层"而言），却有着属性单一化的可能风险。这种属性单一化主要通过两极化的题材，对权力、议题、话语进行碎片化的分割和标签式的取舍，使公众在网络舆论生产、消费、传播过程中无法摆脱"圈""层"束缚，形成有效的圈际交往和对流传播。圈层式生存是网络舆论生态的象征性图景，它通过流转的多样化，为公众搭建了共享权力、议题、话语的圈层空间，使网络舆论的生产、消费、传播得以象征性地在圈内流动，但其属性的单一化也为网络舆论的生产、消费、传播带来了结构化困境，无法有效实现"圈""层"之间的共通与融合，极易使网络舆论生态摆脱自适应平衡的控制。

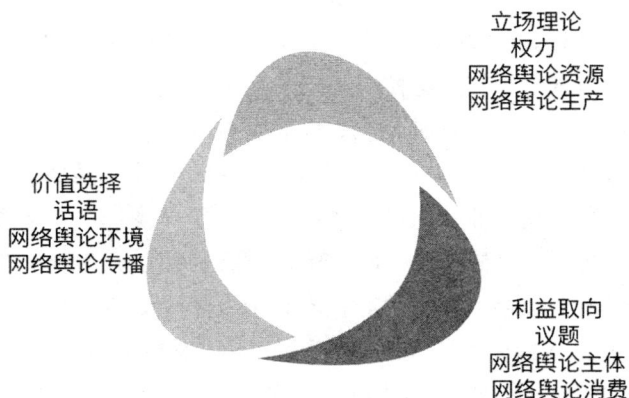

立场理论
权力
网络舆论资源
网络舆论生产

价值选择
话语
网络舆论环境
网络舆论传播

利益取向
议题
网络舆论主体
网络舆论消费

图2-11 圈层式生存的流转多样化

圈层式生存可以反映出网络舆论生态的内部边界，能揭示权力、议题、话语，网络舆论资源、网络舆论主体、网络舆论环境在网络舆论生产、消费、传播过程中的表现形式和作用方式。在流转多样化的圈层式生存结构中，其核心在于保持圈层结构的有效流动，以保持诸多要素结构的联结与融合，在最大程度上保持网络舆论生态整体平衡。但这种圈层式生存结构也存在一定的弊端，从其最基本的形式上来看，维持圈层式生存的关键在于利益共同体的参与态度。在虚实共在的网络舆论生产、消费、传播过程中，"构建圈子的过程与通过信息的交往同步进行，而信息互动更多地体现在交往者精神的'在场'与肉身的

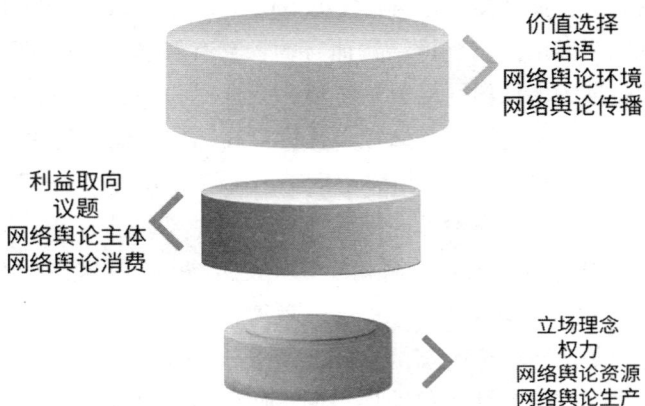

图 2-12　圈层式生存的属性单一化

'缺席'，即这是一种想象的互动"①。在想象被激活的网络舆论中，一切场景都是建立在公众已熟知的利益结构基础之上，在很大程度上依赖于对立场理念、利益取向、价值选择的凭空设想。公众对权力、议题、话语的无限渴望，无疑会借助圈子的织造来继续扩大这种"想象的互动"，创造一个接一个的无与伦比的圈层化的网络舆论格局。这种格局，既是公众参与其中的身份象征，也是其圈层化结构的再造，即通过"圈"与"层"的判断、筛选，将具有共同立场理念、利益取向、价值选择的公众归入其中，以"整体本位"的态度进行网络舆论生产、消费、传播。这样一来，网络舆论就会因圈层式生存而出现"雪球效应"，导致强者愈强、弱者愈弱，"存在不利于人际流动的负面效应"②，无疑会加剧网络舆论生态结构内部的紧张关系，导致结构冲突的出现。针对这一点，反观近几年的网络舆论热点事件就可见一斑，如"范跑跑事件""厦门 PX 事件""罗尔募捐""丽江女游客被打事件"等。

　　无论是流转多样化还是属性单一化，网络舆论生态的圈层式生存必然会引起公众对权力、议题、话语的竞相争夺，甚至不惜牺牲网络舆论生态平衡来作为代价，来实现"圈内"公众的利益最大化。"在现代化世界里，电子媒体属于最叫好及最有效的意识形态的传达者和社会准则的代言人。"③ 圈层式生存在发

① 赵高辉. 圈子、想象与语境消解：微博人际传播探析［J］. 新闻记者，2013（5）：68.
② 周建国. 紧缩圈层结构论———一项中国人际关系的结构与功能分析［J］. 社会科学研究，2002（2）：102.
③ ［美］詹姆斯·罗尔. 媒介、传播、文化———一个全球性的途径［M］. 董洪川，译. 北京：商务印书馆，2012：106.

展壮大公众参与力量的同时，也在促成和影响网络舆论生态的运行模式，重新定位网络舆论生态的现实语境，鼓励参与者以个人化的方式凝聚利益共同体的圈子，主导和影响着"圈内"的网络舆论资源、网络舆论主体、网络舆论环境，这无疑为极端个人主义创造了引爆"网络舆论神经"的机会与可能，为网络舆论生态平衡埋设了诸多风险。因此，当我们谈到网络舆论生态的圈层式生存时，就必须正视其本然样态与实质。一个成熟且有效的圈子，理应成为促进网络舆论生态自适应平衡的催化剂。在新的媒介生态下，网络舆论生态的圈层式生存特征必将随着权力、议题、话语的动态调整而形成新的网络舆论格局，并以此来扩展公众在网络舆论生产、消费、传播过程中的价值需求和利益指向，这是网络舆论生态自适应平衡必然要面对的格局和趋势。

（二）实利化倾向

我们今天生活在一个由网络织造的行动世界之中，一整套的超级链接和变幻莫测的传播互动使每个人都可以发挥无限的创造力和表达力，舆论可借助新兴传播媒介闯入人们的日常生活，影响和改变我们的思维方式。正如托夫勒所指出的那样，"这个新文明带来了新的家庭形式，改变了我们工作、爱情和生活的方式，带来了新的经济和新的政治冲突，尤其是改变了我们的思想意识"①。同现实生活世界一样，网络空间也有着实利化倾向的可能，并逐渐成为公众参与网络舆论生产、消费、传播的价值观念和方法基础。

关于实利化，国内学者并未作直接的相关论述，但我们可以在马克思主义经典作家那里找到明确的解答。"人们为之奋斗的一切，都同他们的利益有关"②，"'思想'一旦离开'利益'，就一定会使自己出丑"③。可以说，公众参与网络舆论生产、消费、传播并不是无目的的，总会存在一定的利益基础，具有实利化的倾向。实利化倾向反映的是公众参与网络舆论背后的利益动机，折射出的是其对权力、议题、话语的观念和立场，是对网络舆论生态的整体认知与态度。一方面，实利化倾向在网络舆论生态语境中指涉的是公众对权力、议题、话语的理解与选择；另一方面，实利化倾向也意味着公众可以通过议题设置对网络舆论生态进行有目的的形塑。我们不是根据网络舆论生态来推论其实

---

① ［美］阿尔温·托夫勒. 第三次浪潮［M］. 朱志焱，潘琪，张焱，译. 北京：生活·读书·新知三联书店，1983：51.
② 中共中央马克思恩格斯列宁斯大林著作编译局. 马克思恩格斯全集：第1卷［M］. 北京：人民出版社，1995：187.
③ 中共中央马克思恩格斯列宁斯大林著作编译局. 马克思恩格斯文集：第1卷［M］. 北京：人民出版社，2009：286.

利化倾向的目的，而是要通过实利化倾向来洞察公众对网络舆论生态的整体认知、理解与评价，以此优化权力、议题、话语在网络舆论生产、消费、传播过程中的组织与融合。在对网络舆论生态实利化倾向进行特征分析时，我们必须回到网络舆论生产、消费、传播过程中去分析实利化倾向的原因，理解实利化倾向与权力、议题、话语的发生原理和作用关系，并为网络舆论生态自适应平衡提供新的视野。换言之，实利化倾向并不是对网络舆论生态现状的肯定性测量，也不是对其自适应平衡的否定性定论，而是试图通过动机分析来揭示网络舆论生态的普遍性命题。

实利化倾向聚焦于权力、议题、话语的联结与融合，便于公众在网络舆论生产、消费、传播过程中进行个性化表达和集体性诉求，它并不是先天就有的，而是随着网络舆论生态的发展而得以体现的。实利化倾向并不能强制性地作用于公众，也不能通过权力、议题、话语的联结动机，与网络舆论生产、消费、传播的目的始终保持一致。那么，我们又如何能通过实利化倾向来洞察公众对网络舆论生态的整体认知呢？首先，实利化倾向为公众参与网络舆论生产、消费、传播提供了较为现实的参照系，实利化倾向要展现的并不是要传播什么的问题，而是为谁传播的问题。对于这一点的把握，我们便可深知网络舆论生产、消费、传播背后的动机诉求，乃至通过权力、议题、话语的联结与融合便可影响和作用于公众的意识与行为。其次，实利化倾向为网络舆论生态造就了可供调适的关系结构，它在更大的场域中再次论证网络舆论生态的自适应平衡，这种调适更多地受到公众参与行为的影响。当公众意图通过个性化表达和集体性诉求来达到网络舆论生产、消费、传播的目的时，实利化倾向就成为公众优化与组合权力、议题、话语的工具和手段。最后，实利化倾向包含着对网络舆论生态的整体性理解和规范性认知，其目的在于保持网络舆论生态系统结构的同构性，其核心问题在于如何在权力、议题、话语的联结与融合中保持公众网络舆论生产、消费、传播的公共理性。这种公共理性既指向了公众网络舆论参与的最初动机，同时也蕴含着对其实践智慧的把握。

实利化倾向反映了网络舆论生态为何会有如此表现以及公众如何看待网络舆论生态。网络舆论生态实利化倾向究竟是利大于弊，还是弊大于利，这定将是一个持久争论的话题。但不论结果如何，作为网络舆论生态自适应平衡的关键作用力——公众，在此必须要注意两个方面的问题。一方面，实利化倾向完全有能力借助公众的网络舆论参与动机，对事关网络舆论生态自适应平衡的各要素、结构进行二次建构，这就必然引发公众的连锁反应，但如何在公众的后续行动中确保权力、议题、话语的有序联结与融合，就成为保障网络舆论生态自适应平衡的关键所在。显然，实利化倾向与公众的网络舆论参与动机是紧密相连的，但两者之间是否存在相融或共通的可能，是否需要确立相应的评价标准，还需要进一步尝试与验证。另一方面，实利化倾向是相对于网络舆论生态整体而言的，但如何确保实利化倾向的客观实在性，免受来自权力、议题、话语的干扰，就需要公众在网络舆论生产、消费、传播过程中保持行动的自觉性和协同性，在网络舆论生态自适应平衡中确立理解框架和行动步骤，界定实利化倾向的作用范围和可能影响，确保实利化倾向与网络舆论生态之间保持必要的张力，这种张力既是一种对称性平衡，也是一种方法论架构。

（三）共在性转换

网络舆论虽是传统舆论的网络呈现，但它却饱受来自传统与现实的双重影响，那些试图把舆论束缚于传统媒介的传播机制早已被新的网络媒介打得粉碎，舆论也由此在催生它的网络世界里逐步发展和壮大。在面对发达工业文明时，赫伯特·马尔库塞道出其"最令人烦恼的方面，即它的不合理中的合理性"，"这都表明现代文明使客观世界转变为人的精神和肉体达到了什么样的程度"①。由于网络舆论具有一定的"杂糅性、消解性、渗透性和风险性"②，这就注定了完美的、理想化的网络舆论生态是比较难以实现的，而"不合理中的合理性"也间接地说明了网络舆论很容易沦为公众非理性参与的借口和工具。网络舆论生态作为多方参与的场域呈现，其运行状态势必会影响到各方的参与态度与行为。相应地，网络舆论生态的共在性特征也在一定程度上协调着参与各方的集体行动，从而确保其不断地保持运转。共在性具有转换效应，它有助于消除参与各方行动的局限性，指导公众在网络舆论生产、消费、传播过程中的合作与共享，并将公众对权力、议题、话语的联结与融合转换为具有共同目标的自觉行动。

共在性转换是针对整个网络舆论生态而言的，它在新的意义上赋予了网络舆论生态以自适应能力。作为一项自适应平衡系统，网络舆论生态需要共在性转换来理性分析其内部联结力量，在确保良性运转的前提下使各联结力量发挥最大功能与效力，达到"1+1＞2"的行动效果。共在性程度越高，其转换能力就越强，网络舆论生态也就越能够正确地衡量和评价其内部联结力量，越能够

---

① ［美］赫伯特·马尔库塞. 单向度的人：发达工业社会意识形态研究［M］. 刘继，译. 上海：上海译文出版社，2008：9.

② 吴凯. 主体引导、调试机制与网络舆论生态治理［J］. 重庆社会科学，2017（3）：101.

按照自适应能力的要求来消解内部结构冲突，以达到整体平衡的效果。一般情况下，共在性转换可以确保网络舆论生态朝着良性运转的方向发展。但是，从网络舆论生态的实际运行情况来看，共在性转换却存在着单向假设与重复取舍的问题，最后变成单向度的、机械的、命令的定义式转换。一方面，共在性转换的主张是否与网络舆论生态运转的整体目标相趋同，这在行动结果上直接决定了共在性转换的效果。也就是说，共在性转换需要遵循的是网络舆论生态系统的整体命令，而不是各联结力量的单一指令。单一指令虽然有其存在的合理性与必要性，但脱离网络舆论生态的整体框架去操作单一指令，必将把这种共在性转换推向狭隘的功利主义边缘，使其成为网络舆论生态系统内部各参与力量的单向假设，助长公众非理性参与网络舆论生产、消费、传播行为的发生。另一方面，共在性转换支持网络舆论生态超越结构冲突的那些行动，这些行动既有来自网络舆论生态自适应能力的需要，也有其内部各联结力量的需要，但如何区分不同属性和类别的需要，避免重复取舍现象的发生，共在性转换却有着难以割舍的情结与障碍。作为网络舆论生态的固有特征，共在性转换在更大程度上受制于网络舆论生态的作用，一旦脱离网络舆论生态，共在性转换就失去了其理性发展的能力，就不能够从整体视角为网络舆论生态产生有机联系和作用。

共在性转换虽然具有两重性，但其却始终围绕并服务于网络舆论生态的运转过程，鲜明地表现出三个特点：一是共在性转换使网络舆论生态运转日趋理性并渐近合理化；二是共在性转换加速凝聚网络舆论生态系统内部联结力量的集体行动力；三是共在性转换便于调适网络舆论生态的系统结构冲突。就第一个特点而言，只有理性的，且是合理化的网络舆论生态，才能最大程度地发挥其功能作用，才能得到各参与力量的承认从而保持运转。承认的力量有助于把参与各方共同置于网络舆论生态的发展目标上，并自觉调整参与各方的行动态度和思路。因承认而共在，承认将共在性转换成为可能，并将网络舆论生态系统内部结构冲突纳入集体行动的秩序之中。这种秩序直接赋予了网络舆论生态以理性基础，使之朝着自适应平衡的发展理路渐行渐近。就第二个特点而言，共在性转换使网络舆论生态系统内部各联结力量理性认识到自身参与力量的局限，从而使他们不得不以集体行动的方式来确保参与的有效性和实效性。共在性转换还进一步彰显了网络舆论生态系统内部的联结力与作用力，通过内部联结和横向作用来消解参与各方的行动落差，以此保持各联结力量的参与热情与凝聚能力，维护网络舆论生态系统内部必要的参与平衡。这意味着共在性转换是以作用于参与力量秩序的调整来维持网络舆论生态的整体运转能力的。就第三个特点而言，共在性转换不是通过强制手段来化解网络舆论生态系统内部结构冲突的，而是按照自适应能力的需要来整体面对各参与力量的集体行动，通过理性认识和对称性协调来评判网络舆论生态系统内部的参与关系。在结构冲突存在的前提下，共在性转换不仅是问题的提出者，还是问题的解决者。即共在性转换除了要解释和回答产生网络舆论生态系统结构冲突的原因，还要在深刻洞察结构平衡的基础上提出相应的解决办法，以谋求各参与力量的对称性平衡。

可以说，网络舆论生态通过共在性转换，全面彰显了其内部参与力量的行动逻辑，而共在性转换也彻底激活了网络舆论生态系统内部的参与活力。也正是由于共在性转换，网络舆论生态才能被视为一项自适应平衡系统而得以良性运转。

四、网络舆论生态问题的三维镜像

网络舆论生态问题受其结构要素的诱发，权力、议题、话语在网络舆论生产、消费、传播过程中分别出现异化、偏差、冲突的现象，导致网络舆论生态失衡。网络舆论生态失衡，主要是指网络舆论生态要素结构被不好的、不健康的、负面的信息所困扰、压制和占有，从而呈现出的一种运行状态。需要说明的是，网络舆论生态失衡并不意味着不存在好的、健康的、正面的信息，只不过在好与不好、健康与不健康、正面与负面的博弈中，好的、健康的、正面的信息暂时处于弱势状态。失衡的网络舆论生态，就像一台失去控制的加速器，它僭越事实与真相在网络舆论生产、消费、传播过程中的结构作用，反而通过情绪渲染和情感动员操纵公众网络舆论参与，严重干扰正常的网络舆论秩序，使网络舆论空间乱象丛生、乌烟瘴气，真实的网络民意无法得以有效反映和呈现。

（一）权力异化使网络舆论生态结构解域化

权力是网络舆论的基础要件，它是对网络舆论生产、消费、传播过程中诸多能力的关涉与强调，是网络舆论得以生产、消费、传播的支持条件。网络舆论需要权力，这不仅是因为权力可以在关系塑造、圈子构建、辐射影响方面为网络舆论提供便利和帮助，而且权力本身可以壮大网络舆论生态要素结构，在权力的作用下，网络舆论资源、网络舆论主体、网络舆论环境的影响范围更加广泛，网络舆论生态要素结构范式更加牢固，且任何一方要素都不会因己方处于弱势状态而无法对其他要素发生作用。在正常情况下，权力有利于公众网络舆论参与的平稳运行，它本身不带有任何特定的指向性和偏向性。权力异化主要是指权力在网络舆论生态运行过程中的能力作用发生了改变，不再正向作用于网络舆论生产、消费、传播过程，反而以消解、阻滞、解构的方式造成网络舆论资源、网络舆论主体、网络舆论环境的分离与漂离，使网络舆论生态结构解域化，将网络舆论生态推向难以预料和掌控的运行空间。权力异化的表现途径有四种：技术、知识、信息、媒介。权力异化的作用目标是离散网络舆论生态要素结构的向心力，支离、分解、破坏网络舆论资源、网络舆论主体、网络舆论环境之间的联结关系和作用状态，最终导致网络舆论生态结构失衡。

1. 权力对技术的绑架导致网络舆论生态结构偏离

对网络舆论生态而言，权力与技术都是不可或缺的。权力可以为网络舆论生态运行提供能力支持，技术可以确保网络舆论生态运行处于媒介、传播、信息的相互影响之中，不断提高网络舆论生产、消费、传播对信息的接收、处理能力。

权力与技术有两种组合状态，一种是技术权力，另一种是权力技术。技术权力是以技术为中心展开的能力表现，权力以技术为基础，并服务于网络舆论生态运行。在这种情况下，权力对技术的辅助与支持，使技术对网络舆论生态运行的作用效果更加明显。如果普通公众掌握这种技术权力，那么他在网络舆论生产、消费、传播过程的行为表现就会愈加突出，不仅参与积极，而且声音（网络舆论）也会多样和响亮。权力技术则恰好相反，权力不仅压制了技术，使技术沦为权力的附庸，而且造成权力的无限扩张。在这种情况下，玩弄权力、滥用权力就成为权力技术的代名词，尤其是一些网络大 V、媒介资本集团热衷利用手中的（传播、媒介）权力优势，不断制造话题、炒作话题、吸引流量、冲击微博热搜，达到吸睛、吸金、吸粉的目的，此类行为严重扰乱了网络舆论空间秩序。

权力对技术的绑架，意味着权力技术以压倒性的优势占据网络空间，技术权力被权力技术所替代，网络舆论生态也由此陷入权力与技术争斗的运行困境。"在网络空间中拥有更大的自由活动权力的人，是那些能够控制网络空间和因特网技术的技术精英"[①]，而"技术精英"又构成了网络舆论生产、消费、传播过程的"权力图景"——一种占据支配地位的权力技术，它帮助"技术精英"实现对网络舆论资源、网络舆论主体、网络舆论环境的权力操控，以此为"技术精英"或某一社会利益集团服务。当权力技术成为主流，它就会凌驾于公共立

---

① 蔡文之. 网络：21 世纪的权力与挑战［M］. 上海：上海人民出版社，2007：16.

场和公共利益之上，网络舆论生产、消费、传播过程均会因权力异化而丧失其客观立场，而网络舆论空间要么被非理性网络舆论所占据，要么沦为某一利益集团或群体的"发声器"和"传声筒"。此时，任何形式的网络舆论生产、消费、传播，都会显得同网络舆论生态运行过程格格不入，既有使其陷入失衡的危险，也有使网络舆论依靠权力技术而走向同质化的可能。

权力对技术的绑架，导致网络舆论生态结构发生偏离，主要表现在两个方面：一方面，就网络舆论生态结构面向而言，权力由"幕后"走向"台前"，成为凌驾于技术之上的"特殊"能力，导致网络舆论生态要素结构竭尽所能地吸收、运用、掌握、转化一切权力，这其中就包括随意的权力、任性的权力、滥用的权力。一旦权力成功干涉网络舆论生态要素结构的作用关系，就会改变公众在网络舆论生产、消费、传播过程中的意志和行为，使网络舆论资源、网络舆论主体、网络舆论环境不依赖于确定的态度而自行其是，导致网络舆论生态结构面临权力异化带来的诸多压力与挑战。在此情况下，建立在权力基础上的传播结构应运而生，网络舆论生态运行走向就要受制于权力的作用，其结构要素将会发生颠覆性的变化，不利于网络舆论资源、网络舆论主体、网络舆论环境的正向联结与融合。另一方面，就网络舆论生态结构指向而言，接受权力、复制权力、扩散权力就会成为网络舆论资源、网络舆论主体、网络舆论环境的注脚，在权力的渲染和号召下，个人、社会、媒介就会对权力趋之若鹜，而不考虑什么样的权力才是真正有助于网络舆论生态运行，什么样的权力又是必须给予杜绝和制止。一旦正常的权力得不到合理的对待和运用，权力异化就会僭越技术在网络舆论生产、消费、传播过程中的作用，公众网络舆论参与将会重点围绕权力来进行，不再考虑对技术的需求，不再协同结构要素、结构关系、结构类型发生作用，逐渐成为网络舆论生态运行过程的消解力量。

2. 权力对知识的压制导致网络舆论生态结构能力弱化

网络舆论生态需要通过知识来稳固其内部结构，知识在其中充当了凝聚、黏合、聚合的作用，尤其是需要积极、健康、正面的知识来提高、强化网络舆论生态运行质量和效率。就知识而言，主要是从狭义方面来讲的，如网络舆论生产、消费、传播需要的信息知识、媒介知识，公众进行网络舆论参与需要的网络舆论知识、媒体知识、参与知识等。此类知识一旦被网络舆论生态要素结构吸纳，就将促使网络舆论生态成为一项具有鲜明指向的实践活动，网络舆论资源、网络舆论主体、网络舆论环境三要素之间的结构能力也能得到稳固和强化，各要素的实践导向更加明确，作用能力更加突出。

正常情况下，网络舆论生态运行需要借助权力来获取知识、补充知识、转化知识。这主要是因为知识是进行网络舆论生产的前提，不掌握知识，就不能很好地进行网络舆论生产，没有知识的网络舆论就只能成为徒有其表而无实质意义的众声喧哗。知识借用权力手段在网络舆论资源、网络舆论主体、网络舆论环境之中插入它们需要的成分，实现知识在网络舆论生态结构之中的生产与流动，赋予知识以叠加效应，提升网络舆论的专业性、可信度，为网络舆论生态结构创造需要的知识体系。然而，由于权力异化的负向作用，知识逐渐被权力压制，权力的过度膨胀必然压缩知识的功能空间，日益弱化知识在网络舆论生产环节的功能地位，导致网络舆论生产的简单化和定型化，进一步强化权力在网络舆论生产中的操控功能，支持隐于知识背后的权力倾向。前者指向知识权力，是网络舆论生态结构关于知识的"自然状态"。后者指向权力知识，是网络舆论生态结构对权力的"整体依赖"。正如张之沧所言，"权力通过知识可以得到加强或削弱，知识通过权力可以得到传播或抑制"①。

知识权力和权力知识，两者都是通过知识达成对网络舆论的权力内聚，但也存在着根本的区别。就前者而言，知识权力表达的是对知识的权力拥有，通过权力在网络舆论生产、消费、传播过程中获得知识，并对不断运动着的网络舆论生态作出适应性的调整和变化。就后者而言，权力知识强调的是通过知识的获取来凸显和强化权力，任何对掌握、巩固、使用权力无益的知识都有可能被抛弃，这就势必会造成网络舆论生产、消费、传播过程中存在定向生产知识的可能，而那些有助于掌握、巩固、使用权力但无益于网络舆论生态平衡要求的知识却得不到有效遏制和约束，如造谣需要的知识、舆论攻击需要的知识、伪科学需要的知识等。从知识权力到权力知识，与其说是知识与权力在网络舆论生态运行过程的结构裂变，不如说是权力已经异化为网络舆论生态运行过程的"隐性因子"，成为支配网络舆论知识构成的"标准体系"，它既是网络舆论生态结构的终极理由，也是网络舆论生产、消费、传播过程的目的所在。

权力对知识的压制，并不能完全保证权力在网络舆论生态运行结构中得到合理运用，它有可能将知识游离在网络舆论生态结构之外，漂浮在网络舆论生产、消费、传播过程之上，导致网络舆论资源、网络舆论主体、网络舆论环境竞相追逐权力，无暇顾及知识对自身能力的强化作用，使知识得不到合理修正、运用和拓展，造成对知识的轻视、无视、罔顾、践踏和浪费。这其中，并没有过多的、理性的网络舆论参与，毕竟由权力主导的知识构成，在很大程度上投射了主观立场权力异化的倾向性，而那些因权力异化享用到巨大利益或优势的

---

① 张之沧. 从知识权力到权力知识 [J]. 学术研究，2015（12）：15.

个人（或社会组织）也不会同意对此作出改变。在这方面，知识就显得微不足道，并逐渐丧失对网络舆论生态结构的整合能力。

3. 权力对信息的攫取导致网络舆论生态结构联结受阻

对网络舆论生态结构而言，信息畅通与否至关重要，这不仅因为信息渠道是网络舆论生态结构的"毛细血管"，而且网络舆论生态结构有赖于信息畅通来完成要素之间的联结。通过信息联结，网络舆论得以在生产、消费的基础上完成传播的目的，形成有效的网络舆论，从而及时在社会群体之间建立信息交流渠道，实现对网络舆论生态结构的调控，"对新信息及时做出反应的能力是一种至关重要的权力资源"①，这就是信息成为权力的过程。在这一过程中，如何及时占有、解释、利用信息就成为一种是否具备权力的能力考验，掌握这种权力，便可以直接作用于网络舆论生产、消费、传播过程。反之，如果不能掌握这种权力，甚至出现权力对信息的攫取，信息就只能听从权力安排生产出符合其要求的网络舆论，其结果必然是增强权力的归属和认同，至于信息本身有何价值，作用范围有哪些，信息是否有助于增强网络舆论生态要素结构的内部联结，是否符合网络舆论生态平衡要求，都不是权力关心的问题。

权力对信息的攫取，造成信息无法在网络舆论生态运行过程发挥应有的作用，无法为网络舆论输送新的内容，也不能及时调整网络舆论生产、消费、传播过程的信息通道，不能使积极、健康、正面的信息灌注整个网络舆论空间，从而在根本上难以提升公众网络舆论参与行为和网络舆论生态运行效果。这主要是因为权力把自己对网络舆论生态结构的能力作用，异化为对信息输送和传递的强制运用，信息泛滥和粗制滥造，虚假信息、陈旧信息、干扰信息、信息污染就会涌现出来。此时的信息已朝向权力异化的方向发展，以便满足私欲膨胀的权力野心。

因此，权力对信息的攫取，并不关注网络舆论的信息联结，它对建立信息交流渠道也没有太大兴趣，而是专注于权力对网络舆论信息联结结果的塑造，同时在网络舆论生产、消费、传播过程中确定权力的再生产机制，任何一种信息都需要经过权力的规制方能成为网络舆论。此时的权力一旦同媒介集团联手，或者权力不再服从网络舆论生态平衡的运行要求，权力异化就会导致信息让位于权力，权力支配信息，最终成为一种权力信息。权力信息把对权力的控制看作是网络舆论信息联结的手段，网络舆论生态结构却未能打破这种垄断，反而

---

① ［美］约瑟夫·S. 奈. 硬权力与软权力［M］. 门洪华，译. 北京：北京大学出版社，2005：105.

在权力信息的作用下，逐渐失去动态调整网络舆论资源、网络舆论主体、网络舆论环境的能力。这主要是因为权力信息僭越了信息联结对网络舆论生态运行的作用，将信息交流禁锢在权力控制的有限空间，因权力异化的倾向性，网络舆论资源、网络舆论主体、网络舆论环境自然就无法超越这一局限，从而禁锢在有限空间的信息交流逐渐丧失对网络舆论生态结构进行动态调整的能力。此时，网络舆论信息联结尽管依然存在，但其联结方式与联结结果却因权力异化的倾向性发生了改变，网络舆论生产、消费、传播过程也始终将权力视为终极的获取目标，过分追求权力必然造成权力的滥用和垄断，甚至是对信息的漠视与罔顾，一个本能可以走向平衡的网络舆论生态结构也必将因其发生不好的改变。

4. 权力对媒介的控制导致网络舆论生态结构内部冲突

网络舆论生态运行需要媒介的力量。媒介不仅可以为网络舆论生产、消费、传播提供便利，而且可以为网络舆论聚集大量的受众群体。以媒介视角审视权力，权力可以强化媒介对网络舆论生态运行的作用，媒介可以帮助权力在网络舆论生态运行过程得到巩固，将权力贯穿网络舆论生产、消费、传播过程始终，影响权力对网络舆论资源、网络舆论主体、网络舆论环境的控制程度。

一般而言，权力与媒介应该是相辅相成的关系。权力与媒介的结合，改变的绝不仅仅是网络舆论生态结构，而且包含构成网络舆论生态结构的联系方式。联系方式虽然只在网络舆论资源、网络舆论主体、网络舆论环境内部进行动态调整，但它却可以通过媒介同公众网络舆论参与发生作用，使权力渗透到公众的情感、态度、认知、立场之中，正是这种联系方式使媒介与权力深刻地包含在网络舆论生态结构之中，构成了媒介权力。媒介权力代表公众对网络舆论生态的整体看法，它会跟随公众网络舆论参与态度的改变而发生相应的变化。也就是说，在媒介权力内部，媒介之所以能够对公众网络舆论参与发生作用，主要是因为权力在其中扮演着中介的角色，适应、改变、调整网络舆论生产、消费、传播过程，对网络舆论生态平衡具有积极的调适作用。媒介权力是一种十分有效的权力形式，它推动网络舆论资源、网络舆论主体、网络舆论环境的联结与运行，并通过媒介对网络舆论生产、消费、传播过程进行规范与控制。媒介权力对网络舆论生态结构本身并无先天的利害关系，它是一种中性的权力，但若权力发生异化，权力就会控制媒介，媒介就要让位于权力，形成权力媒介。

对权力媒介而言，权力可以对媒介进行整合，并在整合过程进一步强化权力对媒介的干预作用，透过媒介凸显权力对网络舆论生产、消费、传播过程的参与，并最大可能释放权力，广泛引发公众网络舆论参与对权力的追捧。如果权力媒介僭越了网络舆论生态平衡的临界点，权力对媒介的控制就会无限放大，使得网络暴力、舆论攻击、非理性网络舆论借助权力媒介而恣意妄为，引发网络舆论生态的结构困境。权力媒介意味着权力成为固定且日渐扩张的自变量，媒介则成了完全依附于权力且可任意伸缩的因变量，媒介被权力操纵并为其目的服务。针对这一点，权力被媒介资本、意见领袖、利益集团控制，并为其发声谋利，甚至通过媒介进行舆论审判，便可见一斑。权力媒介的出现，导致网络舆论生态结构内部冲突，它割裂了媒介与权力在网络舆论生态结构的权变关系，利用权力解构网络舆论资源、网络舆论主体、网络舆论环境的联结与运行，改变网络舆论生产、消费、传播过程的规则与遵循，为网络舆论生态结构埋设诸多不稳定因素。

（二）议题偏差使网络舆论生态控制虚饰化

议题偏差类似让·鲍德里亚笔下的"信息消费之信息"①，它是一种基于"眼球效应"和"消费悸动"的符号包装，它背离了"拟态环境极大地塑造了公众看待世界的方式"② 的基本路由，呈现给公众的是经过媒介加工与消费的配置性议题，它并没有通过关联识别在公众与议题之间建立联结渠道，而是凭借议题的"眼球效应"将公众推向网络舆论生产、消费、传播过程的"消费悸动"，并以媒介的名义超越议题的特定内容进行"偏差性"理解与传播。概言之，议题偏差就是议题偏离了原初目的和意义，异化为"流量"和"消费"的代言人。网络舆论生态控制是指其对议题加以限制和规范所采取的态度，它的目的在于保持不同议题之间的张力关系，实现议题对网络舆论生态良性运转的有效建构。控制虚饰化意味着，议题偏差突出强调媒介场景变化对网络舆论生态控制的影响，议题愈发受制于媒介的作用，依赖媒介的传输和塑造，在结果层面造成网络舆论生态控制"流于形式"，并不具有对其内部构成发挥作用的能力，或者作用效力低下，大打折扣。

1. 议题偏差弱化网络舆论生态控制的符号表达，转向议题崇拜

符号是议题得以传播的工具，构成网络舆论生态控制的基础。符号使议题简单明了，增强议题的感染力、渗透力和传播力。每一种议题都具有符号性质，那些通过符号展现并得以传播的议题，往往能够在网络舆论生态运行过程中取

---

① ［法］让·鲍德里亚. 消费社会［M］. 刘成富，全志钢，译. 南京：南京大学出版社，2014：113.

② ［美］马克斯韦尔·麦库姆斯. 议程设置：大众媒介与舆论［M］. 郭镇之，徐培喜，译. 北京：北京大学出版社，2018：37.

得良好效果。对公众而言，议题以符号得以展现，既可以增进公众对议题的直观理解，又有利于议题在网络舆论空间的多维扩散。符号在其表达上，同议题的目标是一致的。支庭荣认为"大众传播的遗传基因物质不是广义的信息，而是符号。更进一步地说，是可即时复制的符号"①。这一观点肯定了符号对信息传播的工具价值，并在最广泛层面赋予符号传递信息和构建意义共同体的功能。因此，对议题而言，符号为其提供更具实效的作用范畴，激起公众在网络舆论生产、消费、传播过程中对议题所指与能指的解释能力。在这种意义上，符号的实际作用范畴就替代了议题的关系指向，成为议题参与网络舆论生态运行的"代表"。我们生活在符号的时代，公众关心的是符号被认识和可使用的议题效果，追求的是符号利用和构建的传播关系，"符号的极度增值、繁衍与扩散已经支配和控制整个人类社会，形成了特殊的符号景观"②，这种景观在议题偏差的离散下，首当其冲的负面影响就是符号的信息无力与意义无着，并将公众对议题的认知与理解纳入信息崇拜的过程，用于虚饰网络舆论生态运行及其控制。

　　议题崇拜主要是指公众对议题的盲目追求和迷信，认为但凡存在议题，公众便可据此表述其在网络舆论参与中的各类诉求，甚至可以完成对网络舆论生态运行的控制。公众对议题的盲目崇信，使议题由符号性质的信息景观置入类似于商品交换的过程，议题像商品一样被用来交换，用议题来换取对网络舆论生态运行的控制，商品化的议题使网络舆论得以生产、消费、传播，其后果则是直接导致公众网络舆论参与不再是一种思想交往活动，而是充斥着物质利益交换的有偿实践。也就是说，只有交换价值庞大的议题才能获得网络舆论生态运行的青睐。在议题偏差的作用下，由纯粹的符号表达转向议题崇拜，实质上就是议题附着于网络舆论生态运行的关系描述，只不过这是一种偏差性质的关系理解，"它把社会关系作为物的内在规定归之于物，从而使物神秘化"③。因此，议题崇拜是使符号神秘化并使公众对其盲目崇信的结果，而公众正"处在欺骗和自欺的领域，处在掩盖社会关系和掩盖过程的领域"④。公众愈是接近这个领域，议题偏差就愈是使符号产生神秘性，更加趋近崇拜的地步，议题就愈

---

① 支庭荣. 大众传播生态学 [M]. 杭州：浙江大学出版社，2004：58.
② 邵培仁. 媒介生态学：媒介作为绿色生态的研究 [M]. 北京：中国传媒大学出版社，2008：190.
③ 中共中央马克思恩格斯列宁斯大林著作编译局. 马克思恩格斯全集：第31卷 [M]. 北京：人民出版社，1998：85.
④ [英] 约翰·B. 汤普森. 意识形态与现代文化 [M]. 高铦，译. 南京：译林出版社，2005：79.

以偏差的方式摆脱网络舆论生态内部结构的影响，弱化网络舆论生态对议题的规范力度和现实指引。

2. 议题偏差颠覆网络舆论生态控制的真实基础，转向议题幻象

一个平衡的网络舆论生态需要以真实的议题作为基础。真实意味着议题要具有客观的、现实的、真切的发生土壤，它取决于议题在网络舆论生态控制中的内容指向，往往伴随公众在网络舆论生产、消费、传播过程中对议题的认知、理解与评价。真实利用议题的可感知对网络舆论生态控制进行编码和解码，使议题得以文本化和视觉化，并赋予其情感力量和传播效力，从而支撑起议题对网络舆论生态控制的生动体现。然而，在议题偏差的场景理解中，真实并不一定会超越虚饰化使网络舆论生态控制成为可能。这是因为暗含在真实背后的议题偏差的直接后果是不能够完全被公众预见的，议题偏差的幻象吸引公众对网络舆论参与的冲动，激起议题以幻象的形式诱发公众的集体无意识，幻象"使个体陷入个体无意识的神话中，以促使他们对其做出投资而完成消费功能"①。

对网络舆论生态控制而言，幻象是议题在偏差作用下的直接表现，尽管公众看到的议题有其存在的现实基础，但却是经过"幻想""假想""设想""臆想"加工之后的议题。更为准确地说，经过幻象的议题，是无限接近于公众心目中"理想"的议题，具有夸大、想象、虚假、致幻的特点。幻象不仅使议题偏差在网络舆论空间得到淋漓尽致的表现，而且将这种"真实"的存在投射到网络舆论生产、消费、传播过程中，使公众误以为这便是真实的议题，这就是议题的全貌。

议题偏差颠覆网络舆论生态控制的真实基础，转向议题幻象。一方面说明议题偏差对网络舆论生态控制的虚饰化，它既是对真实的无理由想象，也是对幻象的情绪化表达。另一方面说明网络舆论生态控制虚饰化的运行逻辑，作为幻象的"真实"需要借助真实的幻象来加以支撑或建立，幻象在一定程度上也需要利用议题的真实性来进行加工和表达。议题偏差作为网络舆论生态控制虚饰化的主要场景，正是通过幻象对真实的强力挤压与斗争，致使议题偏差在网络舆论生产、消费、传播过程中误导公众，从而在网络舆论生产、消费、传播过程中误导公众，产生一些片面、过激、非理性的网络舆论。虽然幻象导致议题与真实的断裂，甚至颠覆网络舆论生态控制的平衡基础，但作为虚饰化的存在，议题偏差依然可以通过幻象进行"真实"的议题表达与回应，因为"人们

---

① ［法］让·鲍德里亚. 消费社会［M］. 刘成富，全志钢，译. 南京：南京大学出版社，2014：142.

凭借幻象找到了意义，将幻象视为对自己和世界的解释"①。真实与幻象，对网络舆论生态控制而言，将是持久的斗争，也是议题偏差对网络舆论生态控制虚饰化的直观体现。

3. 议题偏差消解网络舆论生态控制的聚合能力，转向议题离散

聚合有助于保持网络舆论生态要素结构稳定，明确目标导向。议题聚合有助于公众更加全面、系统地理解议题的内涵指向，更容易获取对议题传播资源的认知和判断，使网络舆论生产、消费、传播过程始终围绕议题进行，在议题聚合中实现对网络舆论背后问题的解决，具有高效、快速的特点。议题聚合揭示了网络舆论生态控制何以实现的可能路径，只有将聚合提高到现实价值的高度，议题方能通过聚合的方式在内容、功能、目的方面表现出内在的逻辑指向，最终作用于网络舆论生态控制过程。

实际上，在网络舆论生态运行过程中，议题本身往往是分散且流动的，议题的复杂性不一定会削弱公众对网络舆论生态控制的理解，但议题一旦出现偏差，就会反向塑造出有悖于网络舆论生态平衡的条件与可能，网络舆论生态要素结构内部也会出现离散效应，各要素逐渐发展成为一个既相互独立又能自足的个体。这不仅不利于网络舆论生态控制，而且会使网络舆论在生产、消费、传播过程中相互分离，逐渐丧失对议题背后问题的关注能力。因此，实现网络舆论生态控制必须回到议题本身，根据公众网络舆论参与的需要，对分散且流动的议题进行有目的性、选择性、针对性的聚合与呈现。这一过程既是议题实现其自身目的的表现，也是议题满足网络舆论生态控制的意图。

不过，议题偏差却改变了聚合的作用模式，不管议题指向何方，是否具有意义指向，它总能使议题在网络舆论生产、消费、传播过程中产生离散效应，破坏议题的信息完整性。也就是说，议题偏差消解网络舆论生态控制的聚合能力，不是向议题内部靠拢，不是谋求议题背后现实问题的解决，而是向外扩展，对议题之外的问题进行主观发挥与改造，转移公众的注意力，使网络舆论朝着相反的方向，甚至是破坏性的方向发展。如谣言、网络暴力、舆论绑架都是通过议题偏差的离散效应发挥作用的。与此同时，离散强调的不是议题传播问题，也不是议题的价值指向问题，而是议题偏差掩盖并促成网络舆论生态控制虚饰化的问题。从聚合到离散，议题偏差以虚饰化的"反向操作"融于网络舆论生态控制过程，这对公众网络舆论参与而言，具有极大的迷惑性和误导性。需要

---

① ［德］沃尔夫冈·弗里茨·豪格. 商品美学批判——关注高科技资本主义社会的商品美学［M］. 董璐，译. 北京：北京大学出版社，2013：52.

说明的是，离散的议题并不代表议题的无效，它只是以"重写"的方式将议题同公众网络舆论参与加以融合，在新的信息传播过程中衍生出新的议题生长点。在这种情境中，作为主体性的公众与作为建构传播关系的议题，并未形成有效的反馈框架和作用机制，而衍生出的议题又在新的传播渠道作用于网络舆论生态控制，形成一个闭合的循环系统，直至新的议题完全压制原有的议题，牢牢地占据制高点。这样一来，议题的完整性与连续性就被彻底的破坏，议题偏差就会完全地沦为网络舆论生态控制的虚饰化工具。

（三）话语冲突使网络舆论生态话语对立化

话语可以将不同参与立场的公众联系起来，也可以在宏观层面使国家、社会、个人、媒介统一在相同的话语分析语境。网络舆论生态运行意在通过话语寻求一种可供其文本分析与理论建构的方法，它是对网络舆论生态现实语境的呈现，也是对构建一种特殊意识形态的客观需要，作为维持网络舆论生态话语表达并予以彰显。话语冲突反映公众在网络舆论生产、消费、传播过程中表现出的自相矛盾的状态，以及作为整体性存在的网络舆论生态话语内部的不相适应的表现。话语冲突指向网络舆论话语存在的问题，其后果不仅影响国家、社会、个人、媒介对网络舆论的话语认知，而且在话语表达层面不利于规则意识对网络舆论生产、消费、传播过程的辐射与作用。话语冲突更多地将实然与应然层面的断裂附加在网络舆论生态运行过程中，导致网络舆论生态话语对立化，进一步激化网络舆论生态运行过程的紧张状态，把对立现象视为网络舆论生态的整体呈现，割裂网络舆论生态话语分析的方法与空间，陷入表达失衡状态。

1. 平等与垄断

在理想状态下，网络舆论生态运行需要营造一种平等参与的话语氛围，不论是何种参与身份，也不论参与程度如何，每一个参与主体都可以平等进行网络舆论表达，都可以通过网络舆论发出自己的声音，且不受任何外来力量的干涉和阻挠。也就是说，网络舆论生态话语的呈现方式应当是平等的，既包括参与主体的地位平等、机会平等，也包括参与主体话语表达的平等对待。话语垄断则打破了这种平等状态，是一种对立的表现形式，公众进行话语表达除了要考虑自身力量的差异和悬殊之外，还要顾及其他因素的影响，如性别、学历、职业、收入、阶层等。话语垄断意味着话语内容的平等形式被打破，成为某一个人、群体或利益集团独自占有的话语表达，而无力与之相抗衡的网络舆论参与群体（个人）只能独自徘徊在话语之外，失去对话语内容认知与理解的条件或能力，并引发一系列的话语对抗行为。倘若网络舆论生态不能作为平等的话语形式来满足公众网络舆论参与，网络舆论在生产、消费、传播过程中就无法实现对话语的准确理解与把握，并最终导致话语的旁落与话语的垄断。

人民论坛问卷调查中心在 3250 位微博博主的调查分析基础上，得出如下结论："53.2%参与调查的微博博主认为微博话语垄断程度较高，53.3%参与调查的微博博主担心'观念单向传递，以大 V 思想代替个人思考'。"① 这一结论清楚地说明当前网络舆论生态的话语权隐忧。一个良性运转的网络舆论生态，需要平等的话语表达，平等不仅可以弥补媒介集团、网络大 V、自媒体达人同普通网民之间的话语落差，还可以通过对话维系普通网民同国家、社会、他人、媒介之间的话语联系，增进其认同和归属。话语冲突使网络舆论生态话语走向垄断，垄断意味着话语表达失去了平等的基础和条件，公众网络舆论参与的"门槛"也随之发生变化，谁拥有资源、谁拥有话题、谁拥有权力和技术，谁就可以发出强有力的声音，就可以左右整个网络舆论场。因为相较于普通公众，媒介资本集团、意见领袖、网络达人等强势群体拥有强大的话语资源和优势，具备进行话语垄断的条件和可能。

在霸占微博热搜#肖战粉丝举报 AO3#的话题讨论中，截至 2020 年 3 月 5 日 14：00，阅读次数达 7.4 亿，讨论次数达 77.9 万。众多粉丝为维护"爱豆"的形象和在娱乐圈的地位，在意见领袖、网络大 V 和"粉头"的带领下，毫无顾忌地向一切"敌对势力"开炮，人肉、攻击、谩骂、中伤、造谣都是常用手段，至于此类话题讨论是否有现实价值，是否有利于净化网络空间，都不是他们关心的重点。因为在粉丝看来，只要他们能够掌控局面，只要能够发出强大的声音，就能够赢得话语，话语能以绝对性的优势压倒对方，那么就取得了胜利。除此之外，还有一般网民的话语垄断，这类群体碍于话语资源的条件限制，加之话语地位在网络舆论生产、消费、传播过程中的不对等，他们更加渴望通过相互联合来赢得话语地位，"争取发声""发出强声"就是其走向话语垄断的内在动因。

话语通过冲突的方式不断向网络舆论生态运行发起挑战，这种挑战是以演绎形式从话语内容之中剥离出来的，它通过媒介工具的便捷性、网络舆论参与的自由性、话语分析的网络赋权等形式，以单通道的话语垄断代替多通道协商的话语平等，将话语强占视为理解和建构网络舆论生态运行过程的不二法宝。这样一来，话语冲突就不断地以反向作用形式为网络舆论生态制造暴力，它同

---

① 肖楠，林熹. 微博江湖：话语权垄断之忧——基于 3250 位微博博主的调查分析［J］. 人民论坛，2013（10）：51-52.

斯拉沃热·齐泽克笔下的"主观暴力、客观暴力、符号暴力"① 有着类似之处。只不过此处的暴力更具诱导性质，它无情地暴露出话语冲突同网络舆论生态的"生存性对抗"。"生存性对抗"虽然是话语冲突的网络舆论呈现，但实际上却指出了网络舆论生态的现实基础，并涉及对话语分析走向的影响，是面向话语平等，还是走向话语垄断。话语垄断确凿无疑地指出了网络舆论生态运行面临的实践问题，进一步说明话语分析已无力摆脱话语垄断对其实施的扼制性包围，而话语冲突则不可避免地要在实然与应然层面给网络舆论生态运行造成无限损害。

2. 崇高与低俗

崇高是一种价值追求和理想状态，一个和谐、理性、健康的网络舆论生态，需要树立崇高的网络舆论追求，如此才能构建风清气正的网络舆论空间。崇高使网络舆论生态的意义彰显更加明确，这是由网络舆论背后的理想追求决定的。意义彰显如同赋予网络舆论生态以时代精神一样，它是整个网络舆论空间精神气质的有力表达，不仅是崇高的，而且是真、善、美的有机统一。具有意义的网络舆论生态，自然就注定了它是一个好的、平衡的、健康的网络舆论生态。反之，亦然。但这并不代表崇高的网络舆论生态就不存在低俗的问题，只不过崇高与低俗是相对而言的，此时的崇高压制了低俗，占据主流和主导地位。崇高是网络舆论生产、消费、传播链条共有的特征，是公众网络舆论参与必须承认和接受的事实，它是一种具有普遍意义的价值追求。崇高作为网络舆论生态的时代精神，在本质上反映了作为整体性存在的网络舆论生产、消费、传播过程的公共价值取向，崇高赋予网络舆论生态以时代要求，充分凸显话语分析肩负的指称意义，"追求崇高的人生，是不断地构建自己的精神家园的人生"②。

然而，公众在追求崇高的过程却难免遭遇低俗的反向阻滞与消解，它将崇高完全置于话语冲突的不确定性漩涡之中，任何话语分析都会被低俗性质的网络舆论吞噬，公众在网络舆论生产、消费、传播过程之外却依然可以觅得媒介信息的影子。这意味着低俗虽然走向了崇高的反面，但却深得市场本身的"芳心"，尤其是那些标新立异、哗众取宠的话语表达"成为被卸载了所有信息和意义的自主仿象，它自身成为信息并且在自身交换"③。此时低俗就使网络舆论走

---

① ［斯洛文尼亚］斯拉沃热·齐泽克．暴力：六个侧面的反思［M］．唐健，张嘉荣，译．北京：中国法制出版社，2012：11.
② 孙正聿．崇高的位置（修订版）［M］．北京：人民出版社，2010：1.
③ ［法］让·鲍德里亚．象征交换与死亡［M］．车槿山，译．南京：译林出版社，2012：27.

向"异化"，它不仅是一种肤浅的语言修饰，而且以消解的形式不断危及网络舆论生态在应然层面的实践指向。

崇高与低俗，不仅是话语冲突的表现形式，而且成为网络舆论生态运行的内在危机。话语冲突就如同符号化的存在决定了崇高向低俗的转换，网络舆论生态在实然与应然层面的固定联结也由此被打断。在此情况下，网络舆论生态体现的就是被低俗取代的网络舆论，它力图用暂时的激情、快感、娱乐、狂欢来完成对网络舆论生产、消费、传播过程的"再生产"，以此掩盖低俗对崇高的逃避，以及崇高异化结果对公众网络舆论参与的价值消解。从崇高到低俗，话语冲突在某种意义上已成为具象化的"非意义再生产"，只不过它是一种满足低俗趣味的工具性的存在，并不具备话语分析的终极价值，甚至是完全自立于网络舆论生态运行之外的"观念性存在"。在这里，低俗大胆地僭越了崇高倡导的话语界限，以对立、消解、异化的形式定义网络舆论生态，一个不好的、失衡的、不健康的网络舆论生态即将到来。

3. 规范与失序

规范与失序涉及网络舆论生态的良性运转，是网络舆论生态运行面临的突出问题，要么走向规范，要么走向失序。网络舆论生态平衡离不开规范的保障作用，通过规范不断调整公众网络舆论参与行为，优化网络舆论生态要素结构，并对失序展开纠正、反思和批判。有学者认为"网络信息价值生态的失衡成为网络生态危机的重要表征"①，这里有双重指向：一是对立化导致网络舆论价值生态颠覆，它严重冲击网络舆论生态在应然层面的价值指向；二是作为价值集合的网络舆论生态，理应成为公众网络舆论参与应享的意义图景，然而话语冲突却割裂了这种实现的可能，并暴露出它可能裹挟网络舆论生态运行的危险。

规范是对网络舆论生态运行的正向描述，它是话语分析中最稳定的成分，其作用范围涵盖了网络舆论生产、消费、传播过程的各个环节，并构成了公众客观、理性、持续进行网络舆论参与的探索性活动。网络舆论生态平衡需要以规范为基础，并以此展开网络舆论生产、消费、传播过程。在话语冲突形成之前，网络舆论生态运行过程是整体平稳的，规范在价值层面对公众网络舆论参与发挥着积极作用。当发生话语冲突时，规范的临界点就被打破，网络舆论便不再依据规范进行生产、消费和传播，公众也不再将规范视为其进行网络舆论参与的标准。此时，失序就成为网络舆论空间的代名词，公众随心所欲地各取所需，网络舆论生态运行也将"随波逐流"和"漫无目的"。

---

① 陈宗章. 网络信息的价值生态及其建构［J］. 思想教育研究，2017（10）：45.

　　失序是对网络舆论生态运行的负向描述，它冲破了网络舆论生态运行的内部张力，借助话语冲突在网络舆论生产、消费、传播过程中衍生出相互分离的结果，把公众网络舆论参与同网络舆论生态运行的理想图景割裂开来，失去支撑规范运行的话语秩序。从规范到失序，话语分析已丧失了对网络舆论生态运行进行理想建构的能力。虽然失序并不是以否定的形式将网络舆论生态视为话语冲突的"同谋"产物，但正如我们所看到的，充斥在网络空间的一切非理性话语都以"怒不可遏"的方式与网络舆论生态运行作对抗，运用话语冲突的强有力形式不断挤占网络舆论生态的话语表达空间，强化失序凌驾于规范之上的那种类似于无限冲动力带来的暂时满足的快感。

　　从规范到失序，话语冲突不仅充当了网络舆论生态话语对立化的帮凶，而且改变了网络舆论生产、消费、传播过程的话语秩序与传播空间，公众不得不重新在实然层面寻求新的话语分析与表达方式，而这又将进一步扩大网络舆论生态运行在实然与应然层面的差距，规范的网络舆论参与只能被无情地压制在以碎片代替整体的失序的行动框架之中。

第二节　走向治理的网络舆论生态

　　一个清朗的网络空间需要平衡的网络舆论生态作为保障。因权力异化、议题偏差、话语冲突造成的网络舆论生态结构解域化、控制虚饰化、话语对立化等失衡问题，亟须治理的介入。治理（governance）作为 20 世纪流行于西方政治学领域的热点词汇，现今早已成为国内学者竞相追逐的时髦用语，似乎任何领域都离不开治理，国家治理、政府治理、社会治理、网络治理、道德治理、意识形态治理、社区治理、学校治理等。虽然治理一词是移植西方的概念，但却经历了一个中国化的历程，国内学者对治理的概念理解也不再局限于既有的框架模式，开始致力于在中国体验的新时代背景下对其加以内涵式发展和中国化理解①。因此，对网络舆论生态治理的讨论也需要置于相同的时代语境，才能凸显治理的中国问题和中国价值。

一、治理的概念辨正与前提

　　在网络舆论生态语境讨论治理问题，首先需要在理论层面对治理进行概念

①　彭莹莹，燕继荣 . 从治理到国家治理：治理研究的中国化 [J] . 治理研究，2018（2）：39−49.

辨正，对以往文献涉及的治理问题作出综合分析与评判，随后才能在实践层面回应如何治理网络舆论生态失衡的问题。

笔者在中国知网（CNKI）数据库以"网络舆论生态治理"为题名检索，仅得到 18 条文献。① 分析显示，这些文献虽然冠之以治理之名，但并未深入触及网络舆论生态治理的实质。诸多论者并未结合现实语境对治理概念作深入的概念分析与学理阐释，不乏有学者从国家、社会、个人（网民）的角度提出相应的治理策略。当治理被频繁地用于"解决××问题"的时候，实际上就将治理推向了格式化、模式化、套路化的境地。治理的概念辨正，既要立足治理的原本含义，还要重新回到网络舆论生态失衡的现实语境。两者相辅相成，缺一不可。原本含义是我们"原味"理解治理概念的基本要求，现实语境是我们对治理进行适用性分析和中国化理解的必要。

治理理论的主要创始人詹姆斯 N·罗西瑙认为治理是"由共同的目标所支持的，这个目标未必出自合法的以及正式规定的职责，而且它也不一定需要依靠强制力量克服挑战而使别人服从……甚至可以认为治理就是秩序加上意向性"②。全球治理委员会认为"治理是各种公共的或私人的个人和机构管理其共同事务的诸多方式的总和"③。辛西娅·休依特·德·阿尔坎塔拉则认为治理"是在众多不同利益共同发挥作用的领域建立一致或取得认同，以便实施某项计划"④。本书尝试从以上三种西方代表性观点中得出以下结论：其一，治理具有强烈且明确的目的指向性；其二，治理是多方协同参与的共同结果；其三，治理不一定需要依靠强力（权力）的唯一支持；其四，治理要在群体认同的基础上方能进行。

让我们重回中国化语境，对治理概念进行具有中国特色的内涵解读。国内学者徐勇从权力与社会的互动关系角度出发，认为"在治理的逻辑结构中，公共权力是最为核心的概念"⑤。治理指向权力的运作体系，对公共事务的治理实际上就是对公共权力配置关系和基本属性的再理解与再建构。蔡拓从"价值理

---

① 检索日期为 2020 年 1 月 15 日。
② ［美］詹姆斯 N·罗西瑙. 没有政府的治理 ［M］. 张胜军，刘小林，等译. 南昌：江西人民出版社，2001：5.
③ 俞可平. 治理与善治 ［M］. 北京：社会科学文献出版社，2000：4.
④ ［法］辛西娅·休依特·德·阿尔坎塔拉.《治理》概念的运用与滥用 ［J］. 黄语生，译. 国际社会科学杂志（中文版），1999（1）：105.
⑤ 徐勇. GOVERNANCE：治理的阐释 ［J］. 政治学研究，1997（1）：64.

性与工具理性的统一、规范诉求与实践诉求的统一、国内治理与国际治理的统一"① 三个方面综合考量了治理的整体性问题。整体性问题既是对治理概念进行中国化理解的必然，也是全面阐释并赋予治理以时代精神的现实之需。俞可平认为"治理的目的是在各种不同的制度关系中运用权力去引导、控制和规范公民的各种活动，以最大限度地增进公共利益"②。治理追求的结果必然落脚于公共利益的最大化，这是理解治理概念的基本出发点，也是在实践层面推进治理的价值依托。

纵观国内学者关于治理概念的代表性观点，本书认为治理具有以下特征：一是治理不能止步于多方协同参与，关键是要在相互依存的基础上形成切实有效的网络共同体；二是治理要以实现公共利益最大化为旨归；三是治理要重新赋予权力以新的关系属性和解释框架。本书无心从中外学者对治理概念的理解中去创造出自己对治理的概念界定，本书坚持从网络舆论生态运行的现实语境出发，统筹考虑治理概念的语境条件和现实必然，这是治理概念辨正的应然态度，也是网络舆论生态治理蕴含的基本指向。

治理的概念辨正包括两个前提：其一，网络舆论生态失衡是治理概念辨正的语境前提。权力异化、议题偏差、话语冲突分别指向网络舆论生态的结构失衡、控制失衡、表达失衡。治理的概念辨正，必须在问题镜像之中寻找和明确治理的路向与目的。其二，网络舆论生态的理解框架是治理概念辨正的理论前提，是我们挖掘和分析网络舆论生态是否具备治理可能的理论维度，也是实现治理概念中国化和重新思考治理概念适用性的重要步骤。

这两个前提为我们全面理解治理概念指明了方向。首先，指明了治理概念的适用范围。治理不是"大而全"的概念，也不是"面面俱到"的理论应用，而是具有问题针对性的理论阐释，即围绕网络舆论生态失衡问题作出的概念思考。其次，划定了治理概念的理解维度。诚然，我们对治理概念的理解需要深入网络舆论生态运行过程，离不开对网络舆论生产、消费、传播过程的评析，也离不开对公众网络舆论参与态度和行为的思考。但总体而言，治理概念的理解仍然需要依据网络舆论生态运行的整体框架，不能游离于运行之外对其作出想当然的概念界定，或者放置于最广泛意义上的社会状况之中。这样得出的理解无外乎两种可能，要么是始于思、终于辩的形而上的理论演绎，要么是"放

---

① 蔡拓 . 全球治理与国家治理：当代中国两大战略考量［J］. 中国社会科学，2016（6）：6-8.

② 俞可平 . 全球治理引论［J］. 马克思主义与现实，2002（1）：22.

之四海而皆准"的"万能药方"。最后，确定了治理概念的价值取向。治理不仅仅在于"治"，更要在"治"的过程中去总结、归纳、提炼出具有必然性与规律性的"理"。"理"在宽泛论域规定了治理的问题域，即一种具有基础性和公共性的问题形式。它不是无病呻吟的问题指涉，也不是流于形式的问题呈现，而是具有最深刻意义和得到广泛认同的问题指向。治理的价值取向就是对这一问题的最终解决，它既是善治（good governance）的结果，也是网络舆论生态实现平衡的价值策略。

二、网络舆论生态治理的内涵指向

对网络舆论生态而言，治理不仅是一种方法手段，而且是一种值得追求的价值目的，这要求我们必须从工具理性和价值理性的视角出发，去综合理解网络舆论生态治理的内涵指向。就工具理性而言，治理赋予网络舆论生态以摆脱失衡的能力；就目的理性而言，治理致力于网络舆论生态的良性运转，以期实现对传播关系和意义图景的正向建构。结合治理的概念辨正与前提，本书将网络舆论生态治理的内涵界定为：网络舆论生态治理是对网络舆论生态运行风险及其问题镜像的多维考察与综合考量，并在此基础上进行的具有公共利益取向的价值判断、权力规制和实践选择。

具体而言，网络舆论生态治理的内涵指向包括四个方面：第一，网络舆论生态治理主体来自政府，需要政府权威，但又不限于政府公共权力的运用，它在更宽泛的程度上涵盖了所有参与网络舆论生产、消费、传播过程的组织或个人。第二，网络舆论生态治理具有明确的问题域，问题的确定是开展治理的前提，也是对网络舆论生态失衡进行问题评析和解决的关键。第三，网络舆论生态治理不是宽泛论域的面面俱到，而是针对其问题镜像的多维度展开。第四，网络舆论生态治理思路是多样的，除了坚守公共利益之外，还要统筹考虑权力、议题、话语在价值判断、权力规制、实践选择中的综合运用。网络舆论生态治理内涵为我们理解网络舆论生态治理提供了基本路由，但"出于某些目的，宽泛地设定治理概念或许比较合适"①，在本书看来，对网络舆论生态治理的内涵考察，我们要在实践层面建立具有终极意义的理解框架与实践路径，其中一个明确的指向便是网络舆论生态治理的意义图景。意义图景涵盖了网络舆论生态治理的概念，并且明确指出网络舆论生态治理的时代课题和方向指南。

---

① ［美］詹姆斯 N·罗西瑙. 没有政府的治理［M］. 张胜军，刘小林，等译. 南昌：江西
人民出版社，2001：34.

　　因此，本书认为网络舆论生态治理的内涵指向不仅仅是概念层面的含义理解与说明，它更多地强调网络舆论生态治理面临和担负的时代使命。这既是网络舆论生态治理的现实之所，也是走向治理的网络舆论生态的历史任务。

三、网络舆论生态治理的价值体现

　　网络舆论生态治理的价值体现，就是要在理论层面深刻揭示网络舆论生态运动过程中存在的不合理性，并在治理概念的理解作用下不断更新、重建网络舆论生态的运动框架和基本思路。

（一）完善网络舆论生态驱动结构

　　网络舆论生态是一个多维复合体，既可以看到网络舆论生产、消费、传播过程的公共性需求，也可以看出公众网络舆论参与的私利性表达。在公共性需求一端，网络舆论生产、消费、传播过程以公共需求为旨归，社会共同体需要什么样的网络舆论，网络舆论生产、消费、传播过程就会有与之相应的体现，它考虑的是网络舆论同公共利益的价值契合问题。在私利性表达一端，公众网络舆论参与遵从的是"为我"的逻辑思路，更加注重利益的私人性维度，尽管网络舆论本身包含对个人利益的表达，但"为我"逻辑更加强调手段的自私、非理性与极端化。

　　公共性需求与私利性表达的矛盾，以对立的状态作用于网络舆论生态运行过程。一方面，它压制了公共理性的应然出场，甚至直接将网络舆论生态定义为市场化运作的产物，认为通过市场的杠杆作用就可以促成网络舆论生态运行的动态平衡。另一方面，它使网络舆论生态运行陷入公私混乱的交困状态，网络舆论不再作为"公"的形式进行生产、消费、传播，也无意通过"公"的价值彰显来纠偏"私"的狭隘需求导向，反而以"私"的形式满足公共性需求与私利性表达。治理就是要打破公共性需求与私利性表达在网络舆论生态运行过程中的对立状态，建立以社会化需求与公共利益为策略的驱动结构。

　　社会化需求的首要任务就是在公私冲突地带建立"为他"的逻辑指向，公共性需求要考虑私利性表达，私利性表达要顾及公共性需求，从而缓和公共性需求与私利性表达之间的对立关系，在强调社会化需求的基础上重新审视公私关系，在责任、需要、关系三个方面不断推进治理的现实满足。就责任而言，"为他"深刻阐释了"权利与义务问题上的视域转换与视域交融"[①]，不仅勾画

---

① 　杨国荣. 你的权利，我的义务——权利与义务问题上的视域转换与视域交融［J］. 哲学研究，2015（4）：47-56.

出网络舆论生产、消费、传播过程要遵从的价值坐标，而且为公众网络舆论参与描绘了责任分担的精神品质。就需要而言，"为他"辨明了网络舆论生态运行的基本方位，强调以公共利益最大化满足为其行动指南，这既是一种理性的需要，也是一种社会的需要。就关系而言，"为他"重塑了公众网络舆论参与涉及的公私关系，明确了"在同质性生活和意义空间中异质和他者的存在与定位问题"①，即一种面向他者存在的网络空间命运共同体的关系定位。因此，治理对社会化需求的把握，实质上就是对网络舆论生态驱动结构的社会化构筑。

公共利益不是抽象存在的表达形式，也不是独立于私人利益之外的"高尚存在"，而是在利益形式、利益指向、利益实现方面重新规制公共利益的基本面向，以更加贴近实际、贴近生活、贴近群众的治理方式推动网络舆论生态的良性运转。就利益形式而言，治理可以将公共利益化解为能够统摄每一个参与个体的正当利益诉求，达到化整为零的效果。公共利益的化解，并不是要抛弃其基本价值立场，而是"在保护每个人的自主和以共同利益的名义施行的强制之间找到平衡"②，是以满足参与个体正当利益诉求的形式进行的公共利益再平衡。就利益指向而言，治理展开对网络舆论生态利益再认识，由此出发探索适应网络舆论生态良性运转的利益追问。利益指向以公共理性为基础，以合法性存在为前提，它具有治理需要的多元、协同、互助精神。治理对利益指向的规约，在实践层面确立了网络舆论生态运行的利益范畴，完成了对公共利益的价值定位。就利益实现而言，治理履行利益最大化原则，将每一个参与个体的正当利益诉求限制在公共利益的基础之上。同时，治理在追求公共利益一致性的同时，可以有效保障参与个体利益诉求的多样性。这是因为治理贵在"理"，而不在"治"。

治理以其特有的形式和手段，有意识地触发、思考、探讨驱动导向对网络舆论生态运行的影响，改变以公共性需求与私利性表达为思维定式的导向模式，建立以社会化需求与公共利益为基础的网络舆论生态驱动结构。

（二）优化网络舆论生态权力结构

有什么样的权力结构，就有什么样的网络舆论生态。网络舆论生态权力结构包括主流权力、精英权力、大众权力三种类型（如图2-13所示）。这里的权

---

① ［日］佐佐木毅，［韩］金泰昌. 国家·人·公共性［M］. 金熙德，唐永亮，译. 北京：人民出版社，2009：230.

② ［法］皮埃尔·卡蓝默. 破碎的民主：试论治理的革命［M］. 高凌瀚，译. 北京：生活·读书·新知三联书店，2005：91.

力结构同一般意义上的权力结构有着根本的区别，它主要强调不同权力类型在网络舆论生态运行过程中的能力表现。优化网络舆论生态权力结构有一个大前提，就是要坚持主流权力在网络舆论生态运行过程的主导地位和引领作用，优化是对权力结构冲突问题的解决，致力于权力结构之间的关系融洽与相互支持。

主流权力是网络舆论生态运行遵从国家意志和主流意识形态的体现，它主要以履行国家意志和代表国家发声的官方媒体为主，如《人民日报》《光明日报》《经济日报》和新华社、中央广播电视总台等官方媒体。主流权力具有机构化的特征，有极强的组织能力、动员能力和发声能力，是官方舆论场的中坚力量，在很大程度上决定了网络舆论生态的运行走向和发展定位。

精英权力是社会（民间）力量对网络舆论生态运行作用的体现，它主要是以建构社会（民间）舆论场为主要任务和目的，如微博大V、网络达人、草根领袖，以及具有舆论动员能力的媒介集团等。精英权力具有较强的围观资源和动员能力，尤其是那些拥有百万，甚至千万粉丝数量的微博大V，其舆论动员能力足以同主流权力相抗衡。精英权力以非机构化的形式吸引公众参与其中，在舆论动员、话语表达、互动方式等方面都呈现出不用于主流权力的发展样态，其功能、地位、影响力不容小觑。

大众权力也是社会（民间）力量对网络舆论生态运行作用的体现，只不过大众权力是以单子化、分众化的形式作用于网络舆论生态运行，个体化是其主要表现形式。一般情况下，在网络舆论生态运行过程，个体化的大众权力更多的是权力的行为者和受动方，并不构成对权力的生产和再生产，在同等参与条件下并不具备权力优势来改变网络舆论生态运行。但是，大众权力却是网络舆论生态赖以长久、持续、健康运行的基础，一方面是因为大众权力是以最广大人民群众（网民）作为后盾，另一方面得益于大众权力是社会（民间）舆论场的集体表达，有时候甚至可以代表整个舆论场的风向和诉求，尽管存在非理性的声音，但仍不可忽视。

主流权力、精英权力、大众权力形成的金字塔结构，在一定程度上确保了网络舆论生态的平稳运行。但不可否认的是，"信息是权力"①，"在社会生活网络化过程得到快速提升的却是与实体权力不同的信息权力"②，当信息以权力的形式浸入网络舆论生产、消费、传播过程的时候，作为单子化、分众化的权力

① ［美］罗伯特·O.基欧汉，［美］小约瑟夫·S.奈.权力与相互依赖［M］.门洪华，译.北京：北京大学出版社，2012：243.
② 刘少杰.网络化时代的权力结构变迁［J］.江淮论坛，2011（5）：16.

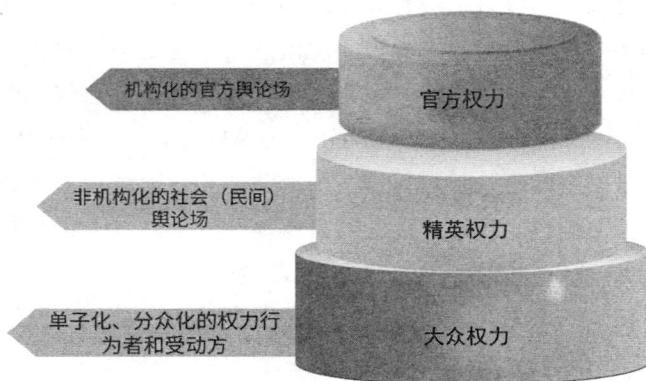

图 2-13　网络舆论生态权力结构

行动者和受动方——大众权力，依然渴望同主流权力、精英权力拥有相同的权力地位，并谋求权力结构的改变。可以说，信息权力的生长促成了网络舆论生态权力结构的改变。信息权力的介入，是不是意味着要改变现有的权力结构，通过削弱主流权力、精英权力的地位来均衡大众权力的生长空间？答案是否定的。不论对于何种权力形式，信息传播的机会都是均等的，不同的是获取机会所需要的手段，"只有信息创造者拥有信息而不为人所知，他们才能从中获益"①。这就是说，只有当主流权力、精英权力实现对信息的垄断和霸占，大众权力才会因信息阙如而逐渐走向对立，呈现不稳定的态势。然而在实际生活中，主流权力不会对信息造成垄断和霸占，也不会允许精英权力走向垄断和霸占，它必须要确保大众权力在网络舆论生态权力结构中的基础性地位，势必需要治理的介入、作用和优化。

治理是一门艺术，它强调多元主体之间的均等性。治理在信息权力的基础上，通过对主流权力、精英权力、大众权力的结构优化，实现对网络舆论生态权力结构的调整。一方面，治理确立信息权力在网络舆论生态权力结构中的基础性地位，既包括各方获取信息权力的机会均等性，也包括各方行使信息权力的条件均等性。机会均等性是相对于信息传播的无差别平等性而言的，条件均等性就需要对主流权力、精英权力在信息分布、获取、行使方面进行制度化改革，在信息流动中实现对不均衡信息权力的播撒和转移，也可以理解为"权力

---

① ［美］罗伯特·O. 基欧汉，［美］小约瑟夫·S. 奈. 权力与相互依赖［M］. 门洪华，译. 北京：北京大学出版社，2012：242.

运行开放化、透明化与可视化"①，如此才能在最大程度上为条件均等性的实现创造良善的活动空间。

另一方面，治理打破网络舆论生态权力结构的活动壁垒，为主流权力、精英权力、大众权力在权力行使、议题设置、话语表达中的互动与融合提供可能。网络舆论生态权力结构以公共利益作为价值准则，治理在底线伦理和契约精神的基础上进一步使这一价值准则贯穿网络舆论生态运行过程。就底线伦理而言，治理宣示网络舆论生态权力结构的底线思维，不能以牺牲公共利益为代价来换取权力结构的暂时稳定，并合理规制权力结构的作用发挥及其相应后果。这既是网络舆论生态运行不可触碰的禁区，也是对信息权力的最大挑战。就契约精神而言，治理从根本上改变网络舆论生态权力结构的对冲关系，以契约的形式规定主流权力、精英权力、大众权力的行动框架和活动范围，即主流权力不可任性，不可"一刀切""简单化"，精英权力不可"阳奉阴违""浑水摸鱼"，大众权力不可"一哄而上""胡搅蛮缠"，最大化减少公私混乱、权力错位给网络舆论生态运行造成的负面影响。

（三）建立网络舆论生态规范体系

规范体系为网络舆论生态制定运行规则，是促使其走向良性运转的基本保障。将治理引入规范体系，就是对网络舆论生态进行最根本的规则审视与制定。规范体系更加强调网络舆论生态运行的实际状态，尤其是对关系到其良性运转的结构形式持久关注。本书认为有必要从以下两个问题的解决开始：问题一，治理是重新提出网络舆论生态的规范体系，建立更为科学、全面的解释框架，还是对现有网络舆论生态运行结构的全面否定，对权力、议题、话语的关系重塑？问题二，治理建立的规范体系，是对网络舆论生态的制约还是促进？

针对第一个问题，治理不能忽视网络舆论生态问题的现实危害，应将问题放到规范体系的中心位置去考量。不论是在运行轨迹，还是在规范体系上，问题危害均能大大抬高网络舆论生态治理成本，增加诸多不可预料的控制风险。一方面，问题是网络舆论生态运行偏离良性运转轨道的直观呈现，它打破了网络舆论生态运行理应遵循的规则体系，从根本上颠覆了权力、议题、话语对网络舆论生态运行的结构推动。另一方面，规范体系的建立，既要全面认识到网络舆论生态规范体系的现实紧迫性，还要在问题危害的现实规避中对已知的规范体系作出有效反馈。这样一来，规范体系就赋予了治理以具体的任务和要求，

_____

① 陈潭，杨孟．"互联网+"与"大数据×"驱动下国家治理的权力嬗变［J］．新疆师范大学学报（哲学社会科学版），2016（5）：109.

它需要在问题危害的认识反思与实践规避中使规范体系更加精细化、具体化和实效化，通过权力、议题、话语的结构关系来促成规范体系的自适应调整。

第二个问题是对第一个问题的继续和延伸，如果说第一个问题提出了规范体系现实必要性的话，那么第二个问题就是在现实必要性的基础上建立实践的可能性，将理论化为现实。针对第二个问题的回答，本书认为治理建立的应是这样的规范体系：权力、议题、话语不是各行其是的自在运行，而是环绕网络舆论生态的交互运转（如图2-14所示）。

图2-14　网络舆论生态的规范体系

这一规范体系的核心是将网络舆论生态置于中心位置，权力、议题、话语均服从和服务于网络舆论生态平衡，且以其运行规律为发展目的。它的优势在于将权力、议题、话语整合为网络舆论生态规范体系的内部联系机制，共同参与网络舆论生态运行，从根本上改变任意一方对网络舆论生态运行轨迹的主导。通过规范体系，治理可以结合网络舆论生态运行实际，有针对性地对问题危害进行风险规避，对占据主导地位的某一方结构要素作系统性隔离，使规范体系在网络舆论生态运行过程中更加精细化、层次化与合理化。通过对网络舆论生态规范体系的结构分析，可以得出一个十分重要的模式，它既是对治理用以建立网络舆论生态规范体系的具体呈现，也是对由此开启网络舆论生态良性运转的意义彰显。

权力——网络舆论生态规范体系的基础，议题——网络舆论生态规范体系的手段，话语——网络舆论生态规范体系的目的。这一模式同治理相得益彰，共同融于网络舆论生态运行过程始终。一方面，治理改变权力、议题、话语在网络舆论生态中的结构布局，重点突出整体协同对规范体系的结构影响。另一方面，治理侧重对规范体系的问题导向，以问题追溯为分析前提，侧重问题危害对规范体系的结构影响，并不强调单一结构形式对网络舆论生态运行的作用，而是在规范体系内部联系机制中寻找问题的突破口和切入点，增进治理的针对性和实效性。

四、网络舆论生态治理的核心议题

核心议题是网络舆论生态治理的"话题之王"，不论是何种视角的理论阐释，均需对核心议题进行较为密切的关注和回答。网络舆论生态治理的核心议题主要包括定义域、问题域和治理成效。

（一）网络舆论生态治理定义域

定义域是网络舆论生态治理论域的范畴，着重回答网络舆论生态治理主体"是谁"的问题，是衡量网络舆论生态治理范围的重要指标，也是划定和评价主体作用尺度的有效形式。就本书而言，网络舆论生态治理的定义域，实质上就是围绕网络舆论生态失衡进行的范围划定。

1. 主体视域下的网络舆论生态治理定义域

这里的主体是指网络舆论生态治理主体，之所以从主体角度探讨网络舆论生态治理定义域，是因为主体与网络舆论生态治理定义域关系密切，定义域问题的实质是确定主体的定位，综合分析主体同客观事物之间的对应关系和结构影响，"强调作为主体的人在设置、反映、评价以至改造客体中的积极主动性和实际有效性"①。

在网络舆论生态治理过程，主体需要通过定义域确定其地位，需要从不同角度纵深到主体内部，对作为客观存在的定义域进行多维认知与探索。定义域主要源于网络舆论生态治理的活动空间，始终围绕网络舆论生态失衡进行，并不涉及网络舆论生态失衡以外的其他问题，它只会同网络舆论生态治理主体发生关系，并以此作为评价与诊断网络舆论生态失衡的直接来源。也就是说，走向治理的网络舆论生态，它的定义域首先需要划定范围，只有明确范围，网络舆论生态治理主体才能发挥作用，才能在定义域的基础上更加专注地解决问题，最大限度地完成对功能范畴和功能关系的认识论阐释，最大化地避免来自网络舆论生态运行过程诸多因素的干扰与影响。

从主体出发认识网络舆论生态治理定义域，将会得出如下结论：与其说定义域是对网络舆论生态治理的领域界定，是从概念层面对其作出的理论推导，不如说是其作为主体的功能范畴和功能关系对网络舆论生态治理的方式呈现，

① 欧阳康．哲学研究方法论［M］．武汉：武汉大学出版社，1998：258．

是在认识论层面对治理嵌入网络舆论生态运行过程与范围的明示。

2. 网络舆论生态治理定义域对主体的实践规定

实践规定是深化主体功能范畴和功能关系的关键，也是网络舆论生态走向善治的重要条件，它最显著的特征就是网络舆论生态治理成效的强化，能够导致善治。

总体上看，主体同网络舆论生态治理定义域呈现多重实践关系。首先，主体将网络舆论生态治理定义域视为具体和现实的客观对象，并以实践的方式使定义域得到最大多数公众的认知、理解和接受，在主体层面完成对定义域的实践把握。其次，主体加强对功能范畴和功能关系的实践养成，尤其是在网络舆论生态治理定义域阐发主体自身的实践观。最后，主体以实践的方式不断更新和完善网络舆论生态治理定义域，批判性地接受网络舆论生态治理过程产生的有益实践成果，全面揭示作为实践主体对网络舆论生态治理的功能范畴和功能关系。

实践规定说明以下三种情况：第一，实践规定的展开得益于主体功能范畴和功能关系的建立，它包括理论与实践的方式，这是对主体反向把握自身的理性判断；第二，主体对网络舆论生态治理定义域的规定和反制，恰恰说明主体并不是保持价值中立的存在者，而是对网络舆论生态治理持有强烈主体意识和价值取向的行动者；第三，主体对网络舆论生态治理定义域的实践规定，并不能完全说明主体的存在就是网络舆论生态摆脱失衡并走向善治的唯一条件，它更多地强调作为"共同体"存在的主体实践能力，以及走向善治的可能性。

（二）网络舆论生态治理的问题域

问题域架构了网络舆论生态治理的基本方向，其目的在于达成对网络舆论生态治理的研判。问题域除了标示网络舆论生态治理难题之外，还将矛头直接指向作为隐含在网络舆论生态治理背后的善治这一根本目标。问题域具有双重属性：一方面，它作为发生场域，为网络舆论生态治理提出新的课题；另一方面，它成功设定了网络舆论生态治理的应然逻辑。

1. 问题域具有逻辑指向性

问题域指向网络舆论生态运行现状，以现实问题为基础。问题域具有一定的逻辑指向性，它不仅要在逻辑层面高度归纳和概括网络舆论生态失衡现状，从逻辑自洽角度寻求对网络舆论生态治理的说明，而且要以"问题意识"的方式提出网络舆论生态治理可能存在的危机，将对"问题意识"的落实和深化作为问题域逻辑指向的标准。

实际上，逻辑指向表明问题域内部存在的逻辑关系和可能空间，它是为了将问题域引入逻辑自洽的确定性之中，并最终在问题域中达到合理说明和解释网络舆论生态治理的目的。网络舆论生态治理以网络舆论生态失衡为作用对象，网络舆论生态失衡以网络舆论生态治理为发展目的。治理，就是要通过手段与目的的融合完成对网络舆论生态失衡的治理，它更多关注失衡对网络舆论生态运行造成的一系列负面影响，并由此加深诸多社会矛盾这一根本后果。失衡，则是在综合分析的基础上对网络舆论生态进行现状描述与评价，较于前者缺少必要的社会应然性与必然性的考量。即便如此，我们也不能由此断定网络舆论生态失衡同网络舆论生态治理是一对无涉的概念范畴。恰恰相反，两者在关系结构与范畴指向层面具有同一性，它们都深刻揭示和说明了网络舆论生态治理亟待解决的问题域，均能在问题域的逻辑指向性那里得到相应的呈现。

2. 网络舆论生态失衡的问题域求解

问题域求解既指向网络舆论生态失衡的现状描述，也关系到网络舆论生态治理成效。就前者而言，问题域追求的是尽可能地使"问题"趋近于现实，保持其客观性和独立性。而对于后者来说，问题域与网络舆论生态治理成效呈正比例关系，问题域越客观、全面，治理成效就越明显、有效，反之亦然。正因如此，问题域求解就更应该从存在和本体角度对网络舆论生态失衡进行经验研究，切不可忽视问题域的差异性和特殊性。

从存在角度而言，问题域求解需要以存在现象作为网络舆论生态治理的基本对象。所谓存在现象，是指问题域存在哪些问题，这些问题是什么，以及为什么存在。也就是说，存在现象要围绕网络舆论生态问题展开，它是对失衡镜像的多维度求索，要在逻辑指向性上同问题域保持一致。如果存在现象不是对网络舆论生态失衡的前提展开，也不是与经验世界相观照的现实把握，那么问题域的求解就只能被限定在感性材料的理论推演之中，并最终失去对问题域客观性和全面性的掌握。从本体角度而言，问题域标示了网络舆论生态治理的本质存在，解释网络舆论生态治理的本源问题，对根本性问题的追问为问题域求解确定了思路原则。问题域除了是客观存在的对象之外，还必须能够被人们感知、理解、接受和掌握。意思就是，网络舆论生态治理的问题域，一定是网络舆论生态本身的问题存在，是现实的且能够被人具体掌握的问题，同时要通过公众网络舆论参与和网络舆论生产、消费、传播过程展现出来。在本体的致思中将问题域融入实践，不断夯实其实践基础，问题图才能显示出对网络舆论生态治理的实践价值。

3. 网络舆论生态治理的应然性尝试

从过程来看，网络舆论生态治理的应然性尝试有三个典型特征——纵深性、极致性和超越性。纵深性，是指应然性尝试通过深入网络舆论生态系统内部构成，去发现能够化解网络舆论生态失衡困境的有效影响因子。极致性，是指应然性尝试具有追求无穷的能力和诉求，这不仅是在理论阐释方面的动力支持，而且是在治理实践方面的终极求索。超越性，是指应然性尝试并不止于当前网络舆论生态治理的暂时满足，只有不断超越网络舆论生态失衡的藩篱，应然性尝试才能在有限目的与无限可能之间进行转换。从结果来看，网络舆论生态治理的应然性尝试有三个方面的作用：一是应然性尝试是理论与实践、历史与逻辑、实然与应然的总体性世界观，它在总体上指出了网络舆论生态如何摆脱失衡困境的理想途径，并以独特的方式昭示网络舆论生态治理的必然结果。二是应然性尝试创造了网络舆论生态治理参考和遵循的方法论，不仅规范公众网络舆论参与，而且在思维、理念、方式、方法层面为公众提供了具有普遍意义的标准。三是应然性尝试作为网络舆论生态治理的最高指向，具有宏观意义上的导向作用，是对网络舆论生态失衡进行前提批判的重要依据。

应然性尝试从过程和结果方面确立了网络舆论生态治理的双重面向，因而它的功能就不能仅仅局限于某一方面的确定性划分，而是要作为整体的世界观和方法论对网络舆论生态失衡作出系统性的应对，同时要在理想层面统摄网络舆论生态治理的基本走向。

（三）利用边界意识提升网络舆论生态治理成效

在网络舆论生态治理语境下，边界就是规范，犹如一道不可逾越的屏障，划定了公众网络舆论参与和网络舆论生产、消费、传播的界限，即哪些领域可以涉足，哪些领域不可以涉足，哪些议题可以进行网络舆论表达，哪些议题不可以表达。如涉及色情、恐怖、谣言、暴力、犯罪的议题就不可以涉足，不可以表达，边界意识对网络舆论生态治理的意义就在于此。边界意识是公众对网络舆论生态治理内在规范的认识与反映，它是一种首要意识，也是厘清和划定网络舆论生态治理范畴的理解方式。边界意识的存在并不意味着网络舆论生态治理过程的片段化分离，它具有强烈的独立性、发展性和系统性特征，对提升网络舆论生态治理成效具有积极的作用。边界意识有三种表现形式：参与边界意识、利益边界意识、组织边界意识。

1. 参与边界意识

就公众网络舆论参与而言，每一个公众都可以自由平等地参与其中。但就网络舆论生态治理目标而言，它需要公众理性的参与，而非盲目的参与，需要遵纪守法的参与，而非有违公序良俗的参与。参与边界是标示网络舆论生态治理正确性范畴的标志，网络舆论生态治理目标在于实现对公众理性网络舆论参与的达成，使网络舆论生态运行维持在一个良性的或可控的范围。倘若公众仅仅看到网络舆论生态问题镜像的风险与危害，并以感性、冲动、盲目、激情的方式参与网络舆论生产、消费、传播过程，无视参与边界的规范性，则很可能掉进"私人性膨胀"的"参与漩涡"之中。因此，公众是否具有参与边界意识，哪些属于参与范畴，哪些又是坚决避免和杜绝的参与领域，都需要认真加以辨别和确认，这对网络舆论生态治理至关重要。

参与边界意识强调公众网络舆论参与要有规范性。其一，参与边界意识是价值有涉的，既作为一种规范方式制约公众网络舆论参与行为，又作为一种划定结果说明网络舆论生态治理的责任边界。从这一角度而言，参与边界意识就成为直观地描述公众网络舆论参与的规范来源，可以看作公共理性可否融于网络舆论生态治理的关键问题。其二，参与边界意识说明"你—我""内—外""公—私"问题在网络舆论生态治理过程的表现形式。在这一问题中，参与边界意识具有一个共同点，均使公众以双重身份参与网络舆论生态治理过程，都秉持对善治目标的感性认知和理性参与。其中，"你—我"是公众对参与边界意识认知的感性体验，是对主体角色双重置换的张力表现；"内—外"是公众对网络舆论生态治理的二重性认识，是参与边界意识在治理过程中的具体体现，并将矛头直接指向网络舆论生态问题镜像的"后真相"省思；"公—私"是公众坚持客观真理标准的"公私对决"，是参与边界意识围绕网络舆论生态治理的理性达成，也可以看作是对网络舆论生态治理的社会性探讨。其三，参与边界意识必然以寻求规范性认识与合理性实践作为网络舆论生态治理的可靠途径。规范性认识是对参与边界意识的肯定，致力于在客观规律层面完成对参与边界意识的制约，将网络舆论生态治理方式、手段、效度规定在合理范围。合理性实践是对参与边界意识的实践规制，是公众获取参与边界意识的必要条件，它更多地强调公众实践的层次性、秩序性和方向性，是按照一定次序进行的自觉实践。

2. 利益边界意识

利益既是网络舆论生态问题镜像的关键诱因，也是达成网络舆论生态治理的前提条件。网络舆论生产、消费、传播过程包含一定的利益因素，但并不是所有的利益因素都是合理的、必要的、正向的，也不都是完全有助于网络舆论生态治理的。网络舆论生态治理必须扬弃狭隘的利益立场、利益诉求、利益取向，确立符合"最大公约数"的利益原则和利益标准。公众立足利益边界进行的一切网络舆论生产、消费、传播，都将表现为一个"有所为和有所不为"的参与进程。利益边界意识的目的在于达成对问题镜像的有效控制，使网络舆论生态始终处于风险较小且相对稳定的状态，不至于因利益冲突而丧失对网络舆论生态运行的掌控。

利益边界意识具有明确的方向性，是利益观念在价值层面的鲜明表达，主要有三个方面的任务：第一，利益边界意识需要明确划定哪些属于网络舆论生态治理的关系范畴，要将不属于网络舆论生态问题镜像的利益因素作为反思重建利益边界意识的有效补充，在整体上对利益观念、利益关系、利益范畴进行合理区分。第二，虽然利益边界意识可以作为利益动因的基础因素，但这并不意味着公众对利益边界意识是可以完全占有的。利益边界意识只能从本源问题上关注网络舆论生态治理的利益取向，却不能回溯始基问题展开批判性分析。这主要是因为利益边界意识在思维方式上呈现的是单向结构状态，并不具有反向的回溯功能和多向关系。第三，利益边界意识需要架构网络舆论生态治理的价值基调，说明哪些领域、哪些问题才能作为网络舆论生态治理的作用对象和发展目标，必须紧紧围绕利益问题展开理论批判和实践探索，重构网络舆论生态治理定义域和问题域的利益问题，并将其作为治理的基本任务。

利益边界意识是对公众提出的要求，公众的能动存在是利益边界意识日趋分明的关键。在此前提下，利益边界意识就需要探究如何才能激发公众对利益边界意识的认知、培养与达成。虽然利益边界意识暂时还不具有回溯功能，但我们并不能以此否认利益边界意识的基础作用。只有不断推动利益边界意识对网络舆论生态治理始基问题的追寻，公众的思维逻辑才能在不断展开与深化的过程中走到最具理性的思辨地步，网络舆论生态治理方能基于利益边界而走向善治。

3. 组织边界意识

组织边界是对组织外围环境界限的明确划分。网络舆论生态是一个组织，它有自己的边界，组织边界主要源于网络舆论生态治理目标的变化。在治理目标的驱使下，网络舆论生态运行势必要根据问题镜像动态调整其组织边界。这里面既要考虑网络舆论生态要素结构内部的组织壁垒，如网络舆论资源、网络舆论主体、网络舆论环境之间是否存在结构冲突，公众网络舆论参与同网络舆论生产、消费、传播过程是否存在不相适应的地方，还要考虑网络舆论生态要素结构同其他外部组织之间的关系，如信息媒介组织、传播媒介组织等。有学者认为合作治理中的组织边界在某种程度上有模糊和淡化的趋势，治理主体在此基础上才能走向多元化，但这并不意味着组织边界可以消失，因为"在可以预见的未来，组织还是需要边界的，正是通过边界使得组织与组织之间得以区分"①。对网络舆论生态治理而言，它需要借助组织边界意识来强化公众网络舆论参与行为，使公众充分认识到自己正在进行的是一项有组织、有边界的认识实践活动。

从认识层面而言，组织边界意识可以使公众网络舆论参与更具目标性和针对性。其一，组织边界是相对于网络舆论生态治理的系统结构而言的，正是由于公众具有能动的认识能力，能够以主体为轴心参与网络舆论生态治理的认识过程，用主体的思维方式解释组织边界，让组织边界为公众网络舆论参与服务，不断促成网络舆论生态治理系统结构的优化。其二，组织边界以逻辑化的方式存在，它除了要合理辨明网络舆论生态治理同其他治理理论的组织边界之外，还要提出网络舆论生态问题镜像的治理边界范畴，使公众网络舆论参与展示出更具目的性的主体能力。

从实践层面而言，组织边界意识受到公众实践能力的制约，这主要是因为：一方面，组织边界意识具有有限性和相对性，它对网络舆论生态治理的作用也是有条件的。组织边界意识只适用于网络舆论生态治理初级阶段的实践养成，以纵向组织边界的清晰辨明作为对网络舆论生态治理的感性经验，但如何在此基础上达成对高级阶段的理性谋划，达成对网络舆论生态治理对象的规律性、必然性认识，这是组织边界意识面临的一大实践难题。另一方面，虽然组织边界意识以整体性的方式展开，但这并不说明它的作用范围就是完整的统一体，它在实践层面是质量互变的转换关系，还需要与不同治理理论作对比研究。从量的角度来看，组织边界意识是通过主体感性经验发挥作用的，是对网络舆论生态治理的尝试性探索，对普遍的规律性认识还有待实践深化。从质的角度来看，组织边界意识需要从感性经验上升到理性实践，在网络舆论生态治理目标的实践达成中得到锤炼和升华。

总的来看，组织边界意识除了有助于提升公众网络舆论参与的目标针对性之外，还重新思考了网络舆论生态治理的实践难题，在更深层面谋求不同治理理论在网络舆论生态运行过程中的适用问题，这些无疑有助于凝聚网络舆论生态治理的核心议题，拓展研究视角。

（四）价值方位是对网络舆论生态治理的理性谋划

价值方位主要是指某一价值原则在具体实践活动中的定位或指向。价值方位总是与一定的现实相联系，并只能在现实中展开和确立，但这并不意味着价

---

① 王锋. 合作治理中的组织边界［J］. 公共管理与政策评论，2015（3）：33.

值方位等同于现实，因为只有当现实以关系的形式呈现价值方位的作用，价值方位才具有有效性。"价值绝不是现实，既不是物理的现实，也不是心理的现实。价值的实质在于它的有效性（Geltung），而不在于它的实际事实性（Tatsächlichkeit）。"① 把价值方位确立为网络舆论生态治理的谋划问题，廓清价值方位同问题镜像之间的关系，并在现实与关系的联系和区别中规定价值方位的逻辑分析和意义观照，这对网络舆论生态治理具有重要的意义。

1. 价值方位的基本属性

基本属性是对价值方位得以明确认识和清晰判断的前提。价值方位是对价值的进一步探索，它实际上已经昭示了网络舆论生态治理的价值遵循。毕竟，从价值角度剖析网络舆论生态治理，是可以得到意义诠释的，但唯有对价值方位的基本属性进行合理追问，网络舆论生态治理才能趋近价值真谛，才能在善治的规范框架内建立适合自身的发展路径。

绩效价值是价值方位确立的程序内容，是其基本属性。"有效性与效率对公共治理是具有价值的；它们是构成公共治理合法性的价值观。"② 既然网络舆论生态治理需要以有效性与效率作为指导，那么价值方位的基本属性就必然离不开对绩效价值的重视，而绩效输入与绩效输出则构成了绩效价值的两翼，对价值方位的确立发挥着不可替代的关键作用。

就绩效输入而言，它预示着网络舆论生态治理的发生，是研究价值方位的前提。只有自主的、能动的、创造性的绩效输入，价值方位才能完成对网络舆论生态治理的价值追寻，才能不断趋近有别于事实价值的一般性存在。也就是说，绩效输入是一种嵌入形式的绩效价值，它既可用于网络舆论生态治理的理念、方法、途径，还可用于形成对网络舆论生态价值方位的前提假设。实际上，绩效输入似乎更加内在于网络舆论生态治理的过程之中，尤其是通过对失衡镜像的综合观察与研判，绩效输入终究要将有效性与效率作为理性审视网络舆论生态治理的价值信号，并针对价值方位进行程序内容的更新和拓展，使其最终符合网络舆论生态治理的价值取向。

就绩效输出而言，价值方位的重点在于有效性与效率对网络舆论生态治理结果的影响。在善治层面，此种绩效输出是否同彼种绩效输出有所区别，绩效输出是否考虑到网络舆论生态治理的独特性，这都将在结果层面影响网络舆论

① ［德］亨利希·李凯尔特.文化科学和自然科学［M］.涂纪亮，译.北京：商务印书馆，1986：78.
② 王浦劬，臧雷振.治理理论与实践：经典议题研究新解［M］.北京：中央编译出版社，2017：39.

生态治理的有效性与效率。言外之意，绩效输出不能是广泛意义上的结果考察，不能适用于将其他治理理论的绩效输出机械地应用到网络舆论生态治理当中。作为网络舆论生态治理的价值方位，绩效输出必须是对网络舆论生态运行结构和运行机理的亲密契合，是通过有效性与效率对网络舆论生态失衡镜像的治理达成。因此，只有当绩效输出凌驾于网络舆论生态失衡镜像之上，利用其有效性与效率充分化解一系列矛盾冲突之后，价值方位才能在网络舆论生态治理结果中得以巩固和稳定。

2. 价值方位的逻辑分析

逻辑分析的目的在于实现价值方位对网络舆论生态治理价值逻辑的可视化表达。这种表达是价值方位的逻辑展开，是动态性逻辑、评价性逻辑与规范性逻辑的统一。

动态性逻辑规定价值方位的发展脉络和方向，受到网络舆论生态运行过程的影响，需要在后者不断运动的基础上进行相应的调整，它有三个方面的制约因素：一是网络舆论生态治理价值方位的实然呈现，二是价值方位对网络舆论生态治理的普遍影响，三是价值方位是否形成较为完善的发展空间。三方面因素是层层递进的结构关系，是从实然到应然的动态发展过程。动态性逻辑主要判定价值方位是否同善治相结合，并在价值关系的动态评价中确立价值方位的有效坐标。只有这样，价值方位才能统摄不同价值关系对网络舆论生态治理的影响，最终使网络舆论生态治理处于善治的发展状态。

评价性逻辑主要通过作用于网络舆论生态治理而实现，它从不同侧面反映价值方位同网络舆论生态治理的关系。首先，评价性逻辑是以主体尺度进行的价值参照，是以一定的评价目标和评价目的进行的，它既需要满足主体的价值需求，还需要将把握到的价值关系作用于客观对象，满足网络舆论生态治理的需要。其次，评价性逻辑需要将善治作为最高层面的评价标准，这是一种超越性的价值关系，还要对网络舆论生态治理的实践价值关系进行合理说明，判断这种价值关系是否可以促成价值方位利益最大化的实现。最后，评价性逻辑不能囿于问题镜像对网络舆论生态治理价值方位的困扰，它的突破点在于如何使问题镜像的负面影响转化为可供网络舆论生态治理价值方位利用的价值关系，使之产生确定性的正向评价关系。

规范性逻辑本身具有一定的内在要求，它由一系列相对标准的体系构成。只有规范性逻辑符合价值方位的发展需求，网络舆论生态治理才能说是有价值的，是可以走向善治的。从价值方位的角度来看，规范性逻辑只能是有利于网络舆论生态治理的价值标准。从整个网络舆论生态治理过程来看，规范性逻辑是否具有合目的性、合规律性与合必然性，则是对其进行标准考察的重要依据。通常来讲，不论是从何种角度考察规范性逻辑，也不管规范性逻辑对网络舆论生态治理价值方位的确立有何作用，必须将规范性逻辑规定在"既定的""明确的""具体的"条件关系之中，从根源上杜绝规范性逻辑的"操作性"可能。

3. 价值方位的意义观照

意义观照是价值方位外现于网络舆论生态治理的存在形式，它意味着价值方位对网络舆论生态治理的价值彰显，并在一定程度上决定公众对网络舆论生态治理成效的认知与评价。一定的意义观照总是刻写着与之相适应的价值方位的精神风貌，而网络舆论生态治理对意义观照的孜孜追求，也是其价值方位最深刻的内核揭示。"人懂得按照任何一个种的尺度来进行生产，并且懂得处处都把内在的尺度运用于对象；因此，人也按照美的规律来构造。"① 这一经典阐释可以用来说明价值方位的意义观照，意义观照不是停留和局限于网络舆论生态治理的意义阐释，不是在形上意义层面对价值方位的理论演绎，它深刻蕴含着对理想目标的意义追寻，对网络舆论生态治理走向善治目标的求索。这正是对"两种尺度"的另一种视角说明。

意义观照是对善治的追求和展望，它不同于价值方位的现实表现，因而也就具有某种程度上的逻辑必然性。意义观照来源于价值方位，但又高于和超越于价值方位，主要体现在四个方面：一是意义观照包含价值方位已有的价值坐标，是对网络舆论生态治理的价值判断和评价。二是意义观照的目的在于实现网络舆论生态治理走向善治的可能，具有目标的长远性和超越性，这是价值方位所不能达到的。三是意义观照可以引发对善治的想象与建构，自然就包含了对网络舆论生态治理的现实批判，又通过现实批判来合规律性地建构适用于网络舆论生态平衡的善治理论与实践框架。四是意义观照是一个连续的、持久的、恒定的过程，不会因网络舆论生态失衡而中断，也不会因善治的达成而停止，它永远跟随价值定位反复地对网络舆论生态治理施加作用。

相较价值方位，意义观照更多的具有未来性质的运动状态，不论是在运动方向还是在运动条件上，都需要切实体现价值方位的时代性。一方面，虽然价值方位规定网络舆论生态治理的价值坐标，但网络舆论生态问题镜像的内部矛盾仍需要在时代课题的背景中加以解决，这是意义观照的基本遵循。另一方面，意义观照在价值层面拓展和丰富了价值方位的作用范围，以新的意义图景和价

---

① 中共中央马克思恩格斯列宁斯大林著作编译局．马克思恩格斯全集：第 3 卷［M］．北京：人民出版社，2002：273.

值统摄使网络舆论生态治理不断趋近善治的理想目标。

第三节 网络舆论生态治理的多样性和全面性

不同的研究立场和分析方法，会产生不同的认识和结论。网络舆论生态治理需要采取多样性和全面性的研究视角，超越狭隘的思维界限与治理方法，在定义域、问题域、价值方位的理解基础上，进一步处理好网络舆论生态治理的各方关系。

一、治理主体、分析理路、参与期待的多样呈现

网络舆论生态治理具有多样性，主要体现在治理主体的多样性、分析理路的多样性、参与期待的多样性。多样性为思想政治教育传播参与网络舆论生态治理提供了契机，直接说明在"谁可以"治理网络舆论生态的问题上，并不存在独断论和唯一论。

（一）治理主体的多样性

对主体多样性的关注需要回到治理问题本身。格里·斯托克认为"治理指出自政府、但又不限于政府的一套社会公共机构和行为者"①，这一界定明确规定了治理的基本特质，它不是单一属性的责任归属，而是一核多元的权力划分，"其最核心的特质乃是公共权力主体多元化"②。

网络舆论生态治理主体应是一核多元的构成。所谓一核多元，即以政府为核心，媒介、网络组织、公众等平等行动者构成的结构整体。一方面，一核要求作为核心的政府要担负起网络舆论生态治理的责任，不能因网络舆论生态频繁暴露问题而丧失对其治理的信心，虽然网络舆论生态问题镜像在某种程度上可以折射出公众对政府的不满，但这并不足以成为政府独占治理主体位置的缘由，因为"既然人民的愿望可以通过政府以外的社会力量获得实现，他们必然就会大大减缓对政府不满的程度"③。也就是说，作为一核的政府不能只是网络

---

① ［英］格里·斯托克. 作为理论的治理：五个论点［J］. 华夏风，译. 国际社会科学杂志（中文版），1999（1）：20.

② 赵孟营. 治理主体意识：现代社会治理的技术基础［J］. 中国特色社会主义研究，2015（3）：82.

③ 赵孟营. 治理主体意识：现代社会治理的技术基础［J］. 中国特色社会主义研究，2015（3）：83.

舆论生态治理主体的唯一决定力量，它必须与多元结构（媒介、网络组织、公众等）进行协作，全面彰显作为共同体的主体地位和主体作用。另一方面，多元重组传统模式下政府对网络舆论生态治理的权力格局。相较多元主体，传统单一主体（即政府主导）的权力行使基本需要依靠政府决策与组织，尤其是在执行阶段，政府对权力的认知极大地影响了公众对网络舆论生态治理的评价，在这样一个相对封闭的单向环境中，权力格局的不公开与不透明，无疑会在公众网络舆论参与过程产生一些不易被认知的策略。相比顶层设计者和决策者，作为普罗大众的参与个体，势必会因此将网络舆论生态问题叠加到政府回应的组织过程上，间接产生对政府的不信任感和疏离感，以及感受到来自政府的压力和更多的网络舆论冲突。

比较而言，一核多元尽管仍保持政府作为治理主体的基调，但在此基础上却吸纳了多方结构的平等参与，使之形成一个公开、透明、循环的整体力量。不仅如此，一核多元还额外地提升了主体对网络舆论生态治理的信息认知和决策认同，这对政府及时回应网络舆论，减缓公众对政府的不满具有决定性的支持作用。

（二）分析理路的多样性

网络舆论生态治理需要遵循多样的分析理路，在内容、利益、效度等方面多维展开。

1. 内容分析

内容分析首先要将治理"什么"作为考察网络舆论生态治理的前提条件。治理"什么"既是对网络舆论生态问题镜像的描述，也是对网络舆论生态治理蕴含的对象性总结，即在对治理"什么"的客观认识中增进对蕴含的综合理解。尽管我们可以从治理"什么"的内容分析中爬梳出很多值得参考和借鉴的理论方法，但仍摆脱不了经验主义的嫌疑。因此，网络舆论生态治理的内容分析要遵循三个原则：第一，要坚持整体性原则，在网络舆论生态问题镜像的整体理解中去把握治理"什么"的问题，任何对单一问题的解决都不能最终实现网络舆论生态平衡。第二，要坚持有效性原则，治理"什么"要以问题的有效解决为旨归，不能停留在网络舆论生态问题镜像的内容解读上，要深入问题的实质部分，对治理"什么"作出合必然性与合目的性的解释。第三，要坚持回应性原则，治理"什么"不是想当然的概念演绎和理论推理，而是对公众网络舆论参与过程最现实、最真实、最迫切问题的关注和解决。

2. 利益分析

从利益分析视角解析网络舆论生态治理，首先需要考察网络舆论生态缘何失衡。只有当旧有的网络舆论生态运行框架不再适应网络舆论生产、消费、传播过程，不再正向促进公众网络舆论参与需求，它才能在结构、控制、表达方面失去平衡，才需要治理的介入。利益分析是对网络舆论生态治理的动机性分析，除了要把利益同网络舆论生态运行相联结之外，还要在具体的网络舆论生产、消费、传播过程中深入剖析公众网络舆论参与的利益诉求。"利益分析看来更适合解释作为经济改革基础的潜在反对声音，而不是说明支持经济改革的根源。"① 从利益分析出发，不能过分苛求公众网络舆论参与的利益诉求要始终同网络舆论生态良性运转保持一致，因为对个体化的公众而言，任何利益诉求的满足都可以产生无形的决定力量，它既可以促进网络舆论生态运行，也可以阻碍网络舆论生态运行。因此，利益分析要重视对"潜在反对声音"的关注，要分析结构失衡、控制失衡、表达失衡背后的利益症结，在利益最大化的基础上寻求不同利益问题的平衡联结。利益分析并不是以逸待劳的永久性分析方法，它是在确保网络舆论生态平衡的前提下对治理的本源追问，也是对"用什么治理"的尝试。

3. 效度分析

与内容分析、利益分析不同的是，效度分析更注重的是对网络舆论生态"治理如何"的回答，它是对网络舆论生态治理有效性的结果呈现。效度分析为我们从结果层面去理解和把握网络舆论生态治理提供了新的思考。一方面，作为有效结果的呈现，"治理如何"必将正面回答网络舆论生态问题镜像。这样一来，我们对网络舆论生态治理的理解，就不能局限于整体层面的"好与不好""有效与无效"的回答，而是要立足结构失衡、控制失衡、表达失衡的问题场域，在有效结果的呈现中去分析问题镜像的治理问题，在对"治理如何"的回答中建立适用网络舆论生态问题镜像的治理框架。另一方面，效度分析并不完全指向网络舆论生态治理有效的结果，还有可能是无效、负效的结果。即我们一定要舍弃先入为主的概念预设，要在实践的不断推进中提升对"治理如何"的结果性反思。结果性反思是反向导入效度的分析方法，在情感接受、过程理解、结果期待方面，对我们理性看待网络舆论生态"治理如何"有着十分重要的铺垫作用。

---

① ［美］詹姆斯 N·罗西瑙. 没有政府的治理［M］. 张胜军，刘小林，等译. 南昌：江西人民出版社，2001：129.

（三）参与期待的多样性

治理要尽可能地投入多样且规范的理念，不可能全凭强力对公众的非理性行为进行规训和惩罚，更多的是需要依靠其丰富而人性化的内涵来实现对公众网络舆论参与期待的回应。

1. 角色期待

角色是公众网络舆论参与无法回避的话题。公众在网络舆论生产、消费、传播过程中扮演什么样的角色，同他人具有何种相应的角色关系，都直接影响到治理目标的实现程度。同样的，公众网络舆论参与的目标指向性就构成了其角色期待的合理满足。更明确地说，治理就是对公众角色期待的回应，就是对公众"需要什么样的治理"的合理性满足。在这种情况下，治理只有准确定位并立足于公众角色期待的回应，才能在回答"需要什么样的治理"的前提下推动公众网络舆论参与的有序进行，塑造有助于网络舆论生态良性运转所需要的规范秩序。

"需要什么样的治理"是一个兼具分析性与规范性的命题。说其是分析性命题，是因为"需要什么样的治理"的命题阐释，有赖于对公众角色期待的基础分析。在主观层面，公众角色期待构成对"需要什么样的治理"的前提假设，即公众是从自己的角色定位和角色关系出发，去预设理想中的治理所应有的期待性回应。在客观层面，"需要什么样的治理"规范了公众角色期待的阈值，即公众不能随意、胡乱地进行想象性期待，必须同治理建立有效的张力结构。主观层面的命题分析构成对角色期待回应的"合情式"倾向，它是公众网络舆论参与的"事前性期待"，具有易变和共情的特点。客观层面的命题分析构成对角色期待回应的"合理式"约束，它是基于网络舆论生态良性运转目标而提出的"服从性期待"，具有条件性和价值性的特点。说其是规范性命题，是因为治理明确规范了"需要什么样"的实现问题。虽然说"需要什么样"是期待性质的命题，但就治理效果而言，它更多的是对网络舆论生态利益的规范性提出，是围绕治理目标的最优效果而进行的。尽管公众角色期待并不是固定不变的，但"需要什么样"的实现问题仍然依赖公众角色期待的配合，并不能依靠单边的解决办法。这样一来，"需要什么样"就为治理提出了两个规范性命题，一是治理如何辨识公众角色期待，并使之同"需要什么样"达成规范的一致性；二是"需要什么样"如何将规范性作用于公众网络舆论参与，在获取公众角色期待之后增进治理的实效性。整体而言，"需要什么样的治理"对如何回应公众角色期待作出了综合的估量和设计，我们可以通过对分析性命题和规范性命题的理解从而寻找问题的突破口。

就角色期待而言，治理主要在以下两个方面发生作用：一方面，治理包含公众的角色期待，它意味着公众已然成为网络舆论生态治理的参与主体，在很大程度上可以将自己的主体意识和自觉意识付诸治理实践。但从原则上讲，角色期待只是由公众现实的角色关系出发而建立的立场取向，它仍受到公众网络舆论参与的整体影响。于是，治理只能在主观层面满足公众的角色期待，是一种"事前性期待"，它在客观层面的期待，即对角色期待的规范性分析，仍需要借助一定的强力手段进行，仅靠公众角色期待是无法有效规避非理性因素影响的。另一方面，角色期待描述治理的任务，也就是"为谁治理"的问题。"为谁治理"不是简单的角色划分，也不是对角色期待的任务处理，它是基于公众角色期待所肩负的责任与义务的统一而提出的治理。换言之，公众的角色期待不是完全脱离义务的责任治理，也不是仅有责任不谈义务的治理，治理对公众在责任与义务方面的双向统一，既是对治理任务的回应，也是在义务论视域中为治理提供的新课题。

总而言之，治理在根本上实现了对公众网络舆论参与期待的回应，不仅是回应谁、回应什么、如何回应的问题，最为关键的是认可了角色期待在网络舆论生态治理中的表现作用，同时也说明走向治理的网络舆论生态格局正悄然发生改变，公众正以积极的角色参与到治理实践之中。

2. 承认期待

对承认的认可和需要，不仅是政治哲学研究的重要话题，也是网络舆论生态值得关注的论域。我们常用承认来表达对网络舆论的理解，包括网络舆论的内容、网络舆论的指向、网络舆论的价值等，这些都是建立在承认的基础上从而进一步引入公众对网络舆论的认同。如果失去对网络舆论的承认，公众很可能无法在网络舆论中看到足以使自己投入时间、精力和感情的东西，即不能将公众网络舆论参与同网络舆论保持一致。这样，网络舆论就无法透过承认而成为意义性的概念，"得不到他人的承认或只是得到扭曲的承认能够对人造成伤害，成为一种压迫形式，它能够把人囚禁在虚假的，被扭曲和被贬损的存在方式之中"①。失去承认的网络舆论，既无法出于网络舆论生态良性运转的既得利益而使网络舆论成为有价值的范畴，也无法将公众网络舆论参与纳入规范化的行动框架之中。从发生层面来看，公众既把承认作为判定网络舆论价值实现的

---

① ［加拿大］查尔斯·泰勒. 承认的政治［M］. 董之林，陈燕谷，译//汪晖，陈燕谷. 文化与公共性. 北京：生活·读书·新知三联书店，1998：290-291.

认同标准，也把承认当作可以唤起公众积极参与网络舆论的对象。从效果层面来看，网络舆论生态失衡摧毁了承认的发生土壤，也打破了承认所需要的网络舆论氛围，承认并不是基于公众自觉、积极、主动的目标探索，也不是网络舆论走向意义生产的能动呼唤，而是沦为强烈依赖权力偏差、议题转移和话语悖论的附属物。在这种情况下，公众对承认的期待就变成了对网络舆论生态治理的理想化渴求。

治理介入网络舆论并包含公众网络舆论参与的承认期待，它把公众在网络舆论生产、消费、传播过程的态度和行为组成了一个有效的平衡框架。

首先，治理包含承认期待对"他者"视域的拓宽。对"我"的承认期待并不足以实现网络舆论的理性化过程。因为"我"不可避免地包含"利己"的期待，在没有形成强大的自律能力和外部制度约束的前提下，"我"的无限出场无疑会恶性打压"他者"的存在，甚至会使用暴力手段关闭承认"他者"期待的途径。应当指出，当前一个时期的网络舆论生态失衡，在很大程度上就是因为"利己"期待的无限膨胀，以及承认"他者"的严重不足所造成的。治理就是要在理性审视承认期待的基础上，强调"利己"期待与承认"他者"的视域融合，通过主体间自由、平等、民主的交往关系和行为来全力打造适应网络舆论生态良性运转的理性期待。承认不仅是对"我"的承认，更多的是包含"他者"的承认，这是治理包含公众网络舆论参与期待的核心价值。

其次，治理包含承认期待对传播关系的矫正。有什么样的传播关系，就有什么样的网络舆论生态。公众既在传播关系中塑造自我，也在传播关系中获得价值体认。网络舆论生态失衡意味着传播关系的"变质"，意味着健康、合理的传播关系被公众非理性的网络舆论参与所掌控。这样一来，被公众掌控的传播关系就会把网络舆论引入一个"受众快感"和"舆论狂欢"的怪圈之中，这里面既没有承认期待的可能，也没有严肃、完整、理性的传播意图和价值体认。从治理的角度来说，"受众快感"和"舆论狂欢"虽然挑战了网络舆论生态良性运转所需要的传播关系，但其在表现形式和手法上却增加了对作为受众的公众的情绪体验，或者说在其背后隐藏着的是一种自我沉浸式的传播关系的满足。若从承认期待的目的上看，这与治理的效果是相互排斥的，它既是对治理立场的抹杀，也是对公众承认期待的限制。因此，治理就是以传播关系的正向建构为目的的承认期待，它不仅给予公众更多的承认，而且也赋予公众在传播关系建构中的话语地位和实践能力，减少不确定性传播关系对承认期待的束缚。

最后，治理包含承认期待的社会控制。承认期待有其固有的运行逻辑，但就网络舆论生态良性运转而言，承认期待需要"能够成为一种产生社会性共识的机制"①，即在广泛意义上的具有规范性秩序的社会期待。虽然说承认"是建立在理性判断的基础上的"②，但承认期待如何才能免受权力转移、议题偏差和话语悖论的负面影响，如何才能超越不同参与群体之间的交往关系而成为共识性的期待，这是承认期待走向实践所需要破解的困局。作为对承认期待的"控制性"导向，治理将公共价值嵌入承认期待的运行逻辑，运用社会控制的形式来维持承认期待对公众网络舆论参与的规范性影响，并利用这些规范性影响反向塑造和构建有利于网络舆论生态良性运转的承认期待。

　　3. 伦理期待

　　伦理期待是网络舆论生态治理的核心，是其价值合理性的基本要求。伦理期待包括两个方面的内容：一方面，伦理期待包含对网络舆论生态的期待，即网络舆论生态应是体现伦理关系的价值存在；另一方面，伦理期待包含对治理的期待，即治理应是工具理性与价值理性相统一的手段，其价值理性应达到伦理期待的基本要求。

　　从伦理期待包含对网络舆论生态的期待而言，一方面体现在伦理期待的社会化调节上。失衡镜像并不局限对网络舆论生态内部的影响，它更多的指向社会物质生产实践以及人们的日常交往关系。在这种情况下，任何失去社会化调节的生产实践和交往关系都会进一步加剧失衡镜像的负面影响，都会使公众网络舆论参与专注眼前的利益而丧失伦理期待的能力。伦理期待的社会化调节不能依靠自发能力进行，它除了需要对伦理期待有一个清晰明了的价值审视之外，还需要在价值合理性的基础上提出伦理期待的调节形式，赋予伦理期待以社会化功能的意义，从而在实践层面凸显治理的现实必要性。另一方面体现在伦理期待的社会化实现上。社会化实现首先需要破除伦理期待的非理性倾向。非理性倾向能够用来说明权力转移、议题偏差、话语悖论对公众网络舆论参与的破坏性影响。治理作为对网络舆论生态走向良性运转的促进力量，它的成就可以用来作为反哺伦理期待社会化实现的重要手段，实现对非理性倾向的伦理克制，还可以预见作为公共价值指向的网络舆论生态治理的可能实现。同时，社会化实现在功能合理性上同治理保持高度一致。功能合理性是对网络舆论生态价值存在的应然体现，也是对当前失衡镜像理性化祛蔽的过程，治理正是通过理性化实现而发生作用。

　　①　［英］格雷姆·伯顿. 媒体与社会：批判的视角［M］. 史安斌，译. 北京：清华大学出版社，2007：105.
　　②　张康之，张乾友. 认同、承认与通向合作之路［J］. 长白学刊，2010（1）：22.

从伦理期待包含对治理的期待而言，首先体现在伦理期待对治理方法的理解。治理方法不是某一群体或个人的单方面的伦理期待，而是社会共同体众望所归的伦理期待。治理方法既不是强权式的，也不是单通道的自上而下式的，它综合运用和体现了涉及网络舆论生态运行的多种力量的需要，是在民主化基础上进行的多方合作，"其权力向度是多元的、相互的，而不是单一的和自上而下的"①。这就意味着治理结束了个人经验式的方法理解，打开了通往民主化合作的价值共识，这是伦理期待对治理方法理解的基本出发点，也是治理包含公众网络舆论参与伦理期待所必须坚守的价值立场。其次体现在伦理期待对治理内容的把握。治理内容是对结构失衡、控制失衡、话语失衡的体现，但如何在治理内容上涵盖伦理期待的条件与要求呢？这既是伦理期待在实践层面的重要难题，也是网络舆论生态走向善治的价值取向。因此，我们需要明确治理内容同公众网络舆论参与在公共价值层面是否存在互涉的可能。如果存在，治理内容除了要坚守公共立场和遵从公共价值之外，还要尽可能地考虑、尊重和满足公众的个性化需求。如果不存在，那么治理内容就无须过多地去考虑富有个性和创造性的内容形式，仅需达到伦理期待的基本要求即可。最后体现在伦理期待对治理目标的达成。治理目标的达成，不是一朝一夕的事情，它需要所有参与网络舆论生态运行的多方力量的协同努力，"除了考虑重新铸造统治的工具之外，有必要把眼光放得更长远一些，要关切政府以外的机构以及社会经济的纵经横纬"②。但我们反观网络舆论生态失衡镜像可以发现，造成这一后果的主要诱因就是缺少对目标达成的伦理期待，并将这种后果归咎于我们生活在一个充满不确定性的风险社会之中，殊不知作为统摄公众网络舆论参与的伦理期待在目标选取与实现上，通常采取自然选择与社会控制相结合的形式。面向治理，伦理期待采取自然选择的手法，通过尊重个性和塑造理性来推动治理的纵横深入。面向伦理期待，治理采取社会控制的方法，只有当社会共同体普遍遵从社会控制的立场，伦理期待才会在治理的前提下有成为公共价值的可能。

二、媒介文化融合、美好生活向往、社会主要矛盾变化的全面涉及

网络舆论生态治理具有全面性，这主要是指凡是能够参与或影响网络舆论生产、消费、传播过程的一切要素、结构、关系，都可以将其纳入网络舆论生

---

① 俞可平. 治理与善治［M］. 北京：社会科学文献出版社，2000：6.
② ［英］格里·斯托克. 作为理论的治理：五个论点［J］. 华夏风，译. 国际社会科学杂志（中文版），1999（1）：28.

态治理范畴。全面性的考察,不可从"大而全""泛泛而谈"的套路论及,必须依靠网络舆论生态治理的时代境遇,在媒介文化融合、美好生活向往、社会主要矛盾变化的角度全面论及。

(一)规定媒介文化融合的空间向度

网络舆论生态治理的全面性,首先表现为它规定了媒介文化融合的空间向度,使其在"信息赋权""跨界叙事""未来延伸"维度审视不同媒介文化形态对网络舆论生态治理的空间显现。媒介文化融合采用的是一种共时态视角,它强调不同媒介形态在同一文化价值主导下的结构变迁。

"信息赋权"可以视为一种能力,它通过媒介文化融合,提高参与主体在网络舆论生态运行过程中对信息传播的分析、决策、支配和处理的能力。"信息赋权"在网络舆论生态运行过程中完成了对治理"何以可能"的现实理解,网络舆论生态运行也因"信息赋权"开启了对本体论回答的空间转向,并谋求一种走向治理、实现治理、完成治理的能力求解。"信息赋权"在媒介文化融合"过程"和"结果"层面拓宽了治理的活动空间。"过程"的结构性变迁为治理嵌入提供可跨联的传播载体,治理可以在不同媒介形态转换中建立具有普遍意义的"融合"理念,它寻找不同媒介形态体现的文化属性和"信息因子",消弭治理嵌入的文化阻隔。虽然"结果"在一定程度上限制了网络舆论向异质化发展的可能,甚至容易造成舆情危机的传播氛围,但"信息赋权"却推动"结果"向治理的条件转移,在媒介文化融合的"结果"中去发展一种致力于治理嵌入的条件驱动,重新评估治理嵌入对媒介文化融合"结果"的可能性影响,并把"信息赋权"巧妙地运用到治理的可能性塑造之中。

"跨界叙事"向我们展示的是网络舆论在不同媒介形态中对同一事件的讲述方式,它"向我们提供了了解世界和向别人讲述我们对世界的了解的方式"①。它既是媒介文化融合在事件中向网络舆论转换的结果,也是网络舆论在"时间——空间"结构向媒介文化融合的结果。"跨界叙事"作为一种动态性的结构理解与解读,它根据媒介文化融合的现实需要,针对网络舆论背后事件的属性与指向,完成对网络舆论在不同媒介形态之间的自由联结与转换,其目的是要通过跨界来揭示媒介文化融合过程可供治理嵌入的叙述性结构,以及公众对此将会产生何种理解。"跨界叙事"以一种"相似"的关系将不同媒介形态凝聚在同一时空,在叙事方式上将不同立场的参与群体(公众)置于相同的理解场景,

---

① [美]阿瑟·阿萨·伯格. 通俗文化、媒介和日常生活中的叙事 [M]. 姚媛,译. 南京:南京大学出版社,2000:10-11.

以特定的表达手法向公众传达所需要和应理解的内容，治理嵌入的首要任务就是完成对这一内容的"后天式"改造。所谓"后天式"改造，就是将"跨界叙事"回归到原初的本然释义，在不同媒介形态的变化中综合考虑和权衡公众（异质性）的参与需求，而不是一味地采取同一类型的理解场景。

"未来延伸"主要指媒介文化融合的未来命运与指向。"未来延伸"形成治理嵌入网络舆论生态运行的发展基础。发展基础可以视作"未来延伸"的重要品质，它由多方面的因素构成，最为直接的就是"未来延伸"衍射出的媒介文化融合的意义图景。相较于行动基础而言，发展基础更多地关注公众在网络舆论生产、消费、传播过程中对媒介文化融合的意义认知，谋求"未来延伸"在网络舆论生态运行过程的意义彰显，追求更为持续、协调、稳定、健康的网络舆论生态。"未来延伸"正是在这个层面上为治理嵌入提供契机，既肯定了"未来延伸"同网络舆论生态运行的结构关系，也建立了适合治理嵌入的行动目标——"媒介形态和谐"的价值理念。不同的媒介形态具有各自的行为理念和行动目标，作为大一统形式的"未来延伸"，虽然实现了媒介文化融合的基本目标，但在深层次上却无法保证媒介形态之间可以保持相同或相近的文化（价值）理念，这主要是因为"未来延伸"缺乏像治理那样用以满足社会需要的方法途径。治理嵌入完全得益于"未来延伸"在"非和谐"状态的价值缺场，它展开的结果必然是"未来延伸"对"媒介形态和谐"理念的价值欲求。

（二）符合美好生活向往的价值目标

美好生活不仅是一种生活形态，更是一种生活意义。生活意义"关心的是什么样的行为方式、生活形式和社会制度最能够创造幸福生活"①，它在本质上充当更高的价值指向，美好生活必须尽可能地以趋近美好的方式来服务生活为目的，生活的美好除了要具有外在的表现形式，更要以其内在的精神实质指明生活的意义。对美好生活而言，网络舆论生态问题镜像就类似于一种混乱的、冲动的、失序的生活体验，理性的力量通常被失衡的因素控制，使得人们只能以一种非理性的方式建构"不美好"的生活，这是一种失去生活意义的非道德的生活。

塞缪尔·亨廷顿认为当今世界是"一个多极和多文明的世界"②，单一文明与多元文明之间的冲突依旧是世界文明的普遍争论。文明是人们认识世界与改

---

① 赵汀阳. 论可能生活（第二版）[M]. 北京：中国人民大学出版社，2010：8.
② [美] 塞缪尔·亨廷顿. 文明的冲突 [M]. 周琪，等译. 北京：新华出版社，2013：5.

变世界的重要体现，是"放大了的文化"①，也是 24 字社会主义核心价值观的重要内容。作为被"放大了的文化"，文明如何集中彰显中华优秀传统文化，如何在新时代为人们提供价值指引，这不仅是实现美好生活向往的重要议题，也是治理何以嵌入文明社会，并为美好生活指明价值空间的有力抓手。

生活文明关注的是具体且现实的生活方式，是人们应该如何生活的问题，"考虑的内容就不再只是在一件具体的事情上我该怎么做，而是连到了我该怎样生活这个更一般的问题上"②。美好的生活以文明的生活为前提，文明的生活以美好的生活为旨归。从逻辑上来看，文明生活归属于美好生活，美好生活与生活文明只存在不同的指向与路径，不存在高下的区分。

从"目的—手段"的关系结构来看，治理可以视为实现美好生活目的的手段。目的的实现有多种手段，手段与手段之间是否存在冲突，治理可否作为一种最佳手段进行介入，这都是需要考虑的问题。生活文明具体指向人们的日常生活方式，这对网络舆论生态治理而言，就等于明确提出公众网络舆论参与的最低行为标准，即"文明"地参与网络舆论生产、消费、传播，"文明"地进行网络舆论参与。这样一来，生活文明就从现实日常生活辐射到虚拟网络空间交往，它关注和建构的总是同治理的目的相关联——使人们"文明"地实现美好生活。

从"目的—用途"的关系结构来看，"文明"生活是为了美好生活的实现，美好生活的实现是为了更好的"生活"文明。就目的而言，美好生活内在包含对生活文明的驱动；就用途而言，生活文明的着眼点在于"生活"，它是"文明"的生活，是趋近于美好的生活。"目的—用途"的关系结构虽然具有明确的指向性，但却始终绕不开"用途"的主观偏向，因为目的可以是面向未来的，是宏大而客观的，但用途首先面对的就是自我的满足。即使目的在场，用途也依然可以"随心所欲"。治理，就是对用途本身主观性作出的裁决，使其始终处于"目的—用途"的关系结构中，并同目的倾向保持一致。

从"目的—效益"的关系结构来看，文明"生活"是否趋近于美好生活，美好生活是否趋近于"文明"生活，都需要对其效益作出评价。效益是美好生活向往对生活文明的正向衡量，也是生活文明同美好生活的同向对照。效益有大有小，有高有低，有好有坏。对生活文明而言，它需要大的、高的、好的效

① ［美］塞缪尔·亨廷顿. 文明的冲突 ［M］. 周琪，等译. 北京：新华出版社，2013：20.
② 陈嘉映. 何为良好生活：行于途而安于心 ［M］. 上海：上海文艺出版社，2015：8.

益，也只有在这类效益的促动下，生活文明才能更好地实现目的。但如何消除那些小的、低的、坏的效益带来的阻滞性影响，恐怕也只能通过治理嵌入来加以解决。从效益的角度来看，治理就是要使那些能够满足和实现生活文明的目的效益最大化，并且要在"目的—效益"的关系结构中具体呈现效益，使效益成为人们可感、可触、可评的"客观目的"，启发人们明白效益的满足对美好生活向往的重要意义，进而将这种"客观目的"转化为人们"文明"的生活方式，转变为"文明"的网络舆论参与态度和行为，最终实现对网络舆论生产、消费、传播过程的全面介入。

（三）社会主要矛盾变化为网络舆论生态治理提供实践突破口

党的十九大报告对我国社会主要矛盾变化作出了重要论断，它"已经转化为人民日益增长的美好生活需要和不平衡不充分的发展之间的矛盾"①。从实践层面来看，"主要矛盾转化是社会阶段性发展的必然结果"②，这就意味着"社会阶段性发展"必然蕴含着亟待解决的现实难题。网络舆论作为人们日常生活和社会交往的网络映现，在某种程度上可以对"亟待解决的现实难题"进行直观的呈现，为人们提供网络舆论表达诉求的平台。

社会主要矛盾变化面临着"似旧还新"的难题。作为新时代社会主要矛盾的直观呈现，公众可以在网络舆论生产、消费、传播过程中表达他们的利益诉求，无论是理性的还是非理性的，他们都试图认为唯有诉诸网络舆论迅捷化、直观化、扩大化的传播效果，利益诉求方能在最大程度上得到重视并且矛盾（问题）得以解决。从这个意义上说，"似旧还新"一方面包含着对社会主要矛盾"基础性条件"的理论阐释，另一方面又面临着"能力需求"的实践期待，两者共同为治理提供了实践突破口。

"基础性条件"说明社会主要矛盾变化在网络舆论空间呈现结构性障碍。虽然社会主要矛盾的变化并不改变社会主义初级阶段的基本国情，但却更加凸显"不平衡不充分"在当前时期的矛盾性存在。就网络舆论生态治理而言，这种矛盾性存在主要有两个方面的表现：一是公众网络舆论参与更加明显的同"不平衡不充分"联系在一起，如对涉及公共安全、生态文明、公共福祉、社会公正的利益诉求更加突出，这与传统的征地拆迁、劳资冲突、医患纠纷的利益冲突

---

① 习近平．决胜全面建成小康社会　夺取新时代中国特色社会主义伟大胜利——在中国共产党第十九次全国代表大会上的报告［M］．北京：人民出版社，2017：11.
② 刘同舫．新时代社会主要矛盾背后的必然逻辑［J］．华南师范大学学报（社会科学版），2017（6）：48.

相比，更加侧重不同地区、代际、阶层之间的公平与公正，在网络舆论生产、消费、传播方式或方法上，更加讲求传播效果的回应程度，尤其是社会的关注度与政府的回应力。二是矛盾性存在同网络舆论生态治理形成了一个相互作用与彼此观照的"共同体"，但它并不是正向促进公众网络舆论参与的"作用物"，而是将"不平衡不充分"作为刺激或分化公众网络舆论参与的媒介手段，甚至带有一种缺乏理性的激情、夸张和渲染的成分。整体而言，"基础性条件"反映社会主要矛盾变化对公众网络舆论参与带来的可能影响，宣告社会主要矛盾变化为网络舆论生态治理提供实践突破口，围绕两个方面的矛盾性存在展开治理。第一个矛盾性存在为其提供内容上的突破口，根据新时代社会主要矛盾变化的演化逻辑，以及其对网络舆论生态运行的整体影响作出理性研判。第二个矛盾性存在为其提供方法上的突破口，根据"不平衡不充分"可能导致的网络舆论风险作出系统预见，因人、因地、因事、因势地导入治理，在方式、方法、形式上降低公众对网络舆论"选择性"生产、消费、传播的失衡风险。

"能力需求"意味着社会主要矛盾变化总是为公众网络舆论参与制造新的、多样的、动态的"需求"。这种"需求"既可以理解为社会主要矛盾变化与网络舆论生态运行之间的结构张力，也可以视为网络舆论生产、消费、传播过程无法满足社会主要矛盾变化给公众网络舆论参与带来的实践期待。从社会主要矛盾变化层面来看，"能力需求"应该是针对网络舆论生态失衡提出来的，而且只有在网络舆论生产、消费、传播过程中，透过一切公众非理性网络舆论参与才能凸显"能力需求"的紧迫性与必要性，这一方面说明社会主要矛盾变化会影响到网络舆论生态运行的平衡与否，另一方面也将公众网络舆论参与态度和行为同社会主要矛盾变化作比较，如果两者之间存在必然的因果关联，那么网络舆论生态运行必将进一步朝着失衡的方向发展。从网络舆论生态运行层面来看，面对社会主要矛盾变化，网络舆论生态无法实现对自身的自适应调整，大量的"能力需求"已处在权力异化、议题偏差、话语冲突的掌控之中，"需求"已然异化为阻碍网络舆论生态良性运转的消极力量。治理正是在"能力需求"的现实问题上作出的应对举措。"能力需求"避免了社会主要矛盾变化在网络舆论空间的自由化扩大，它是有准备、计划、协调、目的的导向性"需求"，在实践层面为治理嵌入提供方向性准备，使"能力需求"紧紧贴近社会主要矛盾变化同网络舆论生态良性运转之间的结构互动。"能力需求"为治理嵌入网络舆论生态运行夯实发展基础，"能力"不是单方面的"需求"，它是"需求"变化的基础，"需求"变化势必会引起"能力"的改变。它们是系统化的体现，也是一体化的过程，这为治理嵌入建立了开放、对等、流动的渠道，既要在"能力"

基础上提出新的"需求"，又要根据新的"需求"检验原有的"能力"。

第四节　网络舆论生态治理的思想政治教育传播学解读

在思想政治教育传播学语境下，网络舆论生态治理承载着更大的意义。一方面，网络舆论生态治理涉及诸多思想政治教育传播学问题，需要对此加以概念阐释和理论分析。另一方面，思想政治教育传播学需要利用网络舆论生态治理扩展其辐射范围，并在理论与实践的不断丰盈中促成思想政治教育治理功能的实现。

一、思想政治教育现象对网络舆论生态治理的三重诉求

现象是对思想政治教育内涵的形式解读，是辨析网络舆论生态治理是否具有思想政治教育属性的基本规定。主体精神、研究对象、发展规律是研究和把握思想政治教育现象的三重诉求，是以此观察网络舆论生态治理的思想政治教育现象的基本路由。

第一，网络舆论生态治理需要具备一定的思想政治教育主体精神。主体精神是思想政治教育在"解释世界"和"改变世界"的过程中，通过自觉能动的实践活动表现出来的精神特质，使人的主体性、主体意识、主体能力得到强化和发展，思想政治教育本身也获得了人作为主体的积极力量。不论是"单主体说""双主体说"，还是"主体间性说"，都不能否认思想政治教育的主体精神。作为面向人的思想与行为的网络舆论生态治理，同样面临思想政治教育主体精神的要求。尽管前面对网络舆论生态治理的主体作了形式上的规定，但我们也不能就此简单地判定谁才是主体，且只能作为主体参与网络舆论生态治理。具体来讲，网络舆论生态治理的主体精神是一个系统结构优化的过程，它除了需要掌握主客体关系在网络舆论生态治理过程中的现实表现，还要以此建立一个能够平衡网络舆论生态运行的主体框架，即在"一核多元"的主体结构中寻找相互制约和促进的影响因子。就此而论，网络舆论生态治理需要以思想政治教育主体精神为参照，结合网络舆论生产、消费、传播过程的实际，运用思想政治教育主客体关系来研究、判断、评价网络舆论生态治理，但又不能忽视自身运动过程的特殊性，完全照搬照抄思想政治教育主体精神的研究视角和方法。

第二，网络舆论生态治理同思想政治教育研究对象具有一定范围的关联性。就前者而言，它的研究对象是基于问题域的网络舆论生态失衡，其中包括但又

不限于人的思想与行为的矛盾性，这是后者研究对象未能满足的。就后者而言，它的研究对象是通过人的思想与行为的矛盾性展现出来的规律性问题，也可以将其理解为思想政治教育的矛盾问题。由此可以看出，网络舆论生态治理的研究对象同思想政治教育的研究对象在关系指向、发生范畴和作用范围上具有一致性，都致力于对人的思想与行为的矛盾性展开前提批判，并进一步提出规律性的认识，促进客观事物的运动发展。两者的不同点在于后者的研究对象具有一定的特殊性，具有前者所不具有的思想政治属性，也可以理解为"思想政治现象"①。简而言之，网络舆论生态治理的研究对象同思想政治教育的研究对象具有一定范围的关联性，但后者更侧重对研究对象的思想政治属性的考察，这是网络舆论生态治理研究对象所不具有的。

第三，网络舆论生态治理同思想政治教育发展规律在人的思想与行为层面存在共同点。就前者而言，发展规律是在网络舆论生态运动过程的基础上得出的认识，具有普遍的适用性，是网络舆论生态治理赖以存在并走向善治的基础。就后者而言，发展规律是思想政治教育本质的基本规定，它揭示思想政治教育的基本任务和发展依据，"是思想政治教育现象在其运动发展过程内在的、本质的、必然的联系"②。就发展规律而言，两者均在逻辑层面提出各自的发展任务或客观基础，两者都是在客观的物质实践活动中不断深化而得出的。同物质的规定性一样，发展规律也要反哺客观的物质实践活动，虽然两者均能在人的思想与行为层面寻找共同的落脚点，共同致力于人们思想道德水平的提升，但前者得出的规律性认识并不足以反映思想政治教育本质，但我们却可以借助思想政治教育发展规律，加深对网络舆论生态治理的理解，这正是对思想政治教育社会治理功能的充分彰显。

二、思想政治教育使命丰富网络舆论生态治理的人学意蕴

网络舆论生态治理应当将思想政治教育使命作为其范畴体系，并加以补充改造，以此丰富人学意蕴。使命是思想政治教育传播的目标追求，是对思想政治教育实现程度的合理追问。思想政治教育使命关系到"培养什么样的人"的问题，"其意义不在于德育活动本身，而在于对德育对象的塑造和培养，在于使德育对象'真知善行'、'知行合一'"③。可以说，忽视对思想政治教育对象的

---

① 赵继伟. 思想政治教育学研究对象新论 [J]. 湖北社会科学，2017（11）：180-181.
② 张耀灿，郑永廷，刘书林，等. 现代思想政治教育学 [M]. 北京：人民出版社，2001：66.
③ 张澍军. 德育哲学引论 [M]. 北京：中国社会科学出版社，2008：290.

培养和塑造，就不能很好地回答"为谁培养人""怎样培养人"的时代课题，思想政治教育传播也就无法站在"人"的位置上阐明使命的实质。

思想政治教育使命融于网络舆论生态治理，既是其人文精神的价值彰显，也是社会化功能在思想政治教育范畴的具体表现。思想政治教育使命借以表现"培养什么样的人"来使其成为网络舆论生态治理的人学意蕴，人得到尊重，人的地位得到维护和保障，使网络舆论生态治理站在"人"的位置实现对自身的人学批判和重大变革。在目的论上，思想政治教育使命为网络舆论生态治理嵌入历史唯物主义的研究视域，在对网络舆论生态运行规律和问题镜像的理解上，始终坚持人的两重性的关系视角，辩证看待网络舆论生态治理的目的合理性。在方法论上，网络舆论生态治理凭借"知"与"行"的完整统一，在公众是否具备公共理性表达能力的问题上，积极阐明思想政治教育使命对网络舆论生态治理主体的补充作用，实现方法论的意义革命。

网络舆论生态治理的思想政治教育使命，其出发点便是思考网络舆论生态治理"应当是怎样"的问题。首先，网络舆论生态治理应涵盖以培养公众理性参与网络舆论为坐标轴心的行动框架。公众理性参与网络舆论在于实现对公共理性的培育和塑造，"个人应当满足公共理性需要"是这一过程得以展开的前提，也是网络舆论生态治理以"人"的价值因素来确立"应当是怎样"的具体思路。其次，网络舆论生态治理应当以思想政治教育"培养什么样的人"为范畴体系。个人是否具备主体性，对网络舆论生态治理至关重要，网络舆论生态治理涉及除人之外的其他多方面因素，甚至远远超越个人自主活动关系的界限。但问题在于，"人的问题"的解决是否意味着网络舆论生态治理的思想政治教育使命的结束呢？再次，在"应当是怎样"的问题上，网络舆论生态治理不应只以走向善治的一般规律为对象，还应以主体参与网络舆论的自主活动同网络舆论生态失衡的矛盾运动为对象，这既符合网络舆论生态治理的思想政治教育使命的原意，也贯穿以"人的问题"为基础的价值实现活动同"培养什么样的人"相统一的思想。最后，网络舆论生态治理既合规律性（塑造公众理性参与网络舆论），又合目的性（网络舆论生态的"人学命题"）；既有客观性（受制于个人、组织、媒介的多方制约），又有主体性（公众网络舆论参与的主体精神）；既有主导性（主体构成的"一核"），又有多元性（主体构成的"多元"）；既有协调性（话语分析作用于网络舆论生态），又有控制性（议题设置同网络舆论生态的关系）。这些都同思想政治教育使命有着异曲同工之妙。

三、思想政治教育效益提升网络舆论生态治理的效果

思想政治教育效益是指思想政治教育的有效性。思想政治教育效益具有鲜明的指向，它表示思想政治教育的获得对人们思想与行为关系具有正向评价的效果，以及这种效果对思想政治教育的过程和结果具有结构性影响。思想政治教育效益取决于其系统要素的结构匹配和功能彰显，越是科学的结构匹配，越是能够彰显其要素效能，思想政治教育效益就愈加明显，反之亦然。正如沈壮海教授所言，"思想政治教育诸要素是否具备充足的特定效能，直接关系到思想政治教育有效性的实现及其实现程度"①。

对网络舆论生态治理而言，思想政治教育效益有助于对网络舆论生产、消费、传播过程展开综合分析与研判，获得对网络舆论生态治理效果的整体评价。从治理结果层面来看，思想政治教育效益需要一种正向的评价，是包含善性效益的评价。善性效益是思想政治教育传播对网络舆论生态治理善性结果的具体表达，是思想政治教育科学性、真理性、价值性与网络舆论生态治理目的的效能彰显，是适应并适合于网络舆论生态治理的内容表现。网络舆论生态治理的思想政治教育效益取决于治理结构的关系有效性和思想行为联结的能动性，同时，想要提升网络舆论生态治理的效果需要处理好以下三个方面的问题：

首先，要促成思想关系和行为效果的一致性。思想关系可以理解为思想政治教育传播参与网络舆论生态治理的内容形态。思想关系是对网络舆论生态治理主体思想状况的反映，是主体在网络舆论生态治理过程对思想政治教育效益进行结构适配的表现，其目的在于通过思想关系形成的科学认识来指导主体的网络舆论生态治理实践。只有当思想关系正确作用于主体，主体的行为效果才能推动网络舆论生态治理的思想政治教育效益的实现。如果思想关系不能正确揭示网络舆论生态治理主体的思想状况，不能根据主体思想状况的变化适时调整和建立与之相适应的行动实践思路，那么网络舆论生态治理就会因主体思想关系和行为效果的矛盾而无法完成结果的有效实现，即无法实现善性效益，思想政治教育效益也就无法增进网络舆论生态治理的正向效果。

其次，要确保善性效益对网络舆论生态治理结果的合理实现。网络舆论生态治理有其特定目的，不论是遵循何种指导思想，也不管是借助何种治理方法，都必须确保治理结果的有效实现，这是保障网络舆论生态良性运转的关键，也

---

① 沈壮海. 思想政治教育有效性研究（第三版）［M］. 武汉：武汉大学出版社，2016：146.

是其走向善治的基本途径。因此，善性效益必须与网络舆论生态治理结果相符合，既要在认识层面依据思想政治教育传播评价对网络舆论生态治理展开正向效果的追问，还要在实践层面有序推进网络舆论生态治理目的链条的建立。思想政治教育效益同网络舆论生态治理在目的链条上具有同构性，一方面是因为目的链条构成对网络舆论生态治理的思想政治教育效益的目的论阐释，要求运用思想政治教育效益对网络舆论生态治理进行合目的性的价值阐释，另一方面则是由于目的链条凝结整体性的规范原则，不论网络舆论生态治理同思想政治教育效益有何区别，两者都需要在整体性视域中以规范原则体现自身，共同完成对目的链条的善性效益改造。

　　最后，要在善性效益的转化中完成对网络舆论生态治理的有效性推进。思想政治教育效益既是理论的，也是实践的，对网络舆论生态治理而言，它更应该是实践的。因为只有经历实践检验和证明，善性效益才能得到彻底的迸发与彰显，我们才能在网络舆论生态治理中发现善性效益转化能力的强大作用，才能将这种转化后的善性效益作用于公众网络舆论参与，将善性效益的真理性认识同网络舆论生产、消费、传播过程相结合，以追求善性效益的实践养成来完成对网络舆论生态治理的效益提升，从而获得正向效果。

第三章

网络舆论生态治理中思想政治教育传播的价值判断

在信息社会，传播无处不在，面对复杂的网络舆论环境，思想政治教育在信息传播中必须处于在场状态，在信息传播中发挥自身优势，成为信息社会的"时代精神"，并同不良网络舆论作斗争。思想政治教育能不能占据网络空间高地，可否针对网络空间非理性行为，尤其是对网络舆论生态问题镜像作出批判反思与合理追问，对公众网络舆论参与行为进行规训和劝导，直接决定了思想政治教育传播在网络舆论生态治理中能不能在场、在场程度如何的问题。

第一节 思想政治教育传播参与网络舆论生态治理的聚焦点

思想政治教育传播参与网络舆论生态治理具有三个聚焦点：权力条件、议题目标、话语力量。在网络舆论生产、消费、传播过程中，两者均可以围绕权力、议题、话语发生作用，直接或间接地影响整个网络舆论生态治理过程。

一、思想政治教育传播参与网络舆论生态治理的权力条件

权力就是能力，就是力量。权力是网络舆论生产、消费、传播能力的象征，且具有建构网络舆论资源、网络舆论主体、网络舆论环境关系结构的能力和力量，它直接体现在网络舆论生态治理过程中。

约瑟夫·奈认为网络为权力带来新的变化，并进一步指出"网络权力可以被用来在网络空间内产生偏好结果，它也可以运用网络手段在网络空间外的其他领域产生偏好结果"①。不可否认，权力对网络舆论生态运行具有正当性基

---

① ［美］约瑟夫·奈. 论权力［M］. 王吉美，译. 北京：中信出版社，2015：144-145.

础，但需要注意的是，网络舆论生态也极易因权力的不均衡分布、选择性操纵、非法性获取而走向失衡，陷入治理困境，这正是丹尼斯·朗认为的"权力的有意性"① 所致。"权力的有意性"很容易使网络舆论按照参与者的预设意图进行定向传播，为网络舆论议题设置带来选择偏好的可能，很容易"利用大众的盲从和轻信点燃了激情之火"②，群体极化和舆情爆发的风险就会急速提高，这都大大增加了不稳定因素对网络舆论生态运行的负面作用，最终影响网络舆论生态的治理效果。

在网络舆论生态治理语境下，权力以共享的形式存在，具有维持、协调、平衡网络舆论生态运行的基础功能。作为独立要素，权力本身并不足以对网络舆论生态运行构成威胁，但这并不是说权力是一种固定化和规范化的概念。那么，这是不是意味着权力就可以任由网络舆论资源、网络舆论主体、网络舆论环境索取和支配呢？当然不是！作为基础功能的权力，它并不需要任何外来的强制性压力和支配性选择，也无意为某一方进行选择性供给。如果网络舆论资源、网络舆论主体、网络舆论环境只是单方面对权力进行运用，罔顾网络舆论生态运行对权力的整体考虑，那么就势必会影响各方在权力分布、权力选择、权力获取方面的共识达成，从而无法保障网络舆论生态的良性运转，难以达成网络舆论生态治理结果的有效实现。也就是说，网络舆论资源、网络舆论主体、网络舆论环境对权力的运用必须建立在整体结构的视角之上，以网络舆论生态平衡为发展目标，必须遵循权力的对称性、正当性和有效性原则。否则，权力的非均等化分布、权力的针对性选择、权力的非法性获取就会导致一个好的、平衡的、健康的网络舆论生态无法成为可能，从而为网络舆论生态治理增添诸多障碍。

毫无疑问，权力的基础和影响范围，直接关系到网络舆论生态的治理程度。权力的认知、权力的大小、权力的多少、权力的来源、权力的形式、权力的使用等，都会引起网络舆论资源、网络舆论主体、网络舆论环境之间结构关系的变动。无视网络舆论生态良性运转的权力规范和取值，是不可取的，只会导致权力的任性，并带来不可预知和难以估量的网络舆论生态治理难题。

从思想政治教育传播的角度而言，权力构成了思想政治教育传播介入网络舆论生态治理过程的重要条件，它可以通过劝导、说服、权威等方式发挥作用。

---

① ［美］丹尼斯·朗.权力论［M］.陆震纶，郑明哲，译.北京：中国社会科学出版社，2001：3.
② ［法］古斯塔夫·勒庞.革命心理学［M］.佟德志，刘训练，译.长春：吉林人民出版社，2004：7.

思想政治教育传播要想参与网络舆论生态治理，就必须具备介入的能力，这种能力除了要彰显思想政治教育传播本身的优势之外，还要说明其对网络舆论生态治理的作用，即它能够给网络舆论生态治理带来何种改变以及何种效果的问题。事实上，从宽泛意义上来讲，作为一种能力的同时，权力作为一般范畴将网络舆论生态治理与思想政治教育传播联系起来，但这并不足以有力说明它构成了两者建立关系的结合点，还需要进一步说明思想政治教育传播本身具备何种权力，这样才能更加准确地把握两者之间的结合点。

就思想政治教育传播具备何种权力而言，大致可以从三个方面加以理解①：首先，网络舆论生态治理过程是思想政治教育传播的重要场域，不论网络舆论生态运行是否出现问题，也不论治理效果如何，都需要思想政治教育传播介入其中，对公众网络舆论参与展开思想引导、教育解惑、价值塑造，这是我们牢牢占据网络空间阵地的重要使命和要求。从这一点而言，思想政治教育传播就具备了参与网络舆论生态治理的能力，这是一种宏观的能力，是国家、政府、主流意识形态要求的能力。其次，从中观角度来讲，思想政治教育传播具有强大的社会正能量，它可以通过各种途径将主流意识形态和社会主义核心价值观传播到社会空间的方方面面、角角落落，使其成为社会治理的重要手段之一。最后，从微观角度来讲，思想政治教育传播具备化解公众网络舆论参与诉求矛盾的能力，它能够将公众在网络舆论生产、消费、传播过程中的诸多矛盾置入思想政治教育视域，借助思想政治教育原理和方法进行针对性的分析和化解。

至此，我们基本勾勒了思想政治教育传播参与网络舆论生态治理的权力聚焦点，明确了两者之间缘何因权力而发生作用，也说明了思想政治教育传播通过权力作用，在哪些方面可以作用于网络舆论生态治理。

二、思想政治教育传播参与网络舆论生态治理的议题目标

议题是引发网络舆论关注的焦点，是网络舆论生态运行结构的关键。议题设置的成功与否，直接影响到网络舆论生态治理的效果评价。

"人生活在危险的世界之中，便不得不寻求安全。"② 在对确定性的寻求中，议题无疑为公众参与网络舆论生产、消费、传播过程提供了行动指南，使网络舆论在议题作用下直接促成相应的传播关系，"结成传播关系的目的是寻求信

---

① 此处对权力的理解，依然遵循能力视角，即从"思想政治教育传播给网络舆论生态治理造成影响的能力"这一范畴加以理解。

② ［美］约翰·杜威. 确定性的寻求：关于知行关系的研究［M］. 傅统先，译. 上海：上海人民出版社，2005：1.

息、劝说、传授、娱乐或其他。目的不同，参与者的角色也不同"①。显然，议题对于共处相同传播关系的参与者而言，很容易达成网络舆论共识。网络舆论共识的焦点是相同的，不管是出于共同的价值立场还是利益需要，议题都能引发不同参与者的议题建构和共意动员。因为他们达成的网络舆论共识，"是有着共同的目标或者目的，而不是因为每个人碰巧对同样的事情感兴趣而聚到一起的"②。

实际上，由相同传播关系发展而来的议题很容易过滤掉网络舆论中的异见。异见之所以存在，主要是由于议题偏离的作用。议题偏离并不是说议题偏离了原有的预设轨道，而是议题逐渐沦为身处相同传播关系参与者所采取的"拇指法则"，其最终目的不再是对议题本身的保护，而是利益攸关者借助议题设置进行获益的辩护工具。在多数情况下，持相同议题的参与者很容易完成自己的行动目标，达成网络舆论共识，并从中受益，而持异见者则很难得到他人的关注和支持，丧失建构传播关系的机会，并最终无力参与网络舆论生产、消费、传播过程。毋庸讳言，网络舆论生态治理必须重视议题的作用，一个良性运转的网络舆论生态需要科学地进行议题设置，并最大可能确保网络舆论异见力量的发生和存在。

作为一项运行结构要素，议题的核心职能就是要避免网络舆论极化和流瀑，且能够置身网络舆论生态运行过程进行议题融合。对网络舆论生态运行而言，我们需要通过议题来寻求参与者的广泛动员和群体认同，但如何保持议题的正当性与可控性，却是一个不得不思考的问题。保持网络舆论生态治理的有效完成，首先要打破议题垄断，进行多元化的议题设置和自我赋权，尤其是需要立足新时代我国社会主要矛盾的变化进行议题设置。其次要畅通政府、公众、媒介之间的双向交流渠道，赋予公众、媒介与政府具有同等设置议题的权利，扩大网络舆论的议题来源，保持议题设置的多元化，从而消除"群体中的信息隐匿与自我沉默"③。最后要建立议题设置的制度化措施，规范和保障议题设置的信息共享，信息共享在一定程度上可以确保网络舆论成分的多样性，有利于网络舆论生态的良性运转，大大降低信息垄断给网络舆论生态治理带来的可能

---

① ［美］威尔伯·施拉姆，［美］威廉·波特. 传播学概论（第二版）［M］. 何道宽，译. 北京：中国人民大学出版社，2010：57.
② ［加拿大］查尔斯·泰勒. 现代社会想象［M］. 林曼红，译. 南京：译林出版社，2014：75.
③ ［美］凯斯·R. 桑斯坦. 社会因何要异见［M］. 支振锋，译. 北京：中国政法大学出版社，2016：118.

风险。

就思想政治教育传播而言，议题向其提供了参与网络舆论生态治理的桥梁，它可以诉诸注意力、解释、竞争、演化等手段去影响网络舆论生态治理。从治理效果层面来讲，思想政治教育传播参与网络舆论生态治理，需要以议题为"种子"强化其在网络舆论生产、消费、传播过程中的作用力度和辐射范围，从根本上提升网络舆论生态的治理效果。也就是说，议题要在网络舆论生产、消费、传播过程中播撒思想政治教育的理论魅力，使公众网络舆论参与凸显思想政治教育的精神气质，特别是要使整个网络舆论生态治理过程具有思想政治教育的特征，以议题设置的方式促成思想政治教育传播向网络舆论生态治理靠拢并能够参与其中。例如，对引起公众广泛关注和参与的事件、话题进行思想关注和政治动员，通过舆论引导建立能够凝聚公众理性参与网络舆论的议题，在议题设置过程发挥思想政治教育的育人功能，建立思想政治教育传播的立场、原则和防线，在网络舆论生产、消费、传播过程中灌注思想政治教育的原理与方法，使公众网络舆论参与体现思想政治教育的本质等，这些都是议题在思想政治教育传播中的作用表现。

在这里，议题的作用既是思想政治教育传播开始参与网络舆论生态治理的表现，也是议题具备思想政治教育传播性能，并以思想政治教育的方式开始作用于网络舆论生态治理过程的体现。

三、思想政治教育传播参与网络舆论生态治理的话语力量

话语是对网络舆论生态治理的思想表达，网络舆论生态治理要在话语中把握自己的时代，充分发挥话语的立场建构与价值重塑作用。话语不仅是解释网络舆论生态治理的重要媒介工具，而且能在话语分析、话语表达、话语交融、话语互动、话语转换、话语冲突中不断消解和重构网络舆论生态。正如诺曼·费尔克拉夫指出的那样，"话语不仅是表现世界的实践，而且是在意义方面说明世界、组成世界、建构世界"①。

话语在网络舆论生态治理中有其特有的发生根源和呈现逻辑。理解网络舆论生态治理，就必须坚持问题导向，紧紧抓住构成网络舆论事件背后的问题，"问题就是时代的口号，它是表现自己精神状态的最实际的呼声"②。话语不是

---

① ［英］若曼·费尔克拉夫．话语与社会变迁［M］．殷晓蓉，译．北京：华夏出版社，2003：60.

② ［德］中共中央马克思恩格斯列宁斯大林著作编译局．马克思恩格斯全集：第40卷［M］．北京：人民出版社，1982：289.

网络舆论在公众之间的自由言说和乱舞，它有着深刻的社会根源，植根于一定的社会关系和社会结构。因此，话语是历史的、动态的、发展的，需要从历史唯物主义的视角具体说明变化着的话语。网络舆论因事件而起，话语又通过网络舆论得以表达，它借助网络舆论为公众提供价值立场建构的条件。网络舆论生态治理必须以此为前提展开。

话语的价值立场建构具有两面性：一方面可以满足网络舆论生态治理需要的有效话语力量；另一方面会因话语表达方式不当而导致话语冲突，衍生出无效或负效的话语力量，为网络舆论生态运行带来风险，增加治理难度。因此，网络舆论生态治理的话语呈现，必须紧紧建基在对事件的根源分析之上，按照事件发生的来龙去脉去理解网络舆论，通过网络舆论重塑话语的问题意识和意义所指，"只要这样按照事物的真实面目及其产生情况来理解事物，任何深奥的哲学问题……都可以十分简单地归结为某种经验的事实"①。

话语演化融于网络舆论生态运行的自适应过程，"话语事件中的变化的直接起源和动机在于对生产者或解释者的习俗的质问"②。当话语发生演化时，公众迫切需要通过网络舆论来强化自己的价值立场，但"理性会受到情感、习惯、偏见等非理性的挑战，如同三棱镜反射般混淆事实与虚构的界限"③，这虽然排除了异见话语的干扰，但却以牺牲网络舆论生态平衡为代价。因此，话语演化至少要遵循两个方面的原则方能进行。一方面，话语演化的利益指向和实践动机必须致力于网络舆论生态平衡，其最终目的就是要确保网络舆论生态治理有效性的实现，切不可将网络舆论视为谋取不当利益的工具，变身为网络舆论暴力和极化的邪恶力量。也就是说，话语不能单靠公众的价值立场进行逻辑演化，要在保障网络舆论生态良性运转的前提下进行话语分析与调整。另一方面，话语演化要体现主流意识形态价值，这样"才能有效掌握网络空间主流意识形态建设的领导权、管理权、议题设置权、主导权与规则制定权"④，并最终确保网络舆论生态的良性运转和治理结果的有效实现。主流意识形态的价值彰显，能够赋予话语以超越演化冲突与困境的能力，是网络舆论话语优势的集中彰显。

---

① 中共中央马克思恩格斯列宁斯大林著作编译局 . 马克思恩格斯选集：第 1 卷 ［M］. 北京：人民出版社，2012：156.

② ［英］诺曼·费尔克拉夫 . 话语与社会变迁 ［M］. 殷晓蓉，译 . 北京：华夏出版社，2003：89.

③ 罗永雄 . 不完美的舆论与良性互动的必要——舆论作为话语体系的视角 ［J］. 当代传播，2017（6）：85.

④ 王慧 . 网络空间主流意识形态建设应强化五个思维 ［J］. 党建，2017（3）：32.

话语构成了思想政治教育传播以何参与网络舆论生态治理的重要内容，也是激发思想政治教育传播近距离诠释网络舆论生态治理的重要媒介。网络舆论生态治理与思想政治教育传播都需要话语，都需要用平实、质朴、真切的语言来传递信息、表达情感、深刻讲理和建构意义。

思想政治教育传播要想在众声喧哗的网络舆论生产、消费、传播过程中实现并完成其治理功能，就必须借助话语来整体分析公众网络舆论参与背后的力量。"在思想政治教育领域，如何建构一套有效的话语，对于实现教育目的、实现教育有着显著的意义。"① 首先，思想政治教育传播需要以公众网络舆论参与行为作为研究对象，在实践中对其进行话语分析，集中反映话语在公众网络舆论参与过程的整体状况，即话语指向什么，话语的作用如何，话语能不能代表公众网络舆论参与的实质等。其次，思想政治教育传播需要通过话语营造参与网络舆论生态治理的政治环境，必须置身于主流意识形态和社会主义核心价值观的视野推动话语生产与话语分析，凸显政治话语对网络舆论生态治理的价值统摄。最后，思想政治教育传播需要用生活话语在网络舆论生产、消费、传播过程中展现其精神风貌，以人民群众喜闻乐见的话语方式、话语内容、话语风格吸引公众进行网络舆论参与，避免千篇一律的话语内容对思想政治教育传播效果的实现产生束缚与阻碍。

第二节　思想政治教育在网络舆论生态治理中的传播特点

思想政治教育在网络舆论生态治理中的传播特点，必须立足于它的中心意义，在传播中致力于对网络舆论生态运行及其问题镜像的回应，不断彰显思想政治教育传播的价值活力。

一、传播正能量

思想政治教育传播是一种以信息沟通为基础的客观实践活动，它虽然需要借用传播学理论来分析人的思想与行为的孕育、发生和形成，对人的行为结果进行意义阐释，形成对思想政治教育传播的规律性认识，但它又不同于传播学的概念范式。相对于其他传播方式和治理手段，思想政治教育传播是正能量的，

---

① 张傅，付长海，李静霞. 传播学视域下的"生命线"［M］. 北京：知识产权出版社，2017：27.

它将主流意识形态和社会主义核心价值观作为传播的主要内容，贯穿网络舆论生态治理的全过程与各环节。

一方面，以传播正能量的方式应对沟通偏差。沟通偏差，主要是指思想政治教育主体与客体因缺乏统一的情境理解而造成的交流错位或障碍。从普遍意义上讲，沟通即交流，主要源于人们在社会化过程中对信息捕捉的渴望，"是人类群体进而也是人类社会形成的开端"①。思想政治教育沟通的目的是在主体与客体之间建立一个信息交流和情感互动的共同体，是"沟通主体之间知识共享、情感齐鸣、智慧同筑、意义并生乃至共同提高的过程"②。然而，沟通与传播却有着不同的指向。就思想政治教育传播而言，它不仅包括沟通在内的语言和非语言的形式，而且涵盖以无声的方式使人们意识到这是正能量的传播。也就是说，在网络舆论生态治理语境下，思想政治教育传播在很大程度上取决于其价值立场的目标影响，注定了传播内容要和国家、政党、主流意识形态、社会主义核心价值观密切相关。思想政治教育用传播正能量的方式应对沟通偏差，不仅解决了公众在网络舆论生产、消费、传播过程中沟通不到位的问题，注重对主流意识形态的正向传播，尤其是使社会主义核心价值观成为思想政治教育传播的主流方向和中心任务，及时向他们灌输、宣扬正能量，而且运用正能量的传播符号在思想政治教育主体和客体之间塑造共同的知识、思想和信仰，引导公众网络舆论参与始终向这一目标靠拢，在思想与行为层面昭示正能量的积极作用，并使之成为外化于人们行为的显性模式。

另一方面，用传播正能量的方式促进双向交流。"研究传播就是为了考察各种有意义的符号形态被创造、理解和适用这一实实在在的社会过程。"③ 这就在深层意义上确立了思想政治教育的传播特点。其一，思想政治教育传播不止于信息流动的语言，还具有超越信息流动成为思想政治教育传播的内容，用内容的规定性阐明语言信息流动的规律性。从流动的语言到固定内容，再从内容反馈作用于语言，思想政治教育传播经历的是存在论意义上的范式革命，不仅在传播中解释世界，而且在改变世界的同时反向规制传播，创造出一种具有思想政治教育传播属性的意义构成。例如，用正向、积极、乐观、向上的语言对公众的思想与行为进行引导，围绕传播内容展开理论分析，全面刷新公众对网络舆论生态治理的看法。其二，思想政治教育传播具有不同于一般传播理论的特

---

① 周晓虹. 现代社会心理学［M］. 上海：上海人民出版社，1997：275.

② 谷佳媚. 思想政治教育沟通的理论反思与建构［M］. 北京：人民出版社，2014：94.

③ ［美］詹姆斯·威廉·凯瑞. 作为文化的传播："媒介与社会"论文集［M］. 丁未，译. 北京：华夏出版社，2005：16.

性。尽管传播学理论中的媒介、讯息、反馈、编码、受众、议程设置等概念有利于增进我们对思想政治教育传播概念的理解，但这并不能决定思想政治教育传播的概念属性。从某种程度上讲，传播给思想政治教育带来的是一种信息"如何"传播的实践可能，表述的是传播"如何"融于思想政治教育过程的关系构成。但问题在于，思想政治教育传播更应将"如何"转化为"为何"，在转化中不断追问思想政治教育传播图景的意义构成，不断增强对"如何"传播的实践理解。也就是说，传播正能量一定要立足于受众立场，从受众角度分析传播"为何"的问题，如此才能使正能量真正成为受众迫切需要的传播内容，而不是思想政治教育传播"自作多情"和"一厢情愿"的结果。

传播被赋予了沟通不能完成的任务，彰显了思想政治教育传播的意义图景：这是"如何"沟通的，那是"为何"传播的。思想政治教育因传播成为无声的沟通，沟通因思想政治教育而走向意义的传播。这对网络舆论生态治理而言，无异于把思想政治教育同网络舆论生产、消费、传播过程相交融，在公众网络舆论参与中达成对思想政治教育的认知、理解与践行，从而在网络舆论生态治理过程中得出对思想政治教育传播特点的理解。

二、双重的时空面向

时间和空间是思想政治教育的双重面向，它的共存和转换构成了思想政治教育传播的基础，是思想政治教育在网络舆论生态治理中的传播特点。双重的时空面向，意味着不论是"历史—现实"的时间维度，还是"自我—他者"的空间维度，抑或是抽象意义上的时间和空间概念，均构成了思想政治教育传播的时空认识条件。如果脱离这些条件，思想政治教育传播就不能很好地把握其所处的现实状况，不能以"历史—现实""自我—他者"的时空维度探明思想政治教育传播的时空关系，时空面向就会变得空洞且无意义。需要说明的是，时空关系构成了思想政治教育传播的物质基础，时间和空间以一种经验化的关系形式深刻影响思想政治教育传播，使思想政治教育置身于时空压缩与时空扩展的矛盾之中①。

时空面向包含思想政治教育传播的空间目的。首先，时空面向涉及思想政治教育传播的空间再生产。空间再生产既是对思想政治教育传播现有时空关系的调整与重塑，也是对思想政治教育传播能否跨越时空共在并完成时空转换的

① 卢岚.网络社会的时空扩展、时空矛盾与思想政治教育［J］.思想理论教育，2018（7）：52-58.

重要维度。时空共在面对的是思想政治教育传播已然到来的问题，时空转换解决的是思想政治教育传播即将面临的问题。空间再生产是对时空转换的应然指向，是对思想政治教育传播的预见性分析。其次，时空面向确证了思想政治教育传播的作用范围。时空是微妙的，四处充满着动态的、稳定的、复杂的、矛盾的影响因子。思想政治教育传播很容易遭受来自网络舆论生态问题镜像的干扰和影响，这其中既有思想政治教育传播效果不佳的原因，也有网络舆论生态治理过程刻意规避思想政治教育传播的因素。思想政治教育传播就是要在此寻找适合自身的作用范围，利用唯物主义方法对时空的微妙性加以有效应对。最后，时空面向表达了思想政治教育传播的意义所指。思想政治教育传播具有明确的意义指向，那些被确证了的时空面向都肩负着思想政治教育的使命，都需要尝试建立思想政治教育传播的空间辩证法，包容一切具有时空共在与转换的关系呈现。这是时空面向赋予思想政治教育传播的时代任务，也是思想政治教育传播保持时空融合与连贯的独特形式，是其走向意义世界和建立传播图景的空间延伸。

尽管时空面向的复杂性使思想政治教育传播充满诸多的不确定性，但也不能以此否认作为一种意义生产的思想政治教育传播的可能性存在，更不能否认思想政治教育在网络舆论生态治理中的传播价值。一方面，意义生产源于思想政治教育传播对时空面向的危机应对，是思想政治教育传播保持主导性的应然举措。意义生产虽然无法从根本上清除时空面向的矛盾性，但却可以通过价值排序和转移的方式置换思想政治教育传播的空间面向。具体说来，思想政治教育传播不必对其所处的时空矛盾逐一作出回应，也不必因时空压缩和扩展而重新调整已有的时空关系，它仅需要从时空共在与转换的缝隙中寻找出可供积累或替代的时空资源，通过时空中心与边缘的置换来保持思想政治教育传播时空面向的多样性、流通性、对等性和均衡性。

另一方面，意义生产增加思想政治教育传播的感知维度，体现出时空面向的实践属性和建构能力。"时间和空间的客观概念必定是通过服务于社会生活再生产的物质实践活动与过程而创造出来的。"[①] 既然时空面向贯穿思想政治教育传播过程，那么意义生产也必将同时空面向发生作用，并对时空面向的实践属性作出合理的解释与安排，这主要是因为意义生产兼具对思想政治教育传播目的的回答，客观上仍处于时空面向的关系网络之中。意义生产对思想政治教育

---

① ［美］戴维·哈维. 后现代的状况——对文化变迁之缘起的探究［M］. 阎嘉，译. 北京：商务印书馆，2003：255.

传播的贡献，在很大程度上同时空面向的感知维度相关。时空面向是否能够被多维感知，这基本关系到思想政治教育传播的效度，而意义生产正是根植于客观的物质生产实践活动，将时空面向同思想政治教育传播过程紧密结合起来，在强调时空面向客观性的同时，也以多维感知的方式提升时空面向对思想政治教育传播的建构能力。

三、依靠传播媒介发生作用

思想政治教育传播离不开媒介，只有通过媒介的阐释和作用，思想政治教育传播在网络舆论生态治理中的作用才能发挥到极致。马歇尔·麦克卢汉将媒介理解为人的延伸，人可以借助媒介用来传递和获取信息。媒介的作用远不止于此，对能动的个人而言，媒介不是被动物，它完全可以成为极具个性的塑造物。"每一个人都根据自己的需要、态度、价值观及其理性和情感特征，对媒介抱有倾向性并对媒介内容进行选择。"① 这可以理解为，媒介就像一张包罗万象的网，可将所有与之接触和发生关系的人都容纳进去，而身处其中的每一个人又都可以根据自己的立场进行针对性的选择，以至于同样的媒介对不同个人的影响有着天壤之别。这是媒介自身的特有属性，它构成了媒介对作用对象的解释方法，在所有媒介中展开就构成了思想政治教育在网络舆论生态治理中的传播特点，并对之进行必要的前提说明与合理批判。

传播媒介具有现实化的参照物，它承载着对社会的媒介描述和现实表达的功能。然而，如何看待传播媒介的虚拟性与现实性，如何将虚实共在的传播媒介通过思想政治教育传播渗透到人的思想当中，影响公众的网络舆论参与行为，辐射到网络舆论生态治理的全过程，从而使传播媒介能够遵循思想政治教育本质规定进行自适应调整？这一过程，可以视为对虚实共在的传播媒介进行意识形态形象化的过程，可以称之为"含义的确立、延伸、替换和稳定"② 的过程。过程的每一个方面都涉及虚实共在的传播媒介对思想政治教育传播的解释、说明和描绘，都彰显着思想政治教育的传播特点。

虚实共在的传播媒介需要依靠主体的人对思想政治教育传播发挥作用，而主体的人又可以"正确看待和处理虚拟与现实、网络世界与现实世界的复杂关

---

① ［美］梅尔文·L. 德弗勒，［美］埃弗雷特·E. 丹尼斯. 大众传播通论［M］. 颜建军，王怡红，张跃宏，等译. 北京：华夏出版社，1989：324.

② ［美］梅尔文·L. 德弗勒，［美］埃弗雷特·E. 丹尼斯. 大众传播通论［M］. 颜建军，王怡红，张跃宏，等译. 北京：华夏出版社，1989：378.

系"①。传播媒介的虚拟性与现实性就因人的主体性而具有了对思想政治教育传播的解释功能，可以将人的意识同传播媒介发生作用，甚至可以用复杂的方式改变人的思想状态和行为习惯。这种改变效果对思想政治教育传播的作用是持久的，就像被延伸了的人一样，已经很难通过像"解释世界"之类的术语对之进行集体改造。这样，虚实共在的传播媒介对思想政治教育传播就产生了两个重要的影响因素：导向和消解。导向是从正面意义而言的，特别是虚实共在的传播媒介对主客体关系的影响和改造，并在主客体关系层面引发对思想政治教育传播的思考。消解是从负面作用而论的，这主要是由于虚实共在的传播媒介并不能完全成为有利的思想武器来掌握群众，从而也就逐渐消解了意识形态形象化在虚实共在的传播媒介中的地位和作用。

　　虚实共在的传播媒介的首要前提是"提供一种公共产品，一种高质量、自由的、独立的民主辩论必不可少的新闻信息，而不是利益最大化和股东分红"②。虽然传播媒介的虚拟性是无法控制与左右的，但作为主体的人完全有能力对此加以制约与调整。虚实共在的传播媒介的前提批判必然要超越网络传播世界的虚拟性，以公共性的价值立场统摄市场规律的运转。市场规律是传播媒介满足人们需要的基本遵循，脱离市场规律的传播媒介只能沦为像死水一般的寂静物。但市场规律也不是万能的，它对人的需要的满足并不能完全确保人的延伸与思想政治教育传播是同向同行的。相对于市场规律而言，公共性的价值立场需要将一切狭隘的、自私的、偏执的、激情的、感性的、盲目的牢牢地控制在合理的范围，以理性劝导与公共制约来完成对传播媒介的规训。这可以视为对传播媒介"虚"的"实"化过程，"虚"不仅相对于网络而言，它更多体现出对"实"的不确定性满足，不确定性满足的形成在很大程度上受到传播媒介市场化的影响。这是思想政治教育传播面临的艰巨任务，也是为之展开合理批判的首要前提。对前提批判的分析，几乎涉及一个无法回避的主题，即虚实共在传播媒介意欲何为的问题。

　　身处传播媒介的时代，我们要知道其实传播媒介本身并不重要，哪种传播媒介更能满足我们的需要也不重要，重要的是传播媒介将要对我们作出何种改变。因此，前提批判的关键就是要对传播媒介的功能传统进行合理鉴别与区分，哪些是适用于思想政治教育传播的，哪些又是思想政治教育传播所要摒弃的，

①　张再兴．网络思想政治教育研究［M］．北京：经济科学出版社，2009：126．

②　［法］朱莉娅·卡热．媒体的未来：数字时代的困境与重生［M］．洪晖，申华明，译．北京：中信出版社，2018：76．

这都是我们对其进行前提批判的范畴,是思想政治教育保持其传播特点的基本遵循,也是网络舆论生态治理不得不思考的难题。

四、马克思主义的思维方式

思想政治教育传播的一个十分重要的特点就是坚持以马克思主义的思维方式,来具体研究、探讨网络舆论生态治理。"马克思主义思维方式是马克思主义思考和认识问题的根本方式,是由人本思维、实践思维、批判思维、历史思维、全球思维等一系列相互区别、相互联系的根本思维方法构成的统一整体。"①

马克思主义的思维方式保持了思想政治教育传播解释世界与改变世界的思维效应,进一步引发思想政治教育传播在网络舆论生态治理中对创新思维方式的价值追问。马克思主义的思维方式在坚持思辨的同时,积极展开实证问题的考察,这是思想政治教育传播有别于其他传播实践的重要特征,它有效规避了单一思维方式带来的视野局限问题。除此之外,马克思主义的思维方式在研究过程中强调实践的重要性,使感性得以理性化,使经验得以科学化。思想政治教育传播坚持马克思主义的哲学立场,要求以马克思主义的思维方式具体考察和说明,使马克思主义的思维方式呈现以下特征:

第一,马克思主义的思维方式着力考察思想政治教育传播的存在依据和发展体现。就存在依据而言,马克思主义的思维方式无疑给我们提供了一种更为明晰的理解,在实践基础上深化对网络舆论生态治理的问题认识,以问题的方式将其同思想政治教育传播相关联。就发展体现而言,思想政治教育传播需要一种更为强烈的发展目标,以适应社会变革和传播媒介对思想政治教育传播的现实要求。这意味着思想政治教育传播要以发展的态度参与网络舆论生态治理,在参与过程中不断反观自身存在的问题,在实践中不断优化对问题的求解路径。

第二,马克思主义的思维方式着力分析思想政治教育传播的实现路径。毋庸置疑,马克思主义的思维方式是我们解释世界的常规方法,也是推动思想政治教育传播创新的重要手段。但问题在于如何在解释世界的基础上更好地改变世界,这就涉及思维方式的转换问题。从这一问题出发,我们可以在马克思主义的思维方式之下思考:以经验世界作为思想政治教育传播的研究对象,是否就可以彻底放弃以思辨的思维方式对思想政治教育传播的逻辑建构,是否就可以真正建立以可证实性或可证伪性作为思想政治教育传播的逻辑原则。这就说明,思想政治教育传播需要在马克思主义的思维方式之下进行范式转换,融合

---

① 肖冬松.论马克思主义思维方式[N].光明日报,2016-11-30(13).

多种思维方式，不断创新路径。

第三，马克思主义的思维方式着力研究思想政治教育传播的价值。对思想政治教育传播而言，我们要从具体的、现实的条件出发，尤其是要结合思想政治教育传播在网络舆论生态治理中的发生场域，综合考察马克思主义思维方式的运用问题，具体表现在：考察马克思主义思维方式对思想政治教育传播的指导价值，考察马克思主义思维方式对思想政治教育传播的反馈价值，考察马克思主义思维方式对思想政治教育传播的评估价值。

第三节　思想政治教育传播进入网络舆论生态治理的新场域

网络传播既是思想政治教育理论创新的现实使然，也是思想政治教育参与网络舆论生态治理的客观要求。思想政治教育传播进入网络舆论生态治理的新场域，是将意识形态与人文精神运用到传播的具体研究，使之向着建构化的治理方向发展，从而开辟网络舆论生态治理的多学科维度，无疑是对思想政治教育治理功能的实现提出了新的要求。

一、思想政治教育传播发展阶段拓展网络舆论生态治理视野

思想政治教育传播发展是拓展网络舆论生态治理视野的主要途径。从认识论层面来讲，思想政治教育传播发展除了体现思想政治教育传播的作用之外，还以独特的方式使思想政治教育传播愈加贴近网络舆论生态治理。相应地，这个过程是主体认识逐渐走向理性的过程，也是不断获取思想政治教育传播蕴含必然性认识的过程。从实践层面来讲，思想政治教育传播发展同网络舆论生态治理视野相契合，它们之间并不存在实践错位的问题，主要是因为在发展过程思想政治教育传播获得了反省与思考的能力，具有对网络舆论生态治理视野进行自觉探究的能力。就这个意义上而言，思想政治教育传播发展以自觉的态度对网络舆论生态治理视野发生作用，并作为思想政治教育传播的附在产物创建自己的未来图景。

思想政治教育传播发展大致需要经历三个阶段：

在第一阶段，思想政治教育传播遵循思想政治教育原理与方法，对网络舆论生态治理展开整体评析，其认识方式和实践模式具有马克思主义意识形态的典型特征，这对于确立网络舆论生态治理的方向和标准具有积极的影响。但从

发展进程的作用对象上而言，网络舆论生态治理同思想政治教育传播并未真正建立起具体的联结关系。一方面是因为此时的思想政治教育传播仍处于发展进程的初级阶段，在其真正完全融入网络舆论生态治理之前，需要经历一个不断认识与实践的过程，这就注定了它对网络舆论生态治理的认识是有限的，参与效果也是不明显的。另一方面则源于网络舆论生态问题镜像的负向消解，并引起网络舆论生态要素结构对思想政治教育传播介入的排斥，并没有真正意识到思想政治教育传播的独特优势和功能，片面地认为新鲜事物的介入势必会造成内部结构的紊乱。

在第二阶段，思想政治教育传播处理好参与主体思想与行为的矛盾，在深刻洞悉网络舆论生态治理内部各要素的联结关系和运行机理之后，它从更为具体的角度将思想政治教育传播转换到网络舆论生态治理场域，赋予思想政治教育传播以治理的能力，从而在网络舆论生态治理过程中建立思想政治教育传播需要的视野。这是思想政治教育传播发展的中间阶段，也是它正式参与网络舆论生态治理的关键环节。在这一阶段，思想政治教育传播除了需要借助理论阐释和经验论证的方式来确立网络舆论生态治理视野之外，还需要通过对思想政治教育传播的"习惯性联想"，形成对网络舆论生态治理视野的理性思考。因为只有确实建立思想政治教育传播视野，才能进一步将其纳入网络舆论生态治理所要推进的视野范围。也就是说，思想政治教育传播视野的确立是发展进程步入第二阶段的首要特征。

在第三阶段，虽然思想政治教育传播居于主动、能动、积极的位置，但网络舆论生态治理也不是完全处于被动、受动、消极的一方，两者之间应该是"双主体"的关系。此时的思想政治教育传播已经完全参与到网络舆论生态治理过程中，思想政治教育原理与方法已然对网络舆论生态治理发生作用，问题镜像的观察方式、分析方式、评价方式、处理方式都从思想政治教育传播的角度发出。但由于网络舆论生态有其特定的运行机理，在系统内部完全可以根据实际情况对自身发出针对性的"信号"，这既是对思想政治教育传播的回应，也是网络舆论生态治理反向作用于思想政治教育传播的标志。在这一阶段，发展进程具有双重作用的特征，一面正向作用于网络舆论生态治理，另一面则对思想政治教育传播进行反馈。

思想政治教育传播发展的三个阶段具有不同的网络舆论生态治理视野。第一阶段的视野是由思想政治教育传播的发展程度决定的。当思想政治教育传播贴近网络舆论生态治理时，可以运用思想政治教育的原理与方法分析网络舆论生态问题镜像，视野不能停留在思想政治教育的学科属性之上，要开始反映网络舆论生态治理的多学科维度，尤其是要将马克思主义意识形态作为视野分析的关键。第二阶段的视野是由思想政治教育传播参与网络舆论生态治理的任务决定的。在参与过程将思想政治教育的原理与方法作为分析网络舆论生态失衡的主导性立场，也就是将思想政治教育传播由"工具中心"向"主体中心"转变时，正式提出和确立了思想政治教育传播对网络舆论生态治理的"方法论革命"。这一阶段的视野特征更具互动性、深入性和广泛性，需要将网络舆论生态问题镜像作为统筹考虑的对象，以此完成对思想政治教育传播的"方法转移"。第三阶段的视野是基于网络舆论生态治理实效而言的，它需要将网络舆论生态治理实效作为反观思想政治教育传播的手段，更多的是结合网络舆论生态治理实效，从经验层面具体检验和论证思想政治教育传播的规律适应性问题，提出克服思想政治教育传播困境的思路。这一阶段的视野具有超越性和反馈性，它以思想政治教育传播的理论指向和实践检验为基本目标，其最终目的是在超越局限的发展探索中扩大思想政治教育传播的视野范围，从而更有成效地参与网络舆论生态治理。

二、思想政治教育传播出场目标突破网络舆论生态治理难题

思想政治教育传播具有明确的出场目标。在网络舆论生态治理语境下，它的出场目标主要是指思想政治教育传播要完成对网络舆论生态治理难题的有效评估，并从经验阐释和语言批判的维度突破网络舆论生态治理难题。无论是何种层次的出场目标，思想政治教育传播都需要借助思想政治教育的原理与方法分析网络舆论生态治理难题，并将其作为出场目标的实践证明。

问题镜像是对网络舆论生态治理难题的具体呈现，建构一个合理、有效、平衡的治理框架，要求人们对此进行不同维度的理论探索和实践尝试，这是思想政治教育传播突破网络舆论生态治理难题的基本思路。网络舆论生态治理作为对治理理论的有效补充和生动体现，大有成为显学的趋势，国内学者借鉴不同学科知识对此作了较为深入的研究。但就网络舆论生态治理难题而言，思想政治教育传播亟待出场并全程参与网络舆论生态治理过程，且要发挥独特的作用。

一方面，思想政治教育传播的出场目标拓宽了突破网络舆论生态治理难题的分析理路。就出场目标的有效评估而言，思想政治教育传播首先需要完成对网络舆论生态治理的理论阐释，尤其是需要运用基本原理与方法对网络舆论生态问题镜像作出客观的、理性的、全面的认识，并在评估过程中始终坚持马克思主义意识形态对网络舆论生态治理难题的调试和构建。就经验阐释和语言批

判而言，出场目标与思想政治教育传播的问题意识、历史方位和研究对象密切相关，是对其面临和欲要解决的现实局限的实践超越。经验阐释要以思维融合的方式将思想政治教育传播纳入网络舆论生态治理的综合考量之中，并将思想政治教育传播的出场目标确立为网络舆论生态治理的思维架构。语言批判是语言分析的根本任务，是思想政治教育传播的出场目标有别于其他出场目标的行为标志，语言批判不是传播学的语言，也不是社会学和政治学的语言，而是思想政治教育学的语言。出场目标力图通过语言批判澄清网络舆论生态治理的语言分析误区，在语言批判的基础上为网络舆论生态治理带来一次重大的语言学转向。

另一方面，思想政治教育传播的出场目标增加了突破网络舆论生态治理难题的可靠途径。网络舆论生态治理难题由多方面因素造成，其中不乏有人们在网络舆论参与过程中对认识对象的不同理解的因素。正是基于参与主体和认识对象的不同规定，进而引发了他们在网络舆论参与过程中的认识偏差和实践错位。思想政治教育传播的出场目标就是要坚决摒弃"从理论到理论""就认识谈认识""以经验说经验"的狭隘途径，不仅要从理论到实践，从认识到经验，还要在"理论—认识—经验"的三维结合与互动中提升出场目标的驾驭能力，拓展可靠途径。其一，出场目标承认网络舆论生态治理的规律性问题，以网络舆论生态运行过程作为认识和掌握"治理框架"的能动表现，在理论和认识层面奠定参与主体对认识对象的理解认同度。其二，出场目标提出突破网络舆论生态治理难题的方向指南，注意到网络舆论生态治理其实也是包含思想政治教育传播的运动过程，两者之间具有目标的同一性和建构性。其三，出场目标减缓网络舆论生态治理难题的窘迫性，思想政治教育传播通过出场目标的价值定位，提出网络舆论生态治理难题的价值转向任务，在这种意义上，出场目标具有现实的必然性和普遍性，需要保持价值定位和价值转向之间必要的张力。

从宏观角度而言，思想政治教育传播的出场目标同网络舆论生态治理目标是一致的，都是为了更好地实现网络舆论生态良性运转，以期实现平衡并达到善治的最终目的。但两者又有着区别。首先，出场目标是从思想政治教育传播中发出的，并不干涉其他治理主体的网络舆论生态治理目标，两者唯一的关联之处就在于前者可以在思想与行为层面对后者给予调试和借鉴。其次，出场目标是基于对思想政治教育传播的综合判断，更多体现出对现实问题的价值关怀，而网络舆论生态治理目标则是基于客观的物质实践活动，具有更强的实践操作性。最后，出场目标以思想政治教育传播的价值定位为出发点，保留了思想政治教育传播的合理内容，但网络舆论生态治理目标却是对问题镜像诘难的回应，是对一切不平衡、不稳定因素的直观应变。

由此不难看出，虽然出场目标可以实现对网络舆论生态治理难题的突破，但在具体的理论分析和实践操作过程，仍需要在肯定出场目标作用的同时，客观认识到出场目标作用的有限性和局限性，辩证看待思想政治教育传播在网络舆论生态治理中的作用。

三、思想政治教育传播实践条件匡正网络舆论生态治理框架

实践条件是思想政治教育传播最基本的前提，它是思想政治教育传播参与网络舆论生态治理的基础。实践条件的建立，不是一朝一夕就可以完成的，它必将随着思想政治教育传播的深化而不断向前发展，并趋于成熟和完善。思想政治教育传播的实践条件可以匡正网络舆论生态治理框架，并要求思想政治教育传播根据实践条件的变化调整相应的发展策略，使之符合网络舆论生态治理的客观要求。

实践条件规定思想政治教育传播的运动方式和发展样态，即它可以在哪些方面、围绕哪些问题、进行何种程度的传播。这一方面描述了思想政治教育传播的总体结构，另一方面把网络舆论生态治理作为一条基本线索贯穿到思想政治教育传播之中。实践条件来源于客观的、具体的、现实的思想政治教育传播环境，在形式和功能上存在许多网络舆论生态治理的典型特征，呈现双面价值。其正面价值是促成马克思主义意识形态对网络舆论生态治理的思想引领，以思想政治教育传播的应用规定与理解思路，达成对网络舆论生态治理的谋划。这是实践条件的内在规定，也是思想政治教育传播以运动的方式对实践条件提出的命题。其负面价值则是将网络舆论生态问题镜像引入到思想政治教育传播之中，实践条件的发生方式与活动范围势必会使思想政治教育传播受制于网络舆论生态治理过程，思想政治教育传播的作用深受后者的制约，其独特优势也将会受到一定程度的负面影响，如网络舆论生态问题镜像对思想政治教育传播正向价值彰显的压制。

反思网络舆论生态问题镜像就会发现，实践条件的负面价值主要源于思想政治教育传播在网络舆论生态治理中处于弱场位置，这既有思想政治教育传播深度不够的因素，也有网络舆论生态运行过程本身的原因。实践条件的双面价值在某种程度上提出了新的任务和要求：一方面，实践条件的存在方式与运动方向直接影响思想政治教育传播效果，它必须同网络舆论生态治理达成目标的一致性和基础的共通性。另一方面，虽然我们需要运用哲学的方式理解实践条件，但只有在网络舆论生态治理过程中才能使此种哲学贴近实际，从而产生新

的哲学判断，并纳入思想政治教育传播的理解之中。

正是在这种情况下，我们才可以看出思想政治教育传播的实践条件和网络舆论生态治理之间的内在关联，才能在实践条件的探寻中匡正网络舆论生态治理框架，不仅要揭示治理框架之于网络舆论生态问题镜像有何作用，还要预示治理框架是否能适应、促进网络舆论生态运行过程，并在实践条件的多维分析中提出可能的实现路径。一方面，实践条件影响网络舆论生态的基本特征，而基本特征又是网络舆论生态治理框架的形成参照。另一方面，治理框架要深刻体现网络舆论生态运行过程，以机理分析的方式将治理框架融于其中。

为此，我们有必要结合网络舆论生态的基本特征来讨论治理框架的提出问题。网络舆论生态具有圈层式生存、实利化倾向、共在性转换的特征，这些特征反映了网络舆论生态的实在过程，是可以感知、理解和评价的"外在尺度"，是治理框架得以生发的前提条件。首先，基本特征包含对治理框架问题指向的前提思考，是对治理框架如何入手的综合预示。不论网络舆论生态呈何问题镜像，也不论此种问题镜像的危害影响几何，走向善治的网络舆论生态终究要回归到基本特征昭示的存在样态，势必要借助基本特征阐明治理框架的现实合理性，从而促成参与主体"内在尺度"同基本特征"外在尺度"相统一，共同建构网络舆论生态治理框架。其次，基本特征包含网络舆论生态治理框架的完整体系，是治理框架专门化、层次化、分类化的量化基础。最后，基本特征一般是从网络舆论生态的运行现象入手，而治理框架则是从网络舆论生态的问题镜像入手，两者看似不属于同一范畴，不存在时空发生的关联性，但两者却都是围绕网络舆论生态的客观现象作出的真理性阐释，具有研究视角和分析目标的一致性。因此，思想政治教育传播实践条件匡正网络舆论生态治理框架主要体现在以下三个方面：

生存结构是网络舆论生态治理框架的深层结构，是分析网络舆论生态问题镜像的首要问题。生存结构具有目的性，网络舆论生态治理框架应当围绕生存结构问题展开。对生存结构的关注，很难脱离网络舆论资源、网络舆论主体、网络舆论环境对网络舆论生态治理框架的结构性影响。由于网络舆论生态圈层化生存特征的存在，治理框架的关键点就在于是否承认生存结构的差异性存在，如果只是将生存结构视为统一的结构整体，无视其复杂性，那么治理框架就只能沦为"头痛医头、脚痛医脚"的措施，并不能取得持久的善治效果。思想政治教育传播要立足网络舆论资源、网络舆论主体、网络舆论环境，从中寻找可与实践条件发生作用的关键点，通过思想政治教育传播的价值引导，使生存结构始终围绕思想政治教育传播参与网络舆论生态治理服务。

利益导向是网络舆论生态治理框架的中层结构，是分析网络舆论生态问题镜像的风向标。治理框架不仅要回应网络舆论生态运行过程的棘手问题，还要当之无愧地在利益纷争中彰显自己的生命力和战斗力。这是思想政治教育传播参与网络舆论生态治理的价值优势，是发挥思想引领作用的着力点。利益导向涉及治理框架"如何"的问题，例如治理框架如何化解网络舆论参与主体之间的利益矛盾，如何处理网络舆论生产、消费、传播过程中的利益斗争，如何确立利益导向对网络舆论生态运行的标准定位，如何创设利益导向对网络舆论生态治理的必要基础和引导条件等。不仅如此，利益导向以其强大的现实针对性，立足网络舆论生态问题镜像，提出治理框架的现实可能性，协同推进思想政治教育传播参与网络舆论生态治理，并作为时代性的治理内容融入网络舆论生态走向善治的目标过程。

转换效应是网络舆论生态治理框架的浅层结构，是网络舆论生态治理走向善治的规范性内容。转换效应的发展趋向需要同善治目标保持一致，要结合思想政治教育传播内容作出相应的安排，这是治理框架对网络舆论生态运行机理一体化的反思结果。一体化不是指网络舆论生态机理分析过程的一体化，而是指网络舆论生态运行的发生机理、导向机理、传播机理、评价机理、净化机理等在逻辑结构和结果影响方面的一体化。转换效应增加治理框架的通约渠道，使网络舆论生态运行的机理分析分步骤地同治理框架发生作用关联，以一体化的形式促成治理框架的日渐成熟与稳定，并在通约渠道的增设中使治理框架朝着整体化、集约化、综合化的方向发展。

四、思想政治教育传播多项认知测度网络舆论生态治理过程

思想政治教育传播究竟是如何借助公众网络舆论参与测度网络舆论生态治理过程的，是思想政治教育传播的新课题，是其认知活动经历怎样演进的变化过程，也是其进入网络舆论生态治理新场域的重要参考。

思想政治教育传播的认知活动，总是直接地以参与主体的行为活动为基础而展开。从发生角度来看，认知活动一定是从主体参与网络舆论生态治理的某些思想观念开始的，这是确立认知活动作用范围的内在条件。如果从网络舆论生态运行结构出发，对权力、议题、话语的逻辑认知实际上就构成了参与主体认知活动的发生方式，对划定系统构成要素的认知范围，揭示参与主体认知方式的内隐过程，实现认知活动的测度及其外化方式，无疑有着积极作用。但是，如果仅从发生角度理解思想政治教育传播的认知活动，又不能完全判明认知活动是否具有测度功能，甚至也无法揭示认知活动是如何外化于网络舆论生态治

理的。

这就表明，思想政治教育传播的认知活动不是单项的发生模式，不是纯粹由参与主体受到认知对象的刺激所作出的反应，它"必然是多元的、多样化的，这是从'主体—中介—客体'这种三项式复合结构来考察认知活动、建构理论模型的必然结论"①。由于单项的认知发生模式缺少必要的外化过程，并不足以有效测度网络舆论生态治理过程。一方面，单项认知活动虽然包含对网络舆论生态治理过程的基础性认知，但还不足以形成测度的能力，这主要是因为单项认知活动未能超越主体客观条件的制约，很容易受到来自主体方面的影响，如认知动机、认知水平、认知条件、认知过程等。另一方面，测度网络舆论生态治理过程是一项复杂的工程，仅仅依靠单项认知活动是不够的，尤其是测度需要综合考虑网络舆论生态的运行结构与运行机理，并将其问题镜像开展为必要的认知活动，识别出不同认知对象之间的认知关联，以此建立适应于测度网络舆论生态治理过程的多项认知框架。

测度网络舆论生态治理过程，必定在多项认知活动的前提下进行。所谓多项认知活动，主要是相较于单一主体的单项认知活动而言的，它有以下几个方面的特点：首先，多项认知活动既依赖于参与主体的主观能动性，又超越于主体认知的条件限制，开展为主体认知活动个体化、社会化、功能化的过程。其次，多项认知活动需要思想政治教育传播与网络舆论生态治理过程交互开展，多项认知活动不仅是对思想政治教育传播的关注，也是对网络舆论生态治理的掌握。这期间呈现出的认知模式是双向流动的，是经历网络媒介和一系列中介因素方能达成的。再次，多项认知活动涉及的范围要比单项认知活动宽广得多，前者杜绝了感性的、直观的认知方式带来的狭隘视界，一切理性的、丰富的、流动的认知方式都纳入了多项认知活动的视野。最后，多项认知活动表现出更为强烈的互动性、预见性和综合性，尤其是认知活动本身便是对网络舆论生态治理功能的整体测量，这主要是由多项认知活动在思想政治教育传播中的地位所决定的。

测度网络舆论生态治理过程，需要借助多项认知活动，但对思想政治教育传播而言，需要注意两个方面的问题：其一，多项认知活动在思想政治教育传播参与网络舆论生态治理过程的作用表现，是我们能否测度网络舆论生态治理过程的首要前提，也是多项认知活动内在把握思想政治教育传播的重要途径。不可否认的是，测度需要借助一定的工具和手段，需要将网络舆论生态治理视

---

① 欧阳康. 哲学研究方法论［M］. 武汉：武汉大学出版社，1998：536.

为一项具体研究过程，但问题在于，多项认知活动是否有能力把握这一客观过程的变化及其发展规律，是否可以在思想政治教育传播中作为一项自觉的、能动性活动融于网络舆论生态治理过程中，这都取决于测度的实现及其效果。其二，多项认知活动生发于人们认识活动的主体性，但又要服从思想政治教育传播的主体化过程。从认识论角度而言，主体性存在对测度大有裨益，可以为思想政治教育传播注入认识对象需要的主体性条件和功能属性，甚至能实现通过对认识对象的占有来完成多项认知活动的顺利进行。但这是否就意味着只要存在多项认知活动，思想政治教育传播就具备测度网络舆论生态治理过程的能力呢？本书认为，这一问题仍需要置于思想政治教育传播的具体语境中去考察，尤其是要结合网络舆论生态治理的目标有效性去综合考量，毕竟测度的认识结果要体现多项认知活动的目标取向，只有将多项认知活动嵌入网络舆论生态治理过程的客观描述，才能建构测度的客观环境与认知范围。

五、思想政治教育传播互动效应重塑网络舆论生态治理价值

从互动效应的角度来看，思想政治教育传播与网络舆论生态治理的关系主要包括两个方面：一方面，互动效应着重说明思想政治教育传播对网络舆论生态治理的发展意义，旨在建立重塑网络舆论生态治理价值的规范化路径，这既可以理解为是思想政治教育传播走向社会化的思考，也可以视为是网络舆论生态治理对思想政治教育传播的关系依赖。另一方面，互动效应是网络舆论生态治理走向善治的结果，且在关系结构上呈现为自觉状态，表现出良性循环的发展势头，这主要归功于思想政治教育传播与网络舆论生态治理的关系协同。在这个意义上，互动效应就以充分的关系结果形式展示其重塑能力的价值。应当说，互动效应的实现，需要思想政治教育传播与网络舆论生态治理关系协同的建立。关系协同意味着思想政治教育传播同网络舆论生态治理有着类似或相同的关系结构、关系方式、关系需求，已不再局限于关系发生的同步性，更多强调彼此之间的关系是否顺应了客观对象的发展规律，是否以关系价值的最大化实现作为规约双方关系发生的有效指南，这是关系协同对互动效应提出的基本要求，也是互动效应能否重塑网络舆论生态治理价值的先决条件。

互动效应重塑网络舆论生态治理价值是有条件的。其一，价值的存在得益于思想政治教育传播对网络舆论生态治理产生的作用，这是互动效应重塑价值实现的基本前提，必然提出与之相适应的通约条件。通约条件是思想政治教育传播与网络舆论生态治理的中介桥梁，是流动在两者之间的"游戏规则"。通约条件不仅要客观反映思想政治教育传播的内涵与边界，还要以"游戏规则"划

定网络舆论生态治理的作用范畴，建立符合思想政治教育传播要求的场域。其二，价值重塑是为了更好地促进网络舆论生态治理目标的实现，是围绕善治服务的。根据这一任务目标，互动效应特别要注意思想政治教育传播参与网络舆论生态治理过程的不适反应。事实上，思想政治教育传播有其社会化趋势和倾向化特点，这同网络舆论生态治理有着本质的区别，而互动效应的注意事项恰恰在此需要加以说明，在内容和形式上都要提出可以充分论证价值重塑目的合必然性的交往条件。其三，价值重塑是互动效应的应然追求，但如何确保追求的正当性与必要性，就需要丈量互动效应重塑网络舆论生态治理价值的德性基础，通过设置德性条件促进网络舆论生态治理的德性进步，最终使德性作为衡量互动效应成功与否的意识形态标志。德性条件为互动效应重塑网络舆论生态治理价值确立了基本方向，也为思想政治教育传播如何参与网络舆论生态治理指明了道路。

互动效应以重塑网络舆论生态治理价值为目标指向，它的工具性本质铺垫了重塑网络舆论生态治理价值的纵深维度。工具性本质是对思想政治教育传播互动效应的关系刻画，它的聚焦点在于如何利用思想政治教育传播同网络舆论生态治理的关系问题。我们知道，思想政治教育传播并不能直接重塑网络舆论生态治理价值，它必然需要借助互动效应衍生出一系列关系问题来开启重塑价值的主题。这样一来，互动效应就不能只道出两者之间的关系实质，它必须以寻求互动效应工具价值的最大化实现作为其存在依据。工具价值将互动效应的发展过程看作思想政治教育传播的纵深过程，把互动效应看作重塑网络舆论生态治理价值的动力过程。但这并不意味着"人的问题"已彻底脱离了思想政治教育传播的互动范围。恰恰相反，它反而在工具价值实现过程中进一步反思"人是目的"的生存境遇，通过重塑网络舆论生态治理价值进一步规定"人的问题"，以此重新理解和把握思想政治教育传播及其互动效应。

思想政治教育传播的互动效应，基本围绕关系问题展开求索，本书甚至可以认为关系问题是困扰重塑网络舆论生态治理价值的首要问题。这由两个方面的因素所致：一方面，关系问题是互动效应存在与发展的主线，也是思想政治教育传播参与网络舆论生态治理的中心，它的变化发展直接关系到互动效应的作用效力；另一方面，关系问题是恒常的，不论思想政治教育传播是否参与网络舆论生态治理过程，也不论是否发生互动效应，抑或互动效应几何，关系问题都是重塑网络舆论生态治理价值不得不面对的现实问题。因为关系问题如同物质基础一样，都涉及网络舆论生态运行及其走向的应然分析和价值定位。

第四节　思想政治教育传播参与网络舆论生态治理的功能

　　思想政治教育传播参与网络舆论生态治理的功能，必须在网络舆论生态治理语境中考察。结合思想政治教育传播参与网络舆论生态治理的过程要求，在既有关系的基础上围绕信息交流、传播关系、参与行为、社会控制等四个方面集中展现。从这个意义上讲，功能就是从网络舆论生态治理入手，着重对思想政治教育传播意欲解决、可能解决、能够解决的问题进行合规律性的探讨。

一、推动信息交流

　　信息交流，顾名思义就是在信息的互通有无中从事人类的生产实践活动。"在人的社会交往活动中，信息是必不可少的要素，交往关系无不体现出信息交流关系，或者说人类政治、经济和文化交往中无不贯穿着信息的交流过程。"①思想政治教育传播是一项主体性较强的信息交流活动，它在网络舆论生态治理中的功能首先表现在——推动信息交流，在网络舆论生产、消费、传播过程中生成思想政治教育观念。

　　信息交流在思想政治教育传播参与网络舆论生态治理中具有重要的作用，主要表现在三个方面：首先，信息交流可以影响思想政治教育传播对网络舆论生态治理的作用程度。思想政治教育可以在网络舆论生产、消费、传播过程中中完成对信息的认知、获取、筛选和定位，在对信息的描述中展示网络舆论自身强大的信息能量，并利用自身对网络舆论的主流意识形态引导的能力，影响思想政治教育传播在网络舆论生态治理中的参与进程。其次，利用信息交流可以深入挖掘和研究思想政治教育传播需要的价值观念问题。网络舆论生产、消费、传播过程固然包含信息交流的成分，但何种信息交流有利于思想政治教育传播参与网络舆论生态治理，或者说建立在信息交流基础上的网络舆论生态治理将会呈现何种样态，都需要认真研究。这里面就涉及了"观念生成"的问题，即信息交流如何生成思想政治教育传播需要的价值观念。最后，基于信息交流可以深刻洞察思想政治教育传播参与网络舆论生态治理的方式与方法。信息交流改变了网络舆论生产、消费、传播过程的联结关系，它借助思想政治教育传播概括了信息交流所要遵从的最普遍原则，立足网络舆论生态平衡考察信息交

①　孙伟平.信息时代的社会历史观［M］.南京：江苏人民出版社，2010：79-80.

流的自觉活动规律，为思想政治教育传播参与网络舆论生态治理提供方法指导。

从研究对象上看，信息交流同思想政治教育传播参与网络舆论生态治理近似于如下关系，这种关系也可以进一步理解为思想政治教育传播是如何利用信息交流参与网络舆论生态治理的。其一，信息交流需要遵循技术、网络、价值的逻辑，将网络舆论生产、消费、传播过程同思想政治教育传播参与网络舆论生态治理相整合，并使前者为后者提供必要的信息处理条件。信息交流研究网络舆论生产、消费、传播过程中遇到的观念生成问题，如观念生成是针对单个人的网络舆论生产、消费、传播，还是在"最大公约数"的前提下综合考察观念生成的行为指向。也就是说，不同的行为指向均会产生不同的网络舆论生态，每一种信息交流都以思想政治教育传播为发展取向，信息交流既要追求网络舆论生产、消费、传播过程观念生成的最大化与最优化，还要借助思想政治教育传播处理信息交流本身存在的更为复杂的问题，如信息交流如何摆脱信息的编码控制，信息交流如何支配信息以促进观念的生成。其二，信息交流为思想政治教育传播参与网络舆论生态治理奠定网络基础。从宏观层面来讲，信息交流不仅具有特定的价值动力，而且在严格意义上可以对网络舆论生产、消费、传播过程作出规范化的理解。但问题在于，信息交流将网络舆论生态治理中诸多非理性因素联系起来，公众网络舆论参与不仅需要处理附着在信息交流之上的不相干问题，而且要进一步充实和发展网络舆论生产、消费、传播过程。此时，如何利用信息交流，使其不再直观地再现信息的流动与互换，而是成为对网络舆论生产、消费、传播过程的观念生成，并直接指向网络舆论生态治理必然具有的价值本性，构成对信息交流研究对象的本质把握。

从功能上看，思想政治教育传播参与网络舆论生态治理，必须在网络舆论生产、消费、传播过程中生成符合思想政治教育传播立场的观念，这对于引导公众科学认识网络舆论生态治理具有重要的方法论意义。在网络舆论生产、消费、传播过程中生成思想政治教育观念，其实质就是要把网络舆论场改造成思想政治教育传播的价值场域。信息交流作为一种实践活动，其本身就会遇到各种价值问题。然而，网络舆论场的信息交流，却使这种价值场域变得更加神秘莫测，要么将其设定为超脱于世俗社会的具有乌托邦性质的价值想象，要么将其当作某种自足的独立王国，在其中可以任由公众网络舆论参与。种种此类的信息交流，都不能按照思想政治教育传播的初衷来理解观念生成的问题，都不能用认识源于实践的解释原则来评价观念生成的问题。因此，思想政治教育传播参与网络舆论生态治理，一方面要吸取信息交流的合理因素，沿着思想政治教育传播参与网络舆论生态治理的过程，对其进行必要的哲学研究和价值理解，概括观念生成的历史范畴，并使之得以升华，成为新时代思想政治教育传播学的有益补充。另一方面，要"从价值与评价相互规定相互生成相互作用的角度，从评价活动的结构所规定的主体自我相关效应，来理解评价活动的特殊本质及其具体表现"①。也就是说，我们考察网络舆论生产、消费、传播过程的观念生成，一定要遵从价值论的视野，把信息交流确立为一个价值问题，廓清其与网络舆论生态治理的价值关联，并在观念生成中区别和规定思想政治教育传播涉及的价值观念。

二、建立传播关系

不可否认的是，思想政治教育传播在参与网络舆论生态治理之前，网络舆论生态运行过程中就包含一定的传播关系。本书讲的传播关系，强调的是在公众网络舆论参与和网络舆论生产、消费、传播过程中建立起来的，具有思想政治教育立场、属性、价值的关系。也就是说，这种传播关系是正向促进思想政治教育传播参与网络舆论生态治理的，那么在一定程度上就将负向的，具有消解和阻滞作用的传播关系排除在外，此类传播关系不在本书的讨论范围内。

建立传播关系，完成观念回到实践的思想转化与实现，是多种因素作用的结果。首先，观念在回到实践之前，往往依照公众对网络舆论生态治理的主观理解，尤其是具体的公众网络舆论参与思想和行为，通过不同的实践方式引起网络舆论生态运行的变化，完成一定的诉求和目的。在这里，观念要按照主体的要求发生一定的变化，这种变化构成了观念回到实践，即思想政治教育传播参与网络舆论生态治理的前提基础。其次，观念回到实践需要正视一个问题，即观念如何正确指导实践，这就需要思想政治教育传播作为指导标准来加以衡量。也就是说，要借助思想政治教育传播过滤、筛选、排除掉那些不利于网络舆论生态治理的"杂质""负面""有害"观念，在网络舆论内容方面深入契合主流意识形态和社会主义核心价值观的内在要求，充分发挥和调动参与主体的积极性，以主体的实际参与行为不断彰显和反映观念的逻辑体系、内在本质、运动规律，以促成其在下一步实践中的转化和再现。最后，观念要成为实践着的参与观念，且要适应公众网络舆论参与的实践要求和各项环节，因为"思想本身根本不能实现什么东西。思想要得到实现，就要有使用实践力量的人"②。

---

① 马俊峰. 马克思主义价值理论研究［M］. 北京：北京师范大学出版社，2012：244-245.

② 中共中央马克思恩格斯列宁斯大林著作编译局. 马克思恩格斯文集：第1卷［M］. 北京：人民出版社，2009：320.

传播关系离不开实践活动的发展，需要在观念回到实践的过程中去把握。当我们仅从抽象意义上考察传播关系时，思想政治教育传播参与网络舆论生态治理就经历了从微观世界向宏观世界的转变。一方面，微观世界的传播关系，是以现实个人的网络舆论参与为中心。当个体微观世界进入传播关系视野的时候，思想政治教育传播参与网络舆论生态治理就开始以个体的实际参与现状为中心。传播关系本身具有的特点不仅为成就个体微观世界的意义建构提供了便利，而且为"思想武器"与"日常观念"的碰撞与融合创造了条件。实际上，传播关系对微观世界的关注，代表着立足公众网络舆论参与的思想政治教育传播的生成与发展，这对网络舆论生态治理具有说明其自觉程度的作用。另一方面，宏观世界的传播关系，以网络舆论生态平衡为大前提。从这一点出发，任何传播关系的建立都必须从结构失衡、控制失衡、表达失衡的窠臼中解放出来，以积极的心态看待网络舆论生态问题镜像，以及思想政治教育传播参与网络舆论生态治理过程的一系列问题。传播关系在宏观世界的形成，必须通过思想政治教育传播的介入才能发挥作用，它同思想政治教育传播参与网络舆论生态治理程度成正比例关系。意思是说，思想政治教育传播参与网络舆论生态治理程度越高，传播关系对宏观世界的把握就越成熟，一个充满客观、理性、自觉、平衡的传播关系就越容易建立。同时，在此基础上，传播关系根据宏观世界的发展要求，对其自身观念进行必要的创造和转化，建构更加合理的传播场域，使之更加贴近网络舆论生态治理的价值诉求，更为公众网络舆论参与所接受、认同和践行。

从观念回到实践的思想转化过程来看，微观世界的传播关系大多源于个体感性体验的触发，公众对传播关系的理解和建构，基本源于自身在各式各样的网络舆论生产、消费、传播过程中的实践活动，以使其对网络舆论的诉求同传播关系发生实际关联，从而有意识地建构传播关系。在这里，观念的认识过程是一个感性体验不断深化的过程，公众通过大脑将其对网络舆论生产、消费、传播过程中各种各样的观念加以组合并转化成自己对网络舆论生态治理的认识与理解，同时作为直观感受作用于网络舆论生态治理过程，"这一阶段人们认识的特点是感性直观和生动具体"①。通过这一阶段的认识，观念借助公众的表象体验反映思想政治教育传播现象，但它并没有同网络舆论生态治理发生具体的实践关联，并不说明它是一种理性具体的观念，也不代表公众完全可以利用此类观念正确作用于网络舆论生态治理。观念回到实践的思想转化，更多的是感

---

① 欧阳康．马克思主义认识论研究［M］．北京：北京师范大学出版社，2012：178．

性、直观的体验在网络舆论生态治理中的实践升华，同理性、具体的观念仍有一定的距离。从观念回到实践的思想再现结果来看，观念开始在思想政治教育传播的作用下发生实质性的变化，它从对个体微观世界的关注开始转向网络舆论生态治理宏观世界的表达，开始具有思想政治教育传播的观念蕴含。再现结果层面的观念，必定是经历了实践的检验，取决于公众网络舆论参与的成效，取决于网络舆论生产、消费、传播过程的考验，取决于思想政治教育传播参与网络舆论生态治理的程度，这些都在实践层面加深了观念能否回到实践，以及可否反映实践的本质与规律的问题求解。如果观念回到实践，却不能有效解释、回答、解决网络舆论生态治理过程中的现实难题，那么建立在此种观念基础上的传播关系就不能对宏观世界发挥作用，也不能全面系统地反映思想政治教育传播参与网络舆论生态治理的真正价值。

思想政治教育传播参与网络舆论生态治理，一定要以实践的方式掌握观念的认识、反映、转化和再现过程。只有以理性、自觉的态度研究和探索网络舆论生态治理的问题，观念才能在公众网络舆论参与过程成为思想政治教育传播的有力抓手，观念才能在对问题的实践求索中不断把握宏观世界与微观世界，才能不断丰富和深化自身，思想政治教育传播才能在网络舆论生态治理过程中彰显其独特功能，一个理想且有利于网络舆论生态治理的传播关系方能成为现实。

三、引导参与行为

引导参与行为的对象主要是指能够参与网络舆论生产、消费、传播过程的普通公众。如果网络舆论生态治理是一个价值完成的过程，那么公众在网络舆论生产、消费、传播过程中的参与行为，就成为价值完成的表现对象。思想政治教育传播参与网络舆论生态治理，就是对这一表现对象的对照、检查和评价，其目的是要客观、理性、全面地把握价值完成过程，引导公众参与行为。

从价值完成层面反观公众网络舆论参与行为，不仅需要注意到参与行为是实践的一种表现方式，而且要研究它对网络舆论生产、消费、传播过程的多方面影响，从网络舆论生态治理的高度充分利用它们。实践能力有大小，实践方式有很多，公众究竟采用何种实践方式进行网络舆论参与，都离不开他们对网络舆论生产、消费、传播过程的理解与判定。也就是说，实践对网络舆论生态治理的价值完成，其根本任务就是要使实践成为激发公众参与行为的价值动力，"激发和提升人的价值追求，意味着强化人的价值意识，激发人的价值需求，调控人的价值取向，完善人的价值观念，开发人的创价潜能，制导人的创价活动，促进人的全面发展"①。一方面，实践只有成为创造价值的实践，公众参与行为才能按照思想政治教育传播的发展逻辑，以一定的方式展开网络舆论生态治理过程，直接或间接地促成公众参与行为的改变，并推动网络舆论生态治理的价值完成。另一方面，实践必须考虑到公众主体参与的价值需求，和网络舆论作为客体的属性表现与关系形式，实践不能单方面考虑一方，必须在网络舆论生态治理过程中秉持融合性原则，以一定的方式将两者统一在思想政治教育传播的价值范畴，既满足实践的发展需要，也反映网络舆论自身的价值欲求。正是在这个意义上，实践对网络舆论生态治理的完成才是均衡的、多样的、统一的，思想政治教育传播参与网络舆论生态治理才是可能和可行的。

从参与行为的实践方式和程度来把握网络舆论生态治理的价值完成，有两个基本方面：

第一，在实践方式上，公众参与行为以理性方式向网络舆论生态治理提供价值视野。价值视野基于思想政治教育传播的实践本性和崇高追求，它肯定公众参与行为在网络舆论生产、消费、传播过程中的正向作用，为网络舆论生态治理提供现实依据，而且越来越以理性的方式不断改善和优化公众网络舆论参与行为。作为实践方式，理性既回应网络舆论生态问题镜像的挑战，也试图以其自身的力量不断规制公众参与行为。如果借用丹尼尔·贝尔"文化断裂"的形容，那么此处就可以视为"理性回归"对网络舆论生态治理的价值完成。"理性回归"总结了公众参与行为的不足之处，看到了网络舆论生态问题镜像的风险威胁，使公众更加清醒地认识到思想政治教育传播参与网络舆论生态治理的重要性和紧迫性，强调重新审视作为实践方式的参与行为应当如何回应网络舆论生态治理的价值诉求。

第二，在实践程度上，公众参与行为要在哲学层面形成对网络舆论生产、消费、传播过程的批判性反思，深入到网络舆论生态问题镜像，反省包括网络舆论抵触（消解）思想政治教育传播在内的一切价值冲突活动，摆脱公众参与行为对集体无意识和群体极化的依赖，建立以实践理性为基础的行为转向。归根到底，参与行为对网络舆论生态治理的价值完成，在一定程度上就是公众作为主体的"实践革命"，它划分为两种层级：一种是以网络舆论生态平衡为实践关切，另一种是以网络舆论生态治理为价值关切。前者更多的是从网络舆论生产、消费、传播层面观照"实践革命"的整体性影响，并无过多涉及主流意识形态和社会主义核心价值观的作用表现。后者则在前者的基础上，深化思想政

---

① 欧阳康. 哲学研究方法论 [M]. 武汉：武汉大学出版社，1998：585.

治教育传播，将思想政治教育传播同网络舆论生态治理相结合，以深层次的思想政治教育价值来规范网络舆论生态治理过程，引导公众参与行为，促使公众参与行为变成对"实践革命"的价值承诺。正因如此，以价值承诺推动"实践革命"，公众参与行为完成对网络舆论生态治理的深层价值践履，并在"实践革命"中揭示公众参与行为同网络舆论生态治理的价值关系，在网络舆论生产、消费、传播过程中揭示思想政治教育传播的价值规律。

实践对网络舆论生态治理的价值完成，深刻体现实践作为公众参与行为及其蕴含的关系。实践作为公众参与行为的表现，它需要依靠作为主体的公众来把握网络舆论生态治理，需要从思想政治教育传播的价值出发，统筹考虑网络舆论生产、消费、传播过程，这一过程清楚地告诉我们，参与行为并不是沉溺于网络舆论生态治理过程的抽象存在，也不是停留在理论研究显现的文字上，而是构成网络舆论生态治理价值关系的基础。值得深入思考的是，只有揭示公众参与行为背后的价值链条以及相应的价值关系，才能深刻说明思想政治教育传播参与网络舆论生态治理的功能所在。

四、改善舆论结构

当前的网络舆论危机正在打造一种信息崇拜的网络奇观。"信息娱乐社会和技术资本主义"① 无疑加剧了网络舆论危机，信息与技术的结合正在日益改变公众网络舆论参与的态度和行为，消费的、娱乐的、解构的、去中心化的网络舆论生产方式逐渐使网络舆论生态置于失衡困境。在失去控制的网络舆论面前，公众不再是理性的个人，网络舆论因信息崇拜加速完成其商品化过程，迫切需要思想政治教育传播改善舆论结构，重塑网络舆论的"流结构""场结构""情结构"。

第一，思想政治教育传播增设网络舆论的"流结构"。"流"是对信息传播的本质揭示，是网络舆论作为信息方式的流动性呈现。"流"的深远意义在于它实现了公众在网络舆论生产、消费、传播过程中的场景切换，以及对信息传播过程的任意编码，"它们会在各种渠道不断流动，最终按照某种逻辑结构在一些平台上汇聚、结合"②。如果把"流"看作网络舆论"信息数据处理"的话，那么"流"的大小、数量、结构就势必会同公众网络舆论参与发生作用，并强化

---

① ［美］道格拉斯·凯尔纳. 媒体奇观——当代美国社会文化透视［M］. 史安斌，译. 北京：清华大学出版社，2003：14-19.
② 彭兰. 场景：移动时代媒体的新要素［J］. 新闻记者，2015（3）：26.

公众对"流"的信息解读。此时，"流"就以信息的方式占据网络舆论生产、消费、传播的全过程，并且使公众具备根据"流"来分析、判断、定位网络舆论的能力。"流"是单向存在的，并不适应网络舆论生态良性运转的结构性存在，它虽然能够为公众提供一个迅捷、快速、多样的传播渠道，但也会使公众因"流"的无差别存在而走向信息崇拜。

作为对网络舆论信息崇拜的"截流"，思想政治教育传播实现了"流"的存在样式转向，在信息传播始端建立适应网络舆论生态良性运转的"流结构"。"流结构"是一种基础性角色，其本质是对网络舆论信息传播的整体呈现和结构观察。信息崇拜的发生有其存在的社会诱因，但从根本上来说，网络舆论缺少对其作为信息传播的角色定位，使它无法摆脱自在发生的主要动力。思想政治教育传播就是要在源头上触及网络舆论信息传播的深处，对网络舆论信息传播的"流结构"作整体性观察，将"流结构"定位和服务于网络舆论生产、消费、传播过程。同时，思想政治教育传播加大对信息传播的"入口"审查和"出口"检验，使"流结构"的作用目标更具系统性，尽可能地扩大网络舆论作为信息共享方式的资源存在，将信息依赖排除在信息崇拜之外，实现公众对传播关系的理性利用和占有。

第二，思想政治教育传播重置网络舆论的"场结构"。"场"以全面、多维、立体的方式展现网络舆论作为信息传播的存在样态。"场"的重组与融合，使网络舆论信息传播得以纵深发展，并重新构造网络舆论的定义域。"场"的核心在于实现网络舆论信息传播的多态融合，全力打造与网络舆论生产、消费、传播过程相适应的"场结构"，即传播场景、应用场景和价值场景。

在网络舆论生态问题镜像的背景下，"场结构"无疑背离了网络舆论信息传播的价值场景，弱化了公众网络舆论参与的社会性建构，亟须思想政治教育传播的介入来谋求"场结构"的重置。一方面，重新界定网络舆论"场结构"的价值立场。价值立场是网络舆论信息传播的首要前提，它关系到网络舆论生态良性运转的实现，影响公众网络舆论参与态度和行为的变化。从"场结构"来看，"场景是价值交换方式和新生活方式的表现形态"①，它对网络舆论的价值构造是全面且丰富的。当前面临的问题就是如何通过思想政治教育传播的有效介入，来实现"场结构"的价值理解与增值。价值理解是对既有的价值场景偏离的批判性认识，是基于网络舆论生态良性运转的价值期待。价值增值强调在治理的干预下，重新塑造"场结构"的价值形态，以鲜明的价值立场完成对网

---

① 吴声. 场景革命：重构人与商业的连接［M］. 北京：机械工业出版社，2015：29.

络舆论的信息批判。另一方面，重新规划网络舆论"场结构"的发生方式。"场结构"以何种方式发生，既关系到权力、议题、话语对网络舆论信息传播的作用关联，同时也可以给公众带来一种接近"场结构"的代入感。这种代入感可以不按照"场结构"的发生方式产生，它在本质上是一种强烈的感情投射，以宣泄、快感、认同的情感体验达成对网络舆论信息传播的满足，"公众也可以通过构建颠覆性的意义而获得快感"①。显然，"场结构"迫切需要思想政治教育传播的介入来完成其发生方式的转变。

第三，思想政治教育传播改变网络舆论的"情结构"。情感是能够通达并软化人们内心深处的灵动之物。如果网络舆论不是僵死的教条，也不是自我个性极力彰显的表达，而是把情感（尤其是道德情感）作为认识、解释、建构网络舆论的伦常观念，那么网络舆论就会保留情感温度的特色和自觉。同信息传播相比，情感并不能赋予网络舆论以信息建构和社会控制能力，但情感本身却可以体现公众网络舆论参与的行为指向，任何对网络舆论情感的无视，都可能会引起公众在网络舆论生产、消费、传播过程中的行为失控。

2018 年 5 月引爆网络舆论的"王凤雅事件"就是最好的例证。2018 年 3 月，有自媒体爆料王凤雅父母用募捐来的 15 万元善款为儿子治病，却任由女儿视网膜母细胞瘤恶化。随后引发诸多媒体记者、网络大 V 和网友的讨伐，其中不乏含有"重男轻女""王凤雅疑似被亲生父母虐待致死"等恶意言论。后经相关政府部门和媒体证实，以上言论均为谣言，且善款仅有 38638 元。当网络舆论平息之后，王凤雅家人却依然笼罩在被谣言中伤和失去爱女的悲痛之中，而那些假借网络舆论之名对王凤雅父母进行讨伐的各路网友却迟迟不肯道歉。这就说明，在网络舆论生态运行过程中，网络舆论在情感的刺激之下很可能会走向极端，偏离正常的轨道，亟须思想政治教育的介入，给予纠偏和引导。

思想政治教育传播是对网络舆论中非理性情感的道德嵌入，也是对网络舆论"情结构"的流程再造。"情结构"把理性情感与伦常观念同时植入网络舆论生产、消费、传播过程中，为网络舆论提供保持其情感温度、人文精神、价值力量的生命活力。理性情感赋予公众网络舆论参与情感表达的内容和方向，伦常观念将道德力量参与网络舆论生产、消费、传播过程之中，最大化地减少道德绑架、道德冷漠、道德暴力对网络舆论的情感操纵。"如果道德的自身情感没有不惜一切代价地努力声张自己，如果羞耻与骄傲没有面红耳赤地在贿赂与

---

① ［英］格雷姆·伯顿. 媒体与社会：批判的视角［M］. 史安斌，译. 北京：清华大学出版社，2007：293.

通奸面前昂首挺身，那么冰冷的理性义务诫令很可能在两个情况中都远远不够用。"① 这也就是说，思想政治教育传播在普遍意义上可以为"情结构"建立可供实践的运行框架，而不是停留在道德律令的假设与推演之中，局限于对网络舆论非理性情感的道德批判。

思想政治教育传播改变网络舆论"情结构"的生产方式。"情结构"坚持以道德情感作为催生动力，强调在道德原则的基础上对网络舆论进行情感辨识，以祛除无理非法因素对公众网络舆论参与的情感驱动和占有。"情结构"的生产方式注重对网络舆论的情感塑造，除了极尽彰显网络舆论的情感力量之外，它更加侧重用道德情感来感染公众，倡导理性的网络舆论参与行为，从公众不曾意识到的微小细节入手，使网络舆论在道德情感的感染下变得亲近、友爱、和善，从而实现思想政治教育传播对网络舆论自身情感的道德彰显。

---

① ［德］爱德华·封·哈特曼. 道德意识现象学——情感道德篇［M］. 倪梁康，译. 北京：商务印书馆，2012：30.

第四章

网络舆论生态治理中思想政治教育传播的
现状分析

现状是我们了解和把握思想政治教育传播在网络舆论生态治理中的起点，是确定其如何作为一项治理手段参与网络舆论生态治理的重要论域。就当前的网络舆论生态治理而言，思想政治教育传播处于弱场状态，并未很好地参与网络舆论生态治理。因此，在网络舆论生态治理语境下，思想政治教育传播存在何种问题，以及此类问题是否存在风险，都值得我们关注和研究。

第一节　思想政治教育传播在网络舆论生态
治理中处于弱场状态

网络舆论生态治理要求思想政治教育传播发挥作用，但思想政治教育传播的理念、内容、方法却没有很好地融入网络舆论生态治理过程，思想政治教育传播的作用还有待进一步发挥，地位还有待进一步提升，价值还有待进一步彰显。

一、思想政治教育传播缺少对公众网络舆论参与的教育引导

公众网络舆论参与需要思想政治教育传播的教育引导，但在实际的治理过程中，思想政治教育传播并没有很好地发挥作用，存在参与不足，缺少直接推动公众网络舆论参与的情况。

思想政治教育传播弱场主要基于两个方面的考虑。从理论层面来讲，公众网络舆论参与缺少思想政治教育传播的理论指引。结合现有的理论研究，人们对公众网络舆论参与的理解，大多倾向于从传播学、舆论学、管理学、社会学的角度进行，这是一种"实用性"的视角，似乎比"说教式"的思想政治教育更易于发现问题和解决问题，更容易得到人们的认可，且能够在中西理论资源

那里获得有力支撑。从实践层面来讲，公众网络舆论参与缺少思想政治教育传播的实践土壤。思想政治教育传播在网络舆论生态治理面前是屡弱的，治理强调的是技术化手段对网络舆论生态失衡的有效渗透和解决，是技术属性在网络舆论空间的彻底彰显，无不全面而深刻地反映治理的工具性价值，快速且有效，尽管其中包含一定的社会属性，但思想政治教育传播的意识形态属性和育人价值却没有得到实践证明的机会，网络舆论生态治理依然停留在对网络舆论的理解上，忽视对作为主体的、参与其中的现实个人的关注。基于以上考虑，本书认为思想政治教育传播缺少对公众网络舆论参与的教育引导，主要表现在以下两个方面：

第一，公众网络舆论参与未能充分立足思想政治教育传播的教育引导。通常情况下，网络舆论生态治理较为关注直观的问题，尤其是能够形象呈现公众网络舆论参与现状的问题，而隐含在公众网络舆论参与背后的思想动态、价值立场、行为动机等问题却得不到足够的重视，直接导致技术治理手段无法彻底解决人们的"思想问题"。这意味着，思想政治教育传播并没有直接作用于公众网络舆论参与，网络舆论生态治理过程缺少可以直接被思想政治教育传播作用的对象，公众只能遵循技术治理的逻辑主线，同时很难看到公众对网络舆论背后热点事件的理性分析。例如，一个深陷网络舆论风暴的问题，很容易引起社会的关注，对公众网络舆论参与而言，降低网络舆论的负面影响，通过技术手段采取补救措施，或许是最快的解决办法。但是，要想从根本上清除网络舆论风暴的负面影响，就必须充分发挥思想政治教育传播的积极作用，关注个体行为与网络舆论的因果关系，探索与网络舆论相关的思想动态，教育公众进行理性的网络舆论参与，引导公众走出网络舆论的认识误区。

第二，思想政治教育传播的精神气质未能很好地渗透公众网络舆论参与过程。思想政治教育传播的精神气质，主要强调其蕴含着强大的正能量，它可以有效规范和形塑公众网络舆论参与，将公众带入一个积极、健康、理性、和谐、规范的互动空间。思想政治教育传播精神气质使公众网络舆论参与"立足于直接的现实性而发生，又超越于直接的现实性而驰骋"①。在其他治理手段的作用下，公众网络舆论参与依然可以取得很好的效果，但如果缺少思想政治教育传播的精神气质，社会正能量就不能完美地同公众网络舆论参与结合起来，网络舆论生态运行过程空留冰冷的技术治理，一个美好的未来图景就会因思想政治教育传播精神气质的阙如而大打折扣。造成这一局面的原因，主要是因为缺少

---

① 欧阳康. 哲学研究方法论［M］. 武汉：武汉大学出版社，1998：30.

一个"'无所不在、无时不在、且不可见'的传播需求和效果"①，即思想政治教育传播处于被动参与的局面，没有主动对公众网络舆论参与展开全方位追踪，导致在虚拟与现实的无缝对接中未能充分营造教育氛围，影响公众对思想政治教育传播的精神体验，最终不能更好地满足公众网络舆论参与的精神需求。

二、思想政治教育传播在网络舆论生产、消费、传播过程中参与不够

网络舆论在生产、消费、传播阶段均有不同的区别，这就决定了思想政治教育传播要在不同阶段采取不同的措施，在具体问题具体分析的基础上全面参与网络舆论生产、消费、传播过程。参与不够，主要是指思想政治教育传播的立场、理念、方法没有很好地贯穿网络舆论生产、消费、传播过程，没有取得最佳效果。

在网络舆论生产阶段，思想政治教育传播尚未真正介入，只是初步具有参与网络舆论生态治理的意向。如果这种意向不能转化为坚定的行动，网络舆论生产就会成为技术媒介的附庸，失去对信息过滤的机会与能力，无法满足主流意识形态和社会主义核心价值观在网络空间的传播要求。这种状况决定了思想政治教育传播只能作为一种"域外"理论对此加以观照，而且只能作出笼统的理解。

在此阶段，思想政治教育传播参与不够主要表现在：第一，没有抓住网络舆论生态治理的"本源"，未能对网络舆论生态失衡镜像进行原因分析，暴露出思想政治教育传播介入网络舆论生产阶段的无力和乏力；第二，思想政治教育传播未能反思网络舆论"生产什么"的问题，"生产什么"不仅关系着网络舆论的内容，而且在一定程度上影响思想政治教育传播参与治理网络舆论的成本，在源头上关注"生产什么"，在初始阶段使网络舆论生产无限接近思想政治教育传播立场，可以有效降低思想政治教育传播的参与成本。

在网络舆论消费阶段，网络舆论的一个重要评判标准就是它在何种层面才能作为公众的消费对象，并在公众网络舆论参与中得到发展。从根本上说，消费关系到网络舆论被公众接受的整体水平。网络舆论被消费，既是公众对网络舆论认识的全面提高，也是网络舆论以对象性关系作用于公众的体现。在这个过程中，思想政治教育传播需要理性引导公众，克服网络舆论消费的自发性、盲目性和冲动性，同时需要在网络舆论消费过程中注入人的能动性成分，使人

---

① 李沁. 媒介化生存：沉浸传播的理论与实践［M］. 北京：中国人民大学出版社，2019：24.

的需要、理念、情感、利益充分融入网络舆论消费过程，体现思想政治教育传播对网络舆论消费的参与作用。

在此阶段，思想政治教育传播参与不够主要表现在：它没有很好地回答公众应该消费哪些网络舆论的问题，即网络舆论消费的取舍标准是什么。通常情况下，出现什么样的网络舆论，公众就会消费什么样的网络舆论，几乎不考虑是否需要建立网络舆论的消费标准，这是导致非理性网络舆论消费的主要诱因，如公众过分关注明星娱乐新闻，热衷追求网络舆论消费的流量效应。公众如何进行网络舆论消费，直接关系到公众以何种态度参与网络舆论治理，没有思想与行为的内在契合，没有正向价值的积极引领，就无法达成思想政治教育传播对网络舆论消费的全面参与。

在网络舆论传播阶段，传播凭借对网络舆论的事实判断和价值推导，在公众网络舆论参与之间建立了交流桥梁，公众面对的不再是纯粹的网络舆论，而是由网络舆论演化出来的符号和价值。对网络舆论而言，传播是使其得以现实化的重要手段，包含公众对网络舆论的认同，不论是同质性还是异质性的网络舆论，只要能在公众之间得以广泛传播，我们便认为它获得了公众的认可。但这种认可并不能彻底消除网络舆论传播的内部差异与结构矛盾，这是导致网络舆论走向异化的直接推手。

在此阶段，思想政治教育传播参与不够主要表现在：没有结合网络舆论传播规律对公众参与需求进行个性化满足。网络舆论要想在大范围得以广泛传播，就必须牢牢抓住受众心理，必须对不同受众进行个性化定制。然而，思想政治教育传播并没有在海量信息中充分掌握受众的个性化需求，它所呈现的是宏大叙事的理论框架，缺少对微观世界的情境感知，没有主动对不同公众的网络舆论消费需求进行分类、精准、智能的推送与反馈。因为"思想政治教育要增强针对性与有效性，必须根据不同对象的特点选择分众化的载体，进行分众化的教育"①。

三、思想政治教育传播尚未对网络舆论生态治理作目标追问

网络舆论生态治理具有明确的目标，这个目标就是尽可能地走向善治，使网络舆论生态运行始终处于平衡状态。目标追问，意味着思想政治教育传播要深入思考它在参与网络舆论生态治理过程中，究竟要扮演什么角色，究竟要达

---

① 孙梦婵，杨威．论新时代思想政治教育载体的新发展［J］．思想政治教育研究，2018（6）：64．

到什么目的。目标追问至少包括两种提问方式：第一，网络舆论生态发生了什么？第二，网络舆论生态平衡是怎样发生的？

就第一种提问方式而言，思想政治教育传播只有在网络舆论生态出现失衡问题的时候，才能在运动状态的基础上采取相应的措施。如结合具体的网络舆论生态失衡问题，进行针对性的议题设置，凸显思想政治教育传播的精神引领、教育引导、价值塑造作用。也就是说，在正常情况下，由于网络舆论生态运行过程涉及诸多关系，思想政治教育传播并不完全具备预判网络舆论生态将会发生什么问题的能力，也无法针对可能发生的结果提前做出相应的预判和安排，只能最大程度参与网络舆论生态治理，使思想政治教育传播立场更加明确，使思想政治教育传播理念更加先进，使思想政治教育传播方法更加科学。事实上，思想政治教育传播也很难具备预判能力，这就在一定程度上制约了思想政治教育传播参与作用的发挥，直接影响对网络舆论生态治理的目标追问效果。

就第二种提问方式而言，网络舆论生态平衡的发生源于对自身运动过程的全面了解。平衡，既是一种运动过程，也是一种运动结果。就运动过程而言，它意味着网络舆论生态平衡大致经历了系统内部的冲突与融合，是各方要素相互作用的过程表现。就运动结果而言，它意味着网络舆论生态平衡是对理性、健康、和谐的目标追求。但是，平衡并不代表网络舆论生态可以停止运动，也不说明网络舆论生态运行过程不存在问题，只不过在平衡状态下，正向的、健康的、理性的因素暂时压制住了负向的、不健康的、非理性的因素。不论平衡状态持续多久，思想政治教育传播都不能停止对网络舆论生态治理的目标追问。然而，思想政治教育传播对网络舆论生态平衡的判断，主要基于网络舆论生态运行过程的矛盾呈现。也就是说，平衡状态很容易使思想政治教育传播丧失对"看不到"和"感觉不到"问题的感知能力，仿佛只要进入平衡状态，问题就会自然消失一样，思想政治教育传播也就不需要发挥作用。在这种情况下，思想政治教育传播就不再深入网络舆论生态治理过程，不再主动探索和发现网络舆论生态运行过程中可能存在的问题，从而直接影响思想政治教育传播的参与深度和参与效果。

依据这些内容，本书认为思想政治教育传播尚未对网络舆论生态治理作目标追问，蕴含两方面内容：其一，在价值追问层面，思想政治教育传播同网络舆论生态平衡尚未达成内在的契合，还需要全方位参与网络舆论生态治理过程，使思想政治教育传播立场、理念、方法如同生命般葳蕤生长，努力实现对网络舆论生态治理的动态理解与把握。其二，在形态达成方面，思想政治教育传播参与网络舆论生态治理还需要经历一个由自发到自觉的过程，需要着力建构理想的运动关系，创造一个适应于思想政治教育传播的活动空间，坚持对网络舆论生态平衡影响关系的考察，以此建构思想政治教育传播的理想目标。

第二节　思想政治教育传播弱场的风险透视

思想政治教育传播弱场的风险是全面且深远的。乌尔里希·贝克将风险定义为"以系统的方式应对由现代化自身引发的危险和不安。风险有别于传统的危险，它是现代化的威胁力量和令人怀疑的全球化所引发的后果"①。毋庸置疑，风险具有系统性和全局性，但对网络舆论生态治理而言，思想政治教育传播弱场的风险，有其特定的发生语境与意义所指，它有别于乌尔里希·贝克对风险的定义，并非像其认为的那样，是"系统性的，通常不可逆转，大多也不可见"②的，而是可以预见、调控和治理的。但是，思想政治教育传播必须反思在参与网络舆论生态治理的弱场状态可能存在哪些问题。

一、公众网络交往理性培育不足

网络交往是一种流动性的交往，从其诞生之日起就开始与传统社会交往有着不同的属性和功能。网络交往是对传统社会交往的虚拟延伸，旨在最大限度实现交往价值，而不管其是否真正符合网络交往的价值理性追求，网络空间"爽一把就跑"就是最真实的写照。

网络交往理性包括公共关系、交往秩序和互动空间的理性建构。网络交往理性是对那些不能归属于价值理性的网络交往进行合目的性与合规律性的统一，在网络交往工具理性和目的理性之间架起通往价值世界（价值理性）的桥梁。对网络舆论生态治理而言，网络交往理性被公众网络舆论参与的非理性态度和行为所取代，权力、议题、话语在非理性网络交往中逐渐异化为对立的破坏性力量，失去对网络舆论生态运行的规范形塑与理想建构的能力。思想政治教育传播弱场导致公众网络交往理性培育不足，主要体现在以下三个方面：

第一，公共关系理性化规制不够。公共关系从权力、议题、话语三个方面为公众网络舆论参与提供较为稳定的合作框架，为网络舆论生态良性运转建立

---

① ［德］乌尔里希·贝克. 风险社会：新的现代性之路 ［M］. 张文杰，何博闻，译. 南京：译林出版社，2018：7.

② ［德］乌尔里希·贝克. 风险社会：新的现代性之路 ［M］. 张文杰，何博闻，译. 南京：译林出版社，2018：8.

理想化的关系网络。公共关系能够扩大或者缩小公众网络舆论参与的辐射范围，如果不对公共关系进行理性化规制，一旦使其服务目标固定在特定群体的特殊利益之上，公共关系就会失去固有的基本理念和价值理想，因为"公共关系不单单是为金钱服务的，它同时也是为公众利益服务的"①。公共关系一旦摆脱理性化规制，就意味着由网络舆论生态建立起来的关系网络缺少对公众利益追求的基本遵循，公众网络交往也因权力、议题、话语的负向作用而偏离网络舆论生态治理的基本要求。

第二，交往秩序趋于紊乱。有序的网络交往离不开公众网络舆论参与的理性表达，它关系到网络舆论生态运行的平衡与否。权力异化、议题偏差、话语冲突为交往秩序埋设了界限和障碍，在公众网络舆论参与过程中形成一种不稳定的组织张力，这对公众网络交往理性是一种极具破坏性的威胁，容易导致交往秩序的紊乱。组织张力的界定，总是同时存在两个方面的不确定性：一是公众网络交往的不确定性，主要是由公众网络舆论参与的主观性和非理性所致；二是网络舆论生产、消费、传播过程的不确定性，主要是由网络舆论生态问题镜像的困境所致。两个方面的不确定性共同作用于公众网络交往，并使其不断地流动与变换，从而达成交往秩序紊乱的目的。

第三，互动空间遭遇侵占和挤压。在网络交往空间，当陌生人遇到陌生人的时候，公众网络舆论参与态度与行为该如何呈现，是为彰显个性而肆意妄为，还是以维护网络共同体为旨归？毫无疑问，网络舆论生态良性运转需要公众的积极参与，而且是一种理性的网络交往，并通过实际行动建立起具有统摄意义的互动空间。但是，互动空间的建立却难以摆脱网络舆论生态问题镜像的制约，并使之成为公众群体的激情行动，且又是无实质意义的"庇护空间"。这样一来，原本用以信息传播和意义共享的互动空间，反而沦为满足公众纵情狂欢式网络交往的媒介工具，它鼓励与倡导的是公众盲从式的恣意行动，而不是具有实质意义的互动交往。

二、网络舆论参与群体固化概率增加

群体固化是公众网络舆论参与格局状况的体现，权力、议题、话语的固定性占有阻滞了网络舆论参与群体格局的流动性调整，使网络舆论参与群体格局呈现出一种凝固、停滞、静止的状态。但是，当思想政治教育传播处于弱场状态时，权力异化、议题偏差、话语冲突就会缺少必要的教育引导和价值塑造，

---

① 陈先红. 公共关系生态论 ［M］. 武汉：华中科技大学出版社，2006：216.

进一步放纵了群体固化。群体固化分为三种类型："权力型""议题型""话语型"。

"权力型"固化是网络舆论主体的整体性固化，它主要是由权力在网络舆论生产、消费、传播过程中的不均衡分布与不对等获取造成的，出现媒介资本、意见领袖、网络大V、网络红人、职业推手等能够以自身影响力来左右网络舆论的不同群体。"议题型"固化是网络舆论资源的结构性固化，它主要是由资源在网络舆论生产、消费、传播过程中的不稳定分布与倾向性结合造成的，在议题设置环节出现向资源雄厚、资源庞大、资源稳定一方倾斜的状况时，其结果就是资源优势一方议题设置能力愈来愈强，而资源劣势一方则愈加丧失对议题设置的主动权，徘徊在议题设置的有效范围之外。"话语型"固化主要是由话语在网络舆论生产、消费、传播过程中的替代性表达与选择性沉默造成的，出现强者发声愈强，弱者发声愈弱，甚至不敢发声、不想发声、不能发声的情况，时而伴随着强者话语替代弱者话语的"虚假"繁荣现象，进一步隔绝或阻断不同话语表达群体的空间分布。

网络舆论参与群体固化概率增加，主要体现在以下三个方面：

第一，网络舆论参与群体的定型化。定型化意味着网络舆论参与群体在网络舆论生产、消费、传播过程中是以固定的形式进行的，既有参与群体人员分布的定型化，也有参与群体职业类型的定型化，还有参与群体阶层划分的定型化。参与群体的定型化不利于网络舆论生态的良性运转，不利于思想政治教育传播对不同参与群体展开思想行为分析，这主要是因为定型化只会产生同质性的网络舆论生产、消费、传播，增加网络舆论生态净化成本和思想政治教育传播的不可控因素。

第二，网络舆论参与群体的模式化。模式化意味着网络舆论生产、消费、传播过程具有可供参与群体操控的固定程序，这虽然在一定程度上有利于参与群体对网络舆论生态运行施加必要的干预，以降低其运行风险，但模式化的最大弊端却在于固定程序的形成为参与群体提供了占有、支配、统治网络舆论生态运行的机会和空间，它一旦与"权力型""议题型""话语型"群体相媾和，参与群体就会以更为极端的方式操纵网络舆论生态运行，思想政治教育传播就会面临舆论引导的难题。

第三，网络舆论参与群体的格式化。格式化意味着参与群体对网络舆论生态运行采取相同的处理方法，不顾及网络舆论生态的运行结构和基本特征，它预示着网络舆论生产、消费、传播过程将以片面化、工具化的面目示人。这对网络舆论生态运行而言，群体之间的自由流动与优势互补被格式化的思路所局限，某些参与群体就会成为网络舆论生态运行的"代言人"。对于格式化的参与群体来说，网络舆论生态运行过程只有"我"，没有"你""你们""他""他们"，思想政治教育传播目的与价值也无法在参与群体中"落地生根"和"开花结果"。

三、间接抬高网络舆论生态治理成本

虽然网络舆论可以映现网络空间交往活动，但它总是建立在公众客观的、具体的、实际的网络舆论参与基础之上，涉及对成本、收益的分析、计算与管理。当思想政治教育传播处于弱场状态时，社会主义核心价值观和主流意识形态介入网络舆论生产、消费、传播过程的渠道就会减少或受阻，思想政治教育价值彰显就会受到相应的损耗，众声喧哗与哗众取宠就会成为网络舆论空间的常态，网络舆论空间乱象缺乏有力的教育引导和价值重塑，此时的网络舆论生态治理就需要付出更多的时间、人力、物力和精力，治理成本大大提升。

网络舆论生态治理成本是网络舆论生态良性运转需要的资源消耗，它对网络舆论生态运行具有十分重要的作用，既构成了网络舆论生态运行的基础，又在成本权衡计算中增进网络舆论生态治理实效。网络舆论生态治理是有成本的，无成本的网络舆论生态治理不仅不能达到信息传播与意义建构的目的，还可能在无形之中造成网络舆论的模糊和混淆，使网络舆论生态处于真空的运行状态，影响网络舆论生态治理效果。当成本出现真空时，一切网络舆论生产、消费、传播过程都将变得自以为是，一切公众网络舆论参与都将变得为所欲为，网络舆论生态治理也会因此而变得日益艰难。

网络舆论生态治理成本分为基础成本、机会成本、引导成本、运行成本等四种类型。思想政治教育传播弱场，无法有效针对公众网络舆论参与的思想与行为展开引导和教育，易使网络舆论生产、消费、传播处于乱象丛生的状态，间接抬高网络舆论生态的治理成本，加大网络舆论生态的治理难度。其主要表现在以下四个方面：

第一，间接抬高基础成本。基础成本是指扣除资源消耗后的网络舆论生态治理成本，基础成本对网络舆论生产、消费、传播过程构成影响。间接抬高基础成本意味着网络舆论生态运行需要付出更多的资源消耗才能保持平衡，这就使公众网络舆论参与置于网络舆论生产的成本分析之上，而不综合考虑网络舆论生产、消费、传播过程的成本分析。

第二，间接抬高机会成本。机会成本是指为实现网络舆论生态良性运转而放弃一定的资源（机会）所获取的另一种收益。间接抬高机会成本意味着网络

舆论生态运行实际收益远远低于机会成本带来的预期，有限的网络舆论资源没有得到合理利用和配置，最终使网络舆论生态运行的资源替代品愈发减少。

第三，间接抬高引导成本。引导成本是指利用某种手段或方法引导公众理性参与网络舆论，实现网络舆论生态良性运转所需要付出的努力或牺牲。间接抬高引导成本意味着公众网络舆论参与的因果链不在行动上支持网络舆论生态良性运转，反而公开将破坏力引起的后果逆向作用于网络舆论，引导公众理性参与网络舆论的手段或方法失去了应有的效力。

第四，间接抬高运行成本。运行成本是指在网络舆论生产、消费、传播过程中消耗的人力、资源、信息、能力等一切成本的总和。间接抬高运行成本意味着网络舆论生产、消费、传播过程的成本消耗过大，不合理、不稳定的网络舆论生态治理成本脱离了成本管控的范围，将网络舆论生态运行定居在高成本、低收益的结构矛盾之中。

四、网络空间不安全因素难以控制

网络空间安全是一种新型的非传统安全，它不仅可以通过信息化方式影响某一政权国家的政治稳定与政治安全，而且还以文化的方式影响那些嵌入网络交往之中的人们的价值观念，改变他们的生活方式。较之军事冲突、政治冲突、外交冲突等传统安全，网络空间安全具有更快、更准、更强的影响力、改变力和作用力。除此之外，网络空间安全在象征意义上将超越民族、宗教、国家的界限，将所有与之发生网络关联的人们的生产生活和社会关系都统摄到网络空间之中。习近平同志提出"没有网络安全就没有国家安全，没有信息化就没有现代化"[①]的重要论断，网络空间安全为网络舆论生态治理提供了稳定的、平衡的、可控的运行空间，网络舆论生态平衡也以其有序运行状态为网络空间安全积极打造活动范围。

网络舆论生态问题镜像冲破了网络空间安全的制度框架，网络舆论生产、消费、传播过程被置于失调、裹挟、同化的危险境地，公众网络舆论参与完全屈从市场逻辑的召唤，网络舆论完全被"带进了一个由娱乐、信息和消费组成的新的符号世界"[②]。网络舆论不再遵从网络空间安全的既定规则，也不再将网络交往的价值理念与社会核心价值观念相契合，而是以一种排斥、离散、消解，

---

① 习近平．总体布局统筹各方创新发展 努力把我国建设成为网络强国［N］．人民日报，2014-02-28（01）．

② ［美］道格拉斯·凯尔纳．媒体奇观——当代美国社会文化透视［M］．史安斌，译．北京：清华大学出版社，2003：3.

甚至是威胁的手法制造各种"别开生面"的奇观事件，其目的就是通过网络舆论轰动效应来掩盖众声喧哗的舆论乱象对网络空间安全的威胁。

此时，思想政治教育传播弱场不能很好地为网络空间安全提供特色鲜明的方向指引，不能在客观上要求并促进网络舆论始终围绕网络空间安全服务，这主要表现为：第一，网络舆论失调危害网络空间安全。网络舆论失调主要是由权力异化与网络舆论生态结构解域化造成的，它是指网络舆论生产、消费、传播过程超出了网络舆论生态运转的最大负荷，公众无法在思想政治教育传播的理性引导下进行网络舆论参与，造成网络空间的秩序混乱。第二，网络舆论裹挟危害网络空间安全。网络舆论裹挟主要是由议题偏差与网络舆论生态控制虚饰化造成的，它是指网络舆论在生产、消费、传播过程被有意为之或不可抗拒的力量所驾驭，公众缺乏对网络舆论进行客观、理性、全面的认知与判断，采取盲目顺从或被迫接受的态度，从而导致网络舆论朝着"想象的大多数"的主观意图进行。第三，网络舆论同化危害网络空间安全。网络舆论同化主要是由话语冲突与网络舆论生态话语对立化造成的，它是指网络舆论在生产、消费、传播过程中采取同一议题框架与话语表达，有意淡化或模糊网络舆论的异质化需求，使公众在预设的"同一个框架"和"同一种声音"内进行网络舆论参与。不论是网络舆论失调、网络舆论裹挟，还是网络舆论同化，它们都大大超出了网络舆论生产、消费、传播过程对网络空间安全的发展要求，三者合力构成了一个危及网络空间安全的话语场域和行动空间。

五、难以遏制不良网络舆论风气

舆论风气是网络舆论生态的指向标，直接影响网络舆论生态治理成效。人们总是通过观察舆论风气来思考网络舆论生态运行对公众网络舆论参与的影响，并以此寻求合理的治理措施。舆论风气主要是指公众网络舆论参与过程集体表现出的价值意识、社会心理、参与行为的态势影响，它在网络舆论生产、消费、传播过程能够被大多数参与群体认知、接受和效仿，在一定程度上能够反映公众网络舆论参与的精神风貌。良好的舆论风气有助于网络舆论生态的良性运转，我们思考网络舆论生态与舆论风气保持一致的地方，也思考舆论风气何以影响网络舆论生态的正常运行。在信息瞬息万变的网络社会，网络舆论生产、消费、传播过程背后始终隐藏着舆论风气的劝导或威胁。言外之意，网络舆论生态与舆论风气呈现的是一种同频共振的结构关系。

思想政治教育传播参与网络舆论生态治理，可以在最大范围内促进舆论风气的传播与劝导，舆论风气也以其良善的精神风貌来完成对网络舆论生态的平衡建构。思想政治教育传播弱场为舆论风气转向（不良舆论风气）提供了恣意蔓延的媒介空间，舆论风气在网络舆论生态失衡的诱导下滑向冷漠、暴力、戾气、愤懑等不良倾向的深渊。思想政治教育传播弱场难以遏制不良舆论风气，因为舆论风气会在权力异化、议题偏差、话语冲突的促动下不断侵蚀"我们的社会皮肤"①。纵观近几年网络热点事件，高曝光率、高收视率、高点击率、高阅读量始终是"吃瓜群众"趋之若鹜的对象，究其原因无外乎高流量背后"眼球经济"附加的可观经济收益，以及公众参与其中所获得的"假想式"快感和满足欲。

　　思想政治教育传播弱场难以遏制不良网络舆论风气，主要体现在两个方面：一方面，公众网络舆论参与"变狠"。于建嵘教授认为"变狠，是社会规则失效最直观的表现"②。公众网络舆论参与"变狠"是公众在网络舆论生产、消费、传播过程的中"狠化"，是一种推崇暴力或以暴制暴的行为表现。这种"狠化"既有直观层面上言语、态度与行为的"狠化"，如语言攻击、态度蛮横、过激行为等。还有较为抽象的思想意识与价值观念层面的"狠化"，它更多的是源于公众对现实社会的不满足或不满意，意在通过"狠化"来博取网络舆论的同情与关注，求得问题的解决，其常用手法无外乎悲情动员、戏谑化网评、舆论营销等。另一方面，公众网络舆论参与的自觉意识匮乏。自觉意识涵盖多个方面，主要有理性意识自觉、责任意识自觉、诚信意识自觉、友善意识自觉、法律意识自觉等。网络舆论生态失衡是整体性的系统失衡，通常会将权力、议题、话语降格为公众竞相参与网络舆论的"动力"所在，"降格为作为功能化的肉体存在的生命力，降格为凡庸琐屑的享乐"③。公众所闻、所见、所想均受制于不良网络舆论风气，不良网络舆论风气剥离了公众网络舆论参与的自觉意识，致使网络舆论场成为各方舆论"一决高下"的竞技场。此时一切理性的、严肃的、认真的、庄重的网络舆论都将被声势浩大、漫无目的、自觉意识匮乏的舆论风气所湮没，并最终走向解体。"风气如果坏下去，经济搞成功又有什么意义？"④

---

① "舆论是我们的社会皮肤"是伊丽莎白·诺尔-诺依曼的著名观点。[德] 伊丽莎白·诺尔-诺依曼. 沉默的螺旋：舆论——我们的社会皮肤 [M]. 董璐，译. 北京：北京大学出版社，2013.

② 赵义. 社会"变狠"是今天严峻的问题 [J]. 南风窗，2013（15）：45.

③ [德] 卡尔·雅斯贝斯. 时代的精神状况 [M]. 王德峰，译. 上海：上海译文出版社，1997：40-41.

④ 邓小平. 邓小平文选：第3卷 [M]. 北京：人民出版社，1993：154.

六、建立和谐的社会秩序较为艰难

秩序问题对理解网络舆论生态治理至关重要。社会秩序将一种稳定的机制嵌入网络舆论生态运行过程，伴随该机制而来的是公众对网络舆论生产、消费、传播过程的自反性认识与体认性构建。一方面，稳定的机制为网络舆论生态治理提供制度化的运行方案，根据社会秩序的发展需要设计公众网络舆论参与的可行路径，增进自反性认识对网络舆论生态运行的正向促进作用。另一方面，稳定的机制为公众网络舆论参与提供规范化的理解框架，通过体认来排除公众对一切主观的、想象的、非理性的网络舆论的依赖，寻求基于社会秩序来完成对网络舆论生态运行的理解与构建。和谐的秩序可以营造有利于网络舆论生态治理的社会氛围，减少不稳定、不安全、不健康的舆论氛围对公众网络舆论参与的影响。安东尼·吉登斯从"本体安全"的角度运思自我认同的心理构造，指出"无序并不仅仅是指组织上的无序，而且指人们对事物与他者的真实感本身之丧失"[①]。对网络舆论生态失衡而言，和谐的社会秩序变得愈加艰难正是由于公众在网络舆论生产、消费、传播过程中"真实感"与"意义感"的丧失所致。

从"真实感"丧失的角度而言，网络舆论生态治理失去了公众赖以信任与安全交往的场景，任凭公众在网络舆论生产、消费、传播过程中如何积极参与，也无法同权力异化、议题偏差、话语冲突的强大力量相抗衡，甚至只能通过违背社会习俗或扰乱社会秩序来制造舆论话题，以至于有的学者认为"在当前社会转型时期的利益冲突中，'闹大'已经成为公民抗争的重要逻辑"[②]。沿着这一思路就会发现，"真实感"的丧失迫使公众以个体化抗争来代替有序的网络舆论参与，思想政治教育传播无法同无序的公众网络舆论参与相抗衡，从而将更多的参与群体受制于失衡的网络舆论生态。与此相对应，社会秩序也将在"真实感"丧失的语境中不断走向撕裂，并频频制造紧张的社会秩序，产生一些对立现象和问题。这既是思想政治教育传播弱场的空间呈现，也是公众企图通过个体化抗争实现网络舆论参与的现实表达。

从"意义感"丧失的角度而言，思想政治教育传播弱场虚化、淡化了公众网络舆论参与的价值追求与意义彰显。尤其是当权力异化、议题偏差、话语冲

---

① ［英］安东尼·吉登斯. 现代性与自我认同［M］. 夏璐，译. 北京：中国人民大学出版社，2016：34.

② 韩志明. 利益表达、资源动员与议程设置——对于"闹大"现象的描述性分析［J］. 公共管理学报，2012（2）：52.

突触及公众网络舆论参与的核心利益时，公众就会因"意义感"丧失而生发对网络舆论生产、消费、传播过程的抵触与排斥，从而陷入两难的尴尬境地，并在实践行动上为撕裂社会秩序提供机会。一方面，公众对网络舆论参与失去信心和动力，并不渴求网络舆论生态治理对社会秩序的正向促进与建构，而是任由"意义感"丧失对网络舆论价值生态的蚕食。另一方面，虽然说"意义感"丧失会令整个网络舆论生态运行失去生机与活力，但公众仍极力希望通过网络舆论参与来重建失落的空间，这主要是因为网络舆论生态失衡并未隔绝公众网络舆论参与的希望空间。准确地说，"意义感"丧失削弱了网络舆论生态治理对社会秩序的稳定性依赖，增加了社会秩序通往空间爆裂与矛盾丛生的风险可能。

七、弱化主流意识形态在网络舆论中的主导地位

网络舆论需要主流意识形态的指导，精准生产、消费、传播以马克思主义为核心的信息内容，思想政治教育传播在其中就扮演主渠道的角色。主流意识形态关系到马克思主义指导思想在网络空间的话语权与领导权问题，"如果从观念上来考察，那么一定的意识形式的解体足以使整个时代覆灭"①。意识形态与网络媒介的结合强化了公众在网络舆论生产、消费、传播过程中的信息感受和意义理解。公众通过网络媒介感知到的意识形态，并不是单一事件在观念上组成的意识关系，而是在公众网络舆论参与前提下发展起来的，是网络共同体的集体认知与表达，具有广泛的参与基础。对主流意识形态来说，网络媒介不仅成为其扩大传播效果的权力工具，而且包含利用网络舆论促进国家意志和社会主义核心价值观的理念。伴随主流意识形态在网络空间的发展与壮大，公众逐渐认识到正确看待主流意识形态的重要性与紧迫性，也不断渴求与呼唤主流意识形态在网络空间持续发力，及时、快速、准确地对公众网络交往进行规范形塑与合理建构。

当主流意识形态成为信息并得以传播时，它就会难以避免地同权力异化、议题偏差、话语冲突发生关联，并由此走进网络舆论生态失衡的空间幻象，陷入"缘何主流、谁之主流、何以主流"的纷争与诉求之中。思想政治教育传播弱场，弱化主流意识形态在网络舆论中的主导地位有三个方面的后果：

第一，网络意识形态纷争的自在景观肆意张扬。"景观是杰出的意识形态，

---

① 中共中央马克思恩格斯列宁斯大林著作编译局. 马克思恩格斯文集：第8卷［M］. 北京：人民出版社，2009：170.

因为它在其圆满中展示和表现了任何思想体系的本质。"① 通过景观制造网络意识形态纷争，诸如历史虚无主义、网络民粹主义、网络民族主义、新自由主义、文化保守主义、后殖民主义等社会思潮又在思想政治教育传播弱场的夹缝中肆意传播，试图用"大而全"的传播景观遮蔽公众对网络意识形态的批判性理解与价值性诉求，极大地缩减了主流意识形态的网络活动空间。

第二，网络主流意识形态"宏大叙事"被刻意贬低。"宏大叙事"不是政治化、官方化、概念化、教条化、刻板化的意识形态概念体系，而是能够坚持"政治性标准""社会性标准"② 的主流意识形态的信仰体系，是对世俗化传播逻辑与去世俗化传播逻辑的双重坚持。然而，网络舆论生态失衡正是遵循世俗化传播逻辑的结果，热衷网络意识形态纷争带来的流量效应与视觉冲击，甚至认为世俗化传播逻辑可以对主流意识形态"掌握"群众进行有效的"补充"，"最终营造出一种可怕的封闭现象，一种精神上的幽禁"③，直接导致主流意识形态陷入无效传播的绝境。

第三，主流意识形态在网络空间失去价值优势。思想政治教育传播弱场丧失了对公众网络舆论参与的价值指引，无法在网络舆论生产、消费、传播过程中形成有效的价值空间和舆论氛围，主流意识形态被解构为失去价值优势的碎片化信息与意识形式。这样一来，主流意识形态的价值优势就被网络舆论空间的符号、暴力、审丑、快感、恶搞、焦虑所取代，公众网络舆论参与至多是一种象征性的参与，并无对主流意识形态的理解与认同。这是网络媒介的"防御过度"，也是网络舆论生态失衡的"胜利"。

第三节　思想政治教育传播弱场的"后真相"诱因

思想政治教育传播弱场有多方面的诱因，最应该分析的就是其依托的时代状况。严格地讲，只有将网络舆论生态运行置于现今变化着的时代状况之中，我们才能全面检视网络舆论生态治理的基本样态，才能深刻总结思想政治教育传播弱场的真正诱因。

① ［法］居伊·德波．景观社会［M］．张新木，译．南京：南京大学出版社，2017：136.
② 李冉．谁之主流 何以主流：主流意识形态的问题研判与建设愿景［J］．清华大学学报（哲学社会科学版），2014（5）：84.
③ ［法］皮埃尔·布尔迪厄．关于电视［M］．许钧，译．南京：南京大学出版社，2011：29.

2016 年被西方国家炒得火热的"后真相"（post-truth）时代①正悄无声息地登录中国。作为真相之"后"，它"具有转折意义的变化，表示批判的意味"②。就思想政治教育传播而言，"后真相"意味着公众网络舆论参与关注和追求的不再是事件背后的事实与真相，而是漂浮于事件之上的情感与情绪，它把公众引向非客观、非理性、伪价值的因素之中，真相被掩埋，事实被割裂，情感代替了理性，激情替换了事实。"后真相"意味着网络舆论生产、消费、传播过程的客观性被瓦解，公众凭借主观感受和情绪体验对网络舆论生态运行作出符合群体立场和价值诉求的认知与评价，最终使网络舆论生态治理失去公众理应坚持和努力探求、反思、批判的参与态度和行为。正如贺麟先生在谈到中国哲学的调整与发扬时指出，"尤其足以逼迫着我们，使我们不得不努力探求新知的地方，就是我们处在一崭新的过渡时代，社会、政治、文化、思想、信仰均起了空前急剧的变化"③。"后真相"时代正是这样一个空前急剧变化的时代，为了说明思想政治教育传播弱场的时代状况，有必要以"后真相"时代作为省思现实诱因的出发点。

一、情感躁动的舆论归一

真相未明，情感先动。这是"后真相"时代的重要特征，也是导致思想政治教育传播在网络舆论生态治理中处于弱场状态的诱因之一。在"后真相"时代，网络舆论不再按照客观性原则说明事实、揭示真相，而是从公众的主观性假设与期待出发，把网络舆论生态运行纳入公众的选择性、替代性方案之中，情感成为公众网络舆论参与的唯一决定因素，并同网络舆论生产、消费、传播呈现为同一状态，本书将这种情况称为情感躁动的舆论归一。

情感躁动的舆论归一，承载了大量的冲动性、盲目性、盲从性情感，主观随意性强烈，不确定性程度很高，它对思想政治教育传播的危害是深远的。当情感僭越事实和真相，尤其是当非理性情感成为公众网络舆论参与驱动力的时候，思想政治教育的情感迸发就会受到制约，思想政治教育传播对网络舆论的价值引导力量就会显得微弱和不足，直接影响思想政治教育传播参与网络舆论

---

① 《探索与争鸣》2017 年第 4 期刊发吴晓明、汪行福、邹诗鹏等 10 位学者在圆桌会议"多维视野中的后真相时代：问题与对策"中的研讨文章，诸位学者从不同学科视角围绕"后真相"展开学术争鸣。同时，该刊于 2017 年第 9 期刊发夏莹、龚群两位学者针对此圆桌会议的商榷文章，引发学界关注与讨论。

② 孟钟捷. 后真相与历史书写 [J]. 探索与争鸣，2017（4）：17.

③ 贺麟. 五十年来的中国哲学 [M]. 北京：商务印书馆，2002：1.

生态治理的效果。

第一，情感躁动的舆论归一挤压思想政治教育传播的参与空间，导致思想政治教育传播弱场。网络舆论生态治理需要依靠真相来引导公众网络舆论参与，这种活动方式直接决定了网络舆论生产、消费、传播过程的立场客观性与价值合理性。事实愈清，真相愈明，网络舆论就愈具有合理性与必然性，就愈能反映和呈现出公众网络舆论参与的客观立场和价值诉求，网络舆论生态运行就愈加趋向平衡状态。但是"后真相"时代却无法有效保留这种活动模式，即便揭示了真相，那也只是被情感鼓动和操纵的真相，是失去客观、理智、真理的真相，甚至是被刻意制造出来蒙蔽公众的真相。当真相被蒙蔽，情感躁动占据网络舆论生产、消费、传播的潮头，思想政治教育传播对网络舆论关键信息的梳理、辨别、引导空间就会遭受侵占和挤压。正能量信息的阙如，尤其是缺少主流意识形态和社会主义核心价值观的"保驾护航"，网络舆论就会在情感躁动的作用下走向极化与非理性，往往容易超出网络舆论生态良性运转的活动范围。这表明，在"后真相"时代，网络舆论生产、消费、传播过程没有真相的概念，或者可以说没有完全建立在客观必然性基础之上的真相，有的只是"'坏的主观性'之必然结果"①的有用的真相。有用成为真相的代名词，成为公众趋之若鹜地满足主观意图或普遍追求的价值理想，至于是否需要尊重客观事实，是否需要思想政治教育传播的正能量，是否需要遵从价值引导，都是无关紧要的。

第二，情感躁动的舆论归一压制思想政治教育传播的情感表达，导致思想政治教育传播弱场。网络舆论生态运行需要以平和的、理性的情感为基础，如果情感走向极化或极端，整个网络舆论生态运行就会失去控制，最终走向失衡。情感的僭越，意味着真相脱离了网络舆论理应坚持的客观立场，公众不从客观事实出发，而是从主观情感出发去预设真相可能带来的网络舆论后果，将网络舆论附带的情感躁动作为网络舆论生产、消费、传播过程的观察对象。情感代替真相，开始由"幕后"走向"台前"，公众"就像坐在剧院后排的一位聋哑观众，他本该关注舞台上展开的故事情节，但却实在无法使自己保持清醒"②，唯独诉诸躁动的情感方能慰藉自己飘忽不定且又满怀期待的内心。在这里，情感躁动抑制住了公众对真相的渴望，公众不得不服膺于情感的极值表达来分析、区别、重组网络舆论，逐渐远离思想政治教育传播的情感表达，不能完全利用

---

① 吴晓明. 后真相与民粹主义："坏的主观性"之必然结果 [J]. 探索与争鸣，2017（4）：4-7.

② [美] 沃尔特·李普曼. 幻影公众 [M]. 林牧茵，译. 上海：复旦大学出版社，2013：3.

思想政治教育传播中积极、健康、向上的情感来获取对事实与真相的理解，不能立足思想政治教育传播的情感立场进行网络舆论生产、消费、传播，逐渐降低对思想政治教育传播的价值期许。于是，网络舆论生态运行驱逐了真相的客观实在性与传播有效性，在某种意义上成为情感逻辑的抽象化生产与表达，经过情感躁动之后的网络舆论便陷入了失真的解构状态，并"把群体引向单向思维，而群体虚假的回答只是再一次证实了演讲者的观点"①。因为对公众网络舆论参与而言，单向思维更容易在相同立场的群体之间形成同一的网络舆论表达，更容易引起公众的情感共鸣和情绪渴望，更容易获得集体认同，虽然有时候这是一种盲从的认同。

第三，情感躁动的舆论归一消解思想政治教育传播的实践指向，导致思想政治教育传播弱场。思想政治教育传播参与网络舆论生态治理具有明确的实践指向，即对有损、有碍网络舆论生态良性运转的思想、情感、行为进行针对性的培育、引导和塑造。但在"后真相"时代，情感逻辑占据上风，真相流落街头且无人问津，情感躁动的舆论归一拒绝承认舆论同质化对网络舆论生态运行的失衡影响，这就等于消解了思想政治教育传播的实践指向，意图实现非理性情感对公众的全面占有。这无时无刻不在提醒着我们，极具主观表达的情感躁动反过来成了摧毁网络舆论生态平衡的确定性工具。这种确定性既是对真相遮蔽的后果确认，也是对情感躁动的目的张扬。"后真相"时代的舆论归一，它恰恰以看似完美的替换手法实现了情感在网络舆论生态运行过程的符号构图。因为较之于情感，真相的揭示不仅费时费力，而且有时还无助于目的的有效满足。但情感却不同，它通过符号构图网罗了公众网络舆论参与所有可能涉及的情感体验和情绪表达，使网络舆论生产、消费、传播过程更具吸引力、诱惑力、影响力和表达力，以戏谑、夸张、煽情的手法吸引公众积极参与，这是思想政治教育传播远不能及的。也就是说，情感躁动为网络舆论生态运行设置了必然面对的"主观性障碍"，这是公众网络舆论参与的行动困境，是网络舆论生态失衡的情感诱因，也是思想政治教育传播无力同其抗衡的弱场呈现，只不过它是一种异化的情感表现，并不构成思想政治教育传播的情感基础，不具有尊重现实、合乎理性、彰显德性的情感力量。

二、算法推荐的技术异化

算法推荐是数学、计算机行业的专业术语，现如今已应用到各个领域和行

---

① ［法］塞奇·莫斯科维奇. 群氓的时代［M］. 许列民，薛丹云，李继红，译. 南京：江苏人民出版社，2003：191.

业之中，如京东、淘宝、当当等购物网站，百度、360、搜狗等搜索引擎网站，以及豆瓣、猫眼、网易云等各类商业网站。算法推荐主要是指借助数学算法，根据用户个人资料、搜索记录、消费习惯、兴趣爱好、使用需要等相关信息，推测、预测、评估用户的需要趋势和目标，针对目标客户进行定向、精准推送。算法推荐的突出优势就是根据用户的搜索偏好获取新的兴趣点，增加用户对产品的需求满意度，并将此类信息反馈给商家，从而获取潜在客户群体。

利用算法推荐满足公众多元的信息需求，这是"后真相"时代网络舆论生产、消费、传播的"数据革命"。"算法并不是单指某次计算，而是计算时采用的方法。"① 照此看来，对网络舆论生态治理而言，算法只是被技术利用并为之服务的实践，它在本质上并不生产、消费、传播网络舆论。或者说，通过算法推荐，网络舆论更容易突破传统的结构化形式，在生产、消费、传播过程趋向以迅捷、变化、多样的方式，精准满足公众网络舆论参与的需求。显然，在网络舆论生态治理过程中，算法推荐变成了生产性的东西，只不过它并不生产网络舆论，不具体指向网络舆论背后的事实与真相，而是借助数据技术以消费和审美的形式将网络舆论呈现出来。

"控制人类的算法，则是通过感觉、情感和思想来运作的。"② 这样一来，算法推荐就"名正言顺"地助力了网络舆论生态治理，并在"情感逻辑"的作用下建立公众网络舆论参与需要的传播关系。"情感逻辑"有能力破除网络舆论生产、消费、传播过程中的结构障碍，在增进公众网络舆论参与关系理解的同时，以算法推荐固有的视界与框架规定网络舆论生态运行。从这个意义上来讲，"情感逻辑"极有可能因情感偏见而引向算法偏见，致使算法推荐异化为网络舆论生态治理不可逃脱的魔障，造成网络舆论生产、消费、传播在内容与形式上的分离，使之成为仅仅会赢得公众消费热情与审美狂热的商品。一旦激情退却，公众回归理性，尽管算法推荐依然充斥在网络舆论生产、消费、传播过程中，但网络舆论生态治理却失去了终极意义的传播图景，不得不接受算法推荐对网络舆论的调整和利用，"高度依赖技术抓取能力的人工智能可以带来动态新闻却无法揭示真相"③。很明显，在"后真相"时代，基于"情感逻辑"的算法推荐

① ［以色列］尤瓦尔·赫拉利．未来简史：从智人到神人［M］．林俊宏，译．北京：中信出版社，2017：75.
② ［以色列］尤瓦尔·赫拉利．未来简史：从智人到神人［M］．林俊宏，译．北京：中信出版社，2017：76.
③ 张志安，刘杰．人工智能与新闻业：技术驱动与价值反思［J］．新闻与写作，2017（11）：8.

实则成为了一种技术异化，尤其是在网络舆论生态治理过程中，算法推荐将情感、情绪同公众网络舆论参与进行"捆绑销售"，"算法推荐主导下的信息传播影响思想政治教育的传播成效，带来思想政治教育内容供给不足、主导地位消解、认同解构、话语权稀释等诸多现实问题"①。也就是说，当算法推荐开始主导整个网络舆论生产、消费、传播过程的时候，它就以强制的手段控制思想政治教育传播对网络舆论生态治理的参与进程，并通过算法推荐的信息过滤使思想政治教育传播价值无法得以有效彰显。这主要是因为算法推荐将思想政治教育传播视为一种"外来威胁"，除非它能够接受思想政治教育传播的政治立场和制度安排，否则就会逐渐丧失在网络舆论生态治理中的生存空间。在这种情况下，网络舆论生态平衡就变得更加困难，因为它一方面需要摆脱"情感逻辑"对网络舆论生产、消费、传播过程产生的算法偏见，另一方面还需要考察算法推荐如何影响公众网络舆论参与的态度和行为，寻找和化解算法推荐给思想政治教育传播参与网络舆论生态治理带来的结构性障碍的有效途径。

　　在"后真相"时代，算法推荐实际上就是流淌在网络舆论生态运行过程中的"合意性"情感驱动，它突出强调情感对公众网络舆论参与的控制性体验，以超越真相的情绪宣泄、消费主张、审美表演漫游在网络舆论生产、消费、传播过程中。算法推荐只推荐符合公众网络舆论参与所感、所想、所要的信息内容，至于此类信息是否在思想政治教育传播范畴，是否满足思想政治教育传播需要，是否具备思想政治教育传播价值，是否有利于思想政治教育传播参与网络舆论生态治理，并不在算法推荐的考虑范围内。此外，算法推荐虽然为网络舆论治理标示出新的传播关系与空间位置，指明公众网络舆论参与的方向和目标，但其对数据技术的绝对化依赖却使公众无法针对网络舆论生态治理作出深入且客观的理论分析，它"既创造了人与社会的自由全面发展的新机遇，又对这种自由全面发展提出了新挑战，甚至导致了人的新异化"②。

　　作为"后真相"时代的技术异化，算法推荐既僭越了真相对情感的依托，也颠覆了情感对真相的观照，这就注定了它很难在工具理性与价值理性之间作出应有的界线划分。算法推荐利用数据技术优势，"不再指向真实的世界，而是一心指向其他图像和其他叙事"③，它改变了思想政治教育传播参与网络舆论生

---

① 赵建波. 智能算法推荐视域下思想政治教育的问题研判与应对策略 [J]. 思想教育研究，2019（12）：19.
② 孙伟平. 论信息时代人的新异化 [J]. 哲学研究，2010（7）：113.
③ ［英］安吉拉·默克罗比. 后现代主义与大众文化 [M]. 田晓菲，译. 北京：中央编译出版社，2001：25.

态治理的技术路线，以算法的数据优势操纵思想政治教育传播过程，当公众认识、感受思想政治教育传播的时候，实际上却是算法推荐的结果，它在某种程度上决定了思想政治教育传播何时入场以及思想政治教育传播参与程度如何。也就是说，在算法推荐的主导下，思想政治教育传播几乎不可能主动对网络舆论生态治理发挥作用，而是要遵从算法推荐的技术逻辑从事满足后者需要的活动，陷入被动局面。算法推荐的技术异化，为网络舆论生态治理创造了貌似整合但实则分离的数据景观，千方百计地夺取公众网络舆论参与的注意力，也悄无声息地霸占了网络舆论生产、消费、传播过程的高地。当事实与真相被湮没，情感与情绪不受任何约束和控制地被算法推荐搬到台前，思想政治教育传播也将彻底陷入被"情感逻辑"笼罩的意义真空之中，网络舆论生态治理也就自然而然地成为技术异化之下的空洞无物的运行框架。

三、另类空间的实践转向

所谓另类空间，有学者将其看作"具有松散组织架构的反民主话语空间，它们构建了相对封闭、基于情感化真相（emotional truth）的拟态环境，使参与者得以强化自身固有的态度和信念"①。然而在本书看来，另类空间则是网络舆论生态问题镜像的现实写照，是其失衡表征在"线上"与"线下"相互转换中的结果映现。作为一种实践转向，在"后真相"时代，网络舆论生态治理不得不认真面对权力异化、议题偏差、话语冲突对公众网络舆论参与的负面影响，研究在另类空间如何建立与网络舆论生产、消费、传播过程相适应的实践策略。

关于另类空间，一方面要从网络舆论生态问题镜像中去寻找，它既是网络舆论非正常表达的空间凸显，也是网络舆论在不同空间传播的冲突转移；另一方面要从公众网络舆论参与的空间秩序中去寻找，只不过这是一种基于"后真相"的秩序冲动，是一种具有否定意义的秩序解体，它在一定程度上必然增加网络舆论生态运行的失衡风险。在"后真相"时代，另类空间为网络舆论生态治理提供实践转向的斗争策略，"线下"的舆论斗争和秩序冲动相继跃然于"线上"，而"线上"的另类表演却导致公众网络舆论参与的分化与瓦解，并逐步渗透到现实的日常生活与交往空间，甚至构成对网络舆论生态治理的威胁。

当然，另类空间折射的并不仅仅是"后真相"时代的实践转向，还需要在此基础上重新寻找和思考网络舆论生态治理的空间面向，致力于对另类空间的

---

① 史安斌，杨云康. 后真相时代政治传播的理论重建和路径重构［J］. 国际新闻界，2017（9）：63.

批判思考和意义重建。从另类空间介入对思想政治教育传播弱场诱因的省思，主要基于以下三个方面的考虑：

第一，另类空间是不确定性网络舆论生产、消费、传播和公众非理性网络舆论参与的"后真相"集合，它掩盖了网络舆论生态治理对思想政治教育传播的依赖程度，使"线上"的舆论斗争不断冲击"线下"的思想政治教育传播参与进程，致使很多未经思想政治教育传播"洗礼"的信息"鱼贯而出"，这些信息在权力异化、议题偏差、话语冲突的作用下，为网络舆论生态失衡滋生出赖以生存与传播的环境氛围，引申出的诸多非理性表达都将在另类空间得以体现。另类空间不断消解公众对网络舆论生态治理的认知框架，在相对封闭的单向且极化空间内过分夸大情感和情绪对网络舆论生产、消费、传播过程的"后真相"嵌入。这样一来，另类空间就成了同质化网络舆论与情感、情绪的聚集地，以"后真相"的方式质疑和否定网络舆论生态平衡的客观必然性，致使思想政治教育传播无法有效表述关于事实与真相的客观立场，无法针对性地对网络舆论生态失衡展开问题求索，因为此时的网络舆论空间已经被另类空间的主观性期待所笼罩。在这样的空间氛围里，"后真相"就作为公众网络舆论参与的认知方式，以情感和情绪带动公众对网络舆论生态治理的实践理解，并最终将网络舆论生态运行置于充满不确定性和矛盾性的风险之中。

第二，另类空间没有彻底消除权力异化、议题偏差、话语冲突对公众网络舆论参与的负面影响，反而以模糊、遮蔽、抽象的形式将公众网络舆论参与汇聚在"后真相"的空间语境中，通过权力、议题、话语的"后真相"计算与表达，建立符合情感和情绪操作逻辑要求的参与联系和传播关系。在这种情形中，本是作为一项治理手段参与网络舆论生态治理的思想政治教育传播，反而在另类空间被权力异化、议题偏差、话语冲突所束缚，思想政治教育传播的参与目标——网络舆论生态平衡需要的传播关系，就会同"后真相"控制的传播关系发生冲突。就冲突而言，思想政治教育传播的作用范围和力度就会受到制约，不仅很难从中获取有利信息，而且要在化解冲突之后才能将自身价值彻底地彰显在网络舆论生态治理过程，思想政治教育传播实效就会大打折扣。这样，网络舆论生态治理就能重新在权力、议题、话语方面实现对网络舆论生产、消费、传播过程的控制，并可以对不符合"后真相"时代要求的公众网络舆论参与提出幻象式的假设和批评。显然，这种实践转向只是基于"后真相"逻辑的理论表达，在具体的社会实践层面并不益于网络舆论生态的运行。一方面它并未具体指明实践转向是否需要遵循网络舆论生态自适应平衡的发展要求；另一方面也没有对"后真相"时代的逻辑指向作出建构性评价，没有根据思想政治教育传播需要建构相应的关系范式。因此就自然而然地导致实践转向只能单方面成为满足"后真相"时代的情绪化产物，并无真正意义上的功能性再生产。

第三，另类空间缺少从常规意义上对网络舆论生态运行的风险思考。实际上，风险思考并不是将网络舆论生态运行风险可视化、具体化和实体化，而是借助风险来特别强调网络舆论生态治理的现实重要性，因为"媒体不仅简单地'传递'着特定的风险定义关系，而且建构着它们"①。这样一来，另类空间就不再对网络舆论生态运行作风险解读，反而在情感和情绪的主导下去挑战现有的网络舆论生态运行规律，将权力异化、议题偏差、话语冲突重新带入网络舆论生产、消费、传播过程，并将充斥风险的情感、情绪的"后真相"满足视为对网络舆论生态治理的理想表达。当另类空间开始无视网络舆论生态治理各类风险的时候，也就意味着思想政治教育传播将被置于危险的境地，"思想政治教育是直接面对'现实的个人'展开的思想工作和学术研究，当然也无法避开现代性的碎片化风险"②。风险意味着思想政治教育传播参与网络舆论生态治理的不确定情况在增加，如设置参与门槛、参与通道受阻、参与进程缓慢等。从这个角度看，另类空间就不是网络舆论生态失衡的修补空间，而是对失衡后果的再生产与再扩大，利用思想政治教育传播弱场把风险作为动员公众情绪化网络舆论参与的激进手段。

四、仿真表演的价值隐退

仿真是当代资本主义社会价值结构革命的新形式，它意味着确定性的消失，意味着所有通过仿真进行的生产都将走向价值的隐退，"它们丧失了各自的特性"③，"一切都变得不可判定，这是代码统治的典型效果"④。当仿真失去确定性的时候，它对生产发展和目的实现的渴望就只能寄希望于具有"参照的能指"⑤的模式，即出自对真实的模仿，这是一种没有真实的"现实"，是脱离了现实价值指向的自主仿真。这样一来，"物体不再有传统意义上的'功能'，它

---

① ［英］芭芭拉·亚当，［德］乌尔里希·贝克，［英］约斯特·房·龙. 风险社会及其超越：社会理论的关键议题［M］. 赵延东，马缨，等译. 北京：北京出版社，2005：37.

② 刘占虎. 风险社会思想政治教育学的担当与创新［J］. 思想教育研究，2014（2）：22.

③ ［法］让·鲍德里亚. 象征交换与死亡［M］. 车槿山，译. 南京：译林出版社，2012：6.

④ ［法］让·鲍德里亚. 象征交换与死亡［M］. 车槿山，译. 南京：译林出版社，2012：7.

⑤ ［法］让·鲍德里亚. 象征交换与死亡［M］. 车槿山，译. 南京：译林出版社，2012：72.

不为你们服务，它测试你们"①，这种"测试"实际上就是被仿真主导的"现实"的控制，就像置人于极度幻象的场景一样，虽取悦和满足了自己，但却失去了自我。当我们处在仿真的生产和交往语境时，物体和信息就失去了意义生产和再生产，它们早已成为"测试"真实的"现实"，成为抽离了价值依存的仿真表演，并不是真实化、现实化的意义存在物，而是完全依赖于"无目的的生产"②。我们应当看到，仿真一词虽然在让·鲍德里亚笔下充当了对当代资本主义社会控制的批判武器，但是其深刻印象之处无不启示我们该如何思考"后真相"时代的思想政治教育传播弱场的问题。

其实，在让·鲍德里亚看来，仿真是对真实的解构，是一种完全摒弃意义的再生产。在谈到仿真的超现实主义时，鲍德里亚毫不留情地指出，"对真实的精细复制不是从真实本身开始，而是从另一种复制性中介开始"③。也就是说，制约仿真的并不是真实本身的客观性基础，而是促使仿真实现目的的那种超越真实的必然性存在，它是"为真实而真实，一种失物的拜物教"④。在思想政治教育传播弱场语境中，仿真就是真实的狂欢式裂变，是失去现实意义的自主模仿和幻象。因为仿真的存在，思想政治教育传播无法触及网络舆论生态失衡的问题实质，只能停留在对表面问题的分析之上，公众接触的只是经过仿真表演处理过的传播信息，这类信息不仅没有彻底彰显思想政治教育传播的内容，而且直接影响公众对网络舆论生产、消费、传播的态度，即公众采取何种价值取向进行网络舆论参与。

仿真使网络舆论生产、消费、传播过程陷入这样的尴尬境地：首先，一切网络舆论表达都会引入符号并借助商品美学的消费形式得以转化，最终成为实现特定生产目的的仿真表演，任何对现实生活世界的价值观照都将被仿真的幻象驱逐出去，空留抽象的且没有终极意义指向的生产、消费和传播。此时的思想政治教育传播就无力对网络舆论世界进行有效的价值指引，处于弱场状态。其次，仿真表演无限夸大网络舆论的意向性表达，似乎预示着唯有通过仿真，网络舆论才能精准把握公众的心理动向，才能彻底契合公众的参与需要，殊不

---

① ［法］让·鲍德里亚. 象征交换与死亡［M］. 车槿山，译. 南京：译林出版社，2012：82.

② 王晓升. 仿真与社会控制的新形式——评鲍德里亚对当代资本主义社会的批判［J］. 福建论坛·人文社会科学版，2013（4）：71.

③ ［法］让·鲍德里亚. 象征交换与死亡［M］. 车槿山，译. 南京：译林出版社，2012：95.

④ ［法］让·鲍德里亚. 象征交换与死亡［M］. 车槿山，译. 南京：译林出版社，2012：96.

知仿真表演只是冷冰冰地挂在网络舆论生态运行过程的虚幻标签，看似真实，实则空无他物，更没有内容真实性可言。此时的思想政治教育传播就无法对公众网络舆论参与需求进行精准化和精细化的满足，处于弱场状态。最后，与其说仿真是为了追求真实而进行的刻意表演，倒不如说它是为了拥有真实效果而进行的虚构。从这个角度而言，仿真表演为网络舆论生态治理制造了难以辨别的幻象。说其是真实，是因为网络舆论确实源于公众现实的参与需求，有客观的发生土壤；说其是幻象，是因为网络舆论掺杂了太多的替代性、补充性和肢解性的观点、立场和理念，无法客观、完全、真实地还原网络舆论的本来面貌，甚至出现比真实还要"真实"的错觉。此时的思想政治教育传播就会因仿真表演带来的诸多幻象而陷入参与困境，有效性和实效性受到制约，处于弱场状态。

仿真将网络舆论生态治理置于幻象的表演之中，把公众网络舆论参与视为"测试"真实的工具和手段，它不仅不能为思想政治教育传播提供有效、真实的信息，而且随着公众网络舆论参与的不断深入，许多经过仿真表演处理的信息都将成为消解思想政治教育传播价值的影响因素。如果说仿真是思想政治教育传播弱场的幻象展现，那么"后真相"时代的价值隐退则扮演了将幻象变成现实的角色。"后真相"的角色核心在于通过情感和情绪的集结，致力于营造出一种满足仿真表演的氛围空间，在于对真实的虚构升华为公众网络舆论参与的不确定性满足。在此情况下，价值就不再是正向指导功能的意义统摄，而是被仿真无情闯入的理性断裂，任何形式、功能、目的的网络舆论都能通过仿真表演而转入"为真实而真实"的幻象之中。它意味着网络舆论生态治理的意义丧失，意味着"后真相"时代的情绪化对抗。这既是思想政治教育传播弱场的真实表演，也是极具魅惑和充满不确定性的欲望彰显。这些深深根植于仿真表演的网络舆论，除去极具迷人且毫无价值的幻象之外，在更为现实和纯粹的层面将公众网络舆论参与推向毫无节制的恶性循环，最大限度排斥思想政治教育传播对网络舆论生态失衡的干预和作用。这是因为只要仿真表演依然存在，思想政治教育传播就会因幻象而无法有力凸显其正向价值，网络舆论生态运行就无法彻底摆脱"后真相"时代的情感控制与支配，自然就无法走出失衡的泥沼，治理也将变得愈加艰难。

五、幻影公众的主体缺场

《幻影公众》是沃尔特·李普曼对美国传统民主理论所做出的批判，并在此基础上提出有别于且更加趋近于事实的公众形象。沃尔特·李普曼认为公众之所以成为幻影，是因为公众"生活在一个看不清、搞不懂、不辨方向的世界里"①，这个世界虽然有公众需要的各式各样的民主理论和现实体验，但"实际上他根本无法主宰"②，公众只能在虚妄的世界里碌碌无为，成为无关紧要和失去主体地位的幻影存在。当公众成为幻影，我们身处的世界必然成为一个主体缺场的世界。在这个世界里，公众只是相对于"他者"的依附性存在，并无实质意义的主体地位可言，只能企图攀附"数字资本主义"来获取对"信息拜物教"残存的渴望与美好。

"后真相"时代以其特有且强烈的"情感逻辑"将幻影公众进一步推向深入。当情感霸占屏幕的潮头，网络舆论就势如破竹般所向披靡，而建基在事实之上的真相就会成为被人遗忘的"弃婴"，取而代之的则是先入为主的情感动员和群体盲从。当情感战胜理性，当情绪湮没真相，处在网络舆论生产、消费、传播过程链条上的公众就如幻影一般，纵使百般努力也不敌"情感逻辑"的奴役，任凭"数字资本主义"的驱使和摆布，至于是否需要主体地位来加以合理辨别则早已无关紧要。这样，当公众成为幻影，原本的主体性地位就会走向消解，甚至成为一种虚无性质的存在，加之"后真相"时代"情感逻辑"的驱动，网络舆论生态治理就愈发陷入无以复加的被动局面，尤其是对公众而言，网络舆论生产、消费、传播过程就会在主体缺场的情况下制造出诸多无关理性、无关价值、无关公共性的私人性表象。从整体性的角度而言，这种私人性表象既是思想政治教育传播弱场的客观结果，也是"后真相"时代主体缺场的必然，是对幻影公众最真切的形象表达。幻影公众的主体缺场主要体现在以下三个方面：

第一，主体缺场为网络舆论生产、消费、传播过程的个性化创造提供了新的方式。客观来说，网络舆论生产、消费、传播过程是社会化与个性化并存的交往实践，但就网络舆论生态治理而言，需要在社会层面对个性化实践给予正向的规制和引导。但在"后真相"时代，主体缺场无疑从更为完备的层面为网络舆论交往实践开辟来新的领地，彻底打开了个性化实践的大门，通过"情感逻辑"的无缝对接来实现对社会化交往实践的蚕食，在公共性层面破坏网络舆论生产、消费、传播过程的意义生产和指向，个性化实践最终成为主体缺场的新的交往形式。这既是对网络舆论生态治理的风险威胁，也是幻影公众在超越

---

① ［美］沃尔特·李普曼. 幻影公众［M］. 林牧茵，译. 上海：复旦大学出版社，2013：4.

② ［美］沃尔特·李普曼. 幻影公众［M］. 林牧茵，译. 上海：复旦大学出版社，2013：4.

了"情感逻辑"之后的另类实践。此时，思想政治教育传播就无法借助公众网络舆论参与来综合分析和研判网络舆论生态运行态势，无法有效评估公众个性化实践背后蕴含的情感需求，从而处于弱场状态。

第二，主体缺场使公众网络舆论参与处于价值导向的真空状态。网络舆论生态治理需要正确的价值导向来合理规避运行风险，作为主体的公众必然要担负起相应的责任，甚至需要觉醒主体意识来摆脱公众私人性动机的内在影响。然而，"后真相"时代却打破了"主—客"平衡模式，它把网络舆论生产、消费、传播过程完全置于公众私人性的"情感逻辑"之中，将公众视为被"情感逻辑"控制的参与客体，将网络舆论生态运行视为单向传播的信息空间。这样一来，思想政治教育就会面临单向传播空间的风险威胁，其危害在于思想政治教育传播和公众网络舆论参与之间缺少信息互通机制，任何一方都不能根据对方的信息反馈作出相应的调整和改变，从而大大影响思想政治教育传播参与网络舆论生态治理的效果。同时，公众极有可能处于被动控制和完全依赖的"主—奴"关系地位，公众网络舆论参与不再立足于公共性的主体意识，而是被私人性表象的幻影所占有。

第三，主体缺场动摇网络舆论生态平衡的批判机制。批判机制是具有主体意识的公众对网络舆论生态运行的自觉维护的体现，是在网络舆论生产、消费、传播过程中建立起来的批判意识的充分彰显。主体缺场尽管以公众网络舆论参与作为基本手段，但不再诉诸公众的主体意识来保障网络舆论生态良性运转，在"后真相"时代"情感逻辑"的驱动下，批判机制失去对网络舆论生态运行的分析、研判、预警和保护功能，摆出一副"任尔东西南北风，我自岿然不动"的骄横姿态。在缺少信息批判的情况下，公众丧失主体性，不能立足网络舆论生态运行实际主动进行信息筛选，自然就无法积极向思想政治教育传播靠拢，不能自觉接受思想政治教育传播的引导、教育和熏陶，在参与层面造成思想政治教育传播同公众网络舆论参与的疏离，从而处于弱场状态。一旦批判机制作用走向式微，私人表象的无限膨胀势必会打破网络舆论生态运行的平衡状态，作为幻影的公众自然无法通过早已消失殆尽的主体意识来完成对网络舆论生态运行的有力批判，无法通过批判重回主体立场，并最终影响对网络舆论生态治理的理解达成。

第五章

网络舆论生态治理中思想政治教育传播的实践理路

网络舆论生态治理是一项系统工程，需要多学科的积极参与。如何确立思想政治教育传播的在场原则，如何优化思想政治教育传播的在场途径，都关系到思想政治教育传播参与网络舆论生态治理的实效。这对网络舆论生态治理不仅是必然的，而且是必要的，它从思想政治教育传播角度提出网络舆论生态如何治理的问题，要求思想政治教育传播紧跟网络舆论生态治理，并进行与之相对应的发展和变化。

第一节　思想政治教育传播参与网络舆论生态治理的原则

原则问题是思想政治教育传播参与网络舆论生态治理的首要前提。确立原则，就是明确参与立场和方向，规定参与范围和关注重点，指导网络舆论生态治理过程，最终影响思想政治教育传播在网络舆论生态治理中的广度和深度。思想政治教育传播参与网络舆论生态治理的原则，要坚持马克思主义指导思想，自觉抵制各种"非马""反马""淡马"的不良网络舆论，坚决杜绝非理性网络舆论在网络空间的渗透、蔓延、侵蚀和破坏。

一、指导性原则：坚持网络舆论的主流意识形态立场

指导性原则是对思想政治教育传播参与网络舆论生态治理的实践规定，要集中表达网络舆论的主流意识形态立场。坚持网络舆论的主流意识形态立场，一方面是网络舆论生态失衡镜像的内在因素所致，另一方面则是受思想政治教育传播弱场的现实所迫。网络舆论生态治理要坚持正确的方向，要在有利于和服从于主流意识形态的基本前提下，对各种"非马""反马""淡马"以及非理性网络舆论展开意识形态批判。

网络舆论生产、消费、传播过程很容易受到错误思潮的影响，"人类思想中的意识形态成分总是与思考者的现存生活环境紧密相连的"①，这就表明在网络舆论生态治理过程中，网络舆论大多按照个人的思想、行为及群体生活轨迹作为建构意识形态的标准。由于网络舆论易掺杂许多"惯习思维"和"群体模式"，尤其是参与主体为了利益最大化而失去最基本的平等原则、底线原则、无害原则，动辄对他人发动舆论暴力，进行人肉搜索、人身攻击和舆论裹挟，甚至危及他人的生命财产安全和破坏社会的安定有序，这实际上就提出了是否坚持网络舆论的主流意识形态立场的必要性问题。

思想政治教育传播要提高网络舆论的主流意识形态研判力。网络舆论一面向着生动的现实，它是参与主体扩大交往范围与自我表达的物质基础，有许多直接面对和解决的现实问题。这一面暴露出的问题是可以被人直接掌握的，通过思想政治教育传播的针对性调节便可以将人的思想与行为契合在合理范围。网络舆论另一面则向着信息传播的问题，这一问题并不能从人的思想与行为中寻找答案，而是要反观网络舆论的演变规律来寻求问题的突破口，通过思想政治教育传播激发人的创造潜能。在纷繁多样的网络舆论中，一切虚假的、盲目的、冲动的、偏执的、错误的网络舆论都披着意识形态的外衣，都假借着意识形态话语鼓动盲从的个人与群体。正如习近平同志指出的那样，"宣传思想阵地，我们不去占领，人家就会去占领"②。提高网络舆论的主流意识形态研判能力，就是要牢牢地把主流意识形态作为我们分析、理解、掌握网络舆论的基本指南，用马克思主义指导思想具体研判网络舆论生态治理过程，一切不易被发现、感知、掌握的网络舆论，都要在主流意识形态立场中寻求建立符合最大多数人利益的伦理原则和价值立场，能够按照社会共同体要求和思想政治教育传播发展的需要，直接解决网络舆论生态失衡镜像的问题，并将参与主体思想与行为的矛盾，以及个体与群体的冲突控制在公共理性的统摄范围内，接受思想政治教育传播的引导、教育和改造。这样一来，网络舆论生产、消费、传播过程便有了主流意识形态属性，面临失衡镜像威胁的网络舆论生态也将在思想政治教育传播参与中走向善治。

思想政治教育传播要加强主流意识形态对网络舆论空间的领导权。领导权是网络舆论空间的"阵地"问题，忽视或低估主流意识形态对网络舆论空间的

---

① ［德］卡尔·曼海姆. 意识形态与乌托邦［M］. 姚仁权，译. 北京：中国社会科学出版社，2009：76.

② 中共中央宣传部. 习近平总书记系列重要讲话读本［M］. 北京：学习出版社，人民出版社，2016：196.

领导权，就等于丧失了牢牢掌控"阵地"的主动权。郭燕来认为"行使意识形态的领导权就是要引导意识形态为大众服务"①，如果主流意识形态能够在服务的基础上将无休止的网络舆论纷争导向一个人们彼此愿意、乐意、善意的倾听空间，那么网络舆论空间便不再是一个充满争斗、混乱、虚幻的世界，此时的网络舆论空间就会因主流意识形态服务而愈发具有生命力、鲜活力、引领力和价值力。加强主流意识形态对网络舆论空间的领导权，主要有两个方面的目标：一方面，领导权是对一切有损、有害、危及网络舆论空间安全的不稳定因素的破除与重建，这其中虽然有网络舆论的自发原因，但主要在于主流意识形态未能及时、充分、完全地倾听、满足、彰显人们现实的物质利益和精神世界的需要，进而引发诸多乱象。领导权就要以此为切入点和落脚点，以服务的意识、理念、行为来调试人们的网络舆论参与行为，强化服务对网络舆论空间的利益引导。另一方面，领导权不能刻意从主流意识形态的角度表达，要尽可能地将参与主体的思想与行为统领在自己的领地，不可为了实现领导权而对所有与之不相一致的意识形态口诛笔伐，而是要深入分析此种情况的前因后果，从根本上获取对不相一致的意识形态的认识与理解，提高问题解决的精准度。这就要求主流意识形态不能只关心宏观的现实，不能只关注自己的领域，还要围绕个人的微观世界，尤其是要洞察人们的思想与行为缘何会在不一致的意识形态中产生依赖。如此，主流意识形态就有了巨大的阐释能力和创造空间，它不再是高高在上的"玄幻"之物，也不再是逃离现实物质生活世界的理论想象，反而以不同的姿态贴近公众生活，在细枝末节的微观世界中塑造网络舆论空间。

思想政治教育传播要善用感性意识形态充实主流意识形态的能力。"感性意识形态是人们在现实生活中表现出来的价值信念"②，这一点在网络舆论空间可以得到很好的体现。网络舆论空间是人们进行物质交往和精神生活的网络呈现，不仅能发现作为主流意识形态存在的空间基础，还可以认识到作为网络舆论形式存在的感性理念。然而，这些感性理念是否可以作为网络舆论生产、消费、传播过程的有效材料，是否可以将其纳入主流意识形态的理论视野和实践范畴，却是一个难题。就网络舆论生态治理而言，感性意识形态实际上是公众网络舆论参与的个性表达与塑造，是对"当代文化正在变成一种视觉文化"③ 的生动

---

① 郭燕来. 如何行使意识形态的领导权 [J]. 贵州社会科学，2016（12）：4.

② 刘少杰. 当代中国意识形态变迁 [M]. 北京：中央编译出版社，2012：45.

③ [美] 丹尼尔·贝尔. 资本主义文化矛盾 [M]. 赵一凡，蒲隆，任晓晋，译. 北京：生活·读书·新知三联书店，1989：156.

写照，它不再具有主流意识形态传播的特征，而是以平民化、平面化、大众化的传播形式改变主流价值观的传播和塑造，"社会成员在这种传播中扮演的角色不再是单纯的信息受众，或者说不再仅是被动的政治宣传的聆听者或思想教育的接受者"①。这样一来，感性意识形态就具有了补充主流意识形态纵深传播的效力，能够借助公众日常生活观念确立对主流意识形态的认识思路，通过大众方式将民意需求纳入主流意识形态的理解范畴，公众网络舆论参与过程也因感性意识形态的存在而更加丰盈和生动。但是，感性意识形态也有其传播风险，它的主要内容大多关乎公众的主观体验、感受和诉求，是一种自下而上、由点到面的生成路径，对主流意识形态的补充不是绝对化的过程，需要辩证地看待。

二、价值性原则：彰显网络舆论生态治理的人学意蕴

价值性原则是对思想政治教育传播参与网络舆论生态治理价值阐发的规定，要彰显网络舆论生态治理的人学意蕴。网络舆论生态治理不是工具性的测度，它是以人学的背景、内容和方法研究网络舆论生态运行过程的突出问题。思想政治教育传播参与网络舆论生态治理，要勃发后者的人学意蕴，以此凸显思想政治教育传播作为一种治理手段的独特优势。

根据艾瑞咨询发布的《2017 年中国社交应用需求价值白皮书》显示，荷尔蒙需求、较少孤独感、自我表达、社交工具、炫耀、发泄吐槽和自我提升成为用户使用社交应用的七大核心需求②。因此，只有当思想政治教育传播贴近公众的内在需求，网络舆论生态治理方能最大化地彰显人学意蕴，才能取得最佳效果。作为主体性的存在，人的思想与行为在何种层面方能对网络舆论生态运行产生全局性影响？这是网络舆论生态治理人学价值的研究背景。以传播学为代表的学科早已开展对网络舆论生态治理的研究，但不可否认的是，网络舆论生态治理首当其冲要对人的问题作出回应，这既是凸显思想政治教育学科优势的法宝，也是有别于其他研究视角的关键。对人的观照应当以人的网络舆论参与为依托，在网络舆论生产、消费、传播过程中思考人的生存现状，关注人的思想和行为动态，反思人的物质和精神需求，探索人的心态变迁规律，论证网络舆论生态治理与人学的关系等。此时，网络舆论生态治理就作为人学问题研究

---

① 刘少杰. 当代中国意识形态变迁［M］. 北京：中央编译出版社，2012：257.

② 艾瑞网. 2017 年中国社交应用需求价值白皮书［EB/OL］.［2020-05-20］. http://report. iresearch. cn/report/201709/3072. shtml.

的对象而存在，其目的在于通过研究网络舆论生态治理的人学特征，建立一条优化人的社会存在与虚拟存在的平衡发展道路，这是网络舆论生态治理人学价值的研究内容。"人的本体结构中内在地具有价值因素和科学因素"①，两种因素分别包含两种研究方法：价值方法和科学方法。从人的价值因素出发考察人的主体世界以及网络舆论生态运行对人的价值关系的影响，这是人作为价值因素对象的研究方法。从人的科学因素出发考察人的网络舆论参与行为，以及网络舆论生态运行对人的思想观念的影响，这是人作为科学因素对象的研究方法。两种研究方法都是对人的考察，都是将人作为完整的、统一的研究对象，两者不可分割。

复杂性存在直接关系到人的网络舆论参与是否遵从价值因素和科学因素的双重制约。就复杂性存在而言，单个人的利益需求和参与动机并不足以威胁网络舆论生态的系统运行，但这并不是说对人的研究就可以忽视那些支配人的行为动机因素，这主要是因为人的利益需求和参与动机在某种程度上可以达成对网络舆论参与的情绪渲染。就人的网络舆论参与而言，价值因素和科学因素的双重制约作用是有发生前提的，它要求网络舆论参与必须同人的行为观念系统发生作用。观念系统是一个集合体，既可以理解为单个人的不同观念的集合，也可以理解为多个人的观念集合。因此，彰显网络舆论生态治理的人学价值，至少需要在以下两个方面展开。

一方面，思想政治教育传播要在人的行为动机中寻找理性诱发力。动机是需要得到满足的前提，没有动机，人的网络舆论参与就失去了存在的意义和可能。从人的角度来讲，健康的、理性的、合理的动机均能诱发出有利于网络舆论生态治理的思想与行为。具体而言，思想政治教育传播要根植于人的兴趣、爱好、需要、追求当中，去综合观察人的动机特征，通过对人的问题的关注与解决，激励和培养人对网络舆论参与的积极态度，力求通过理性参与行为来获取对人的动机的全面掌握。从社会的角度来讲，人的动机在一定程度上可以折射出人对理想社会生活的目标建构，甚至反映出一个时代的社会心态与价值变迁。当人的动机对社会关系直接产生作用时，网络舆论生态治理便可以借助社会的物质规定性对人的动机加以制约，在力求人的动机正向作用社会关系的同时，采取必要措施对社会关系进行"主观性"改造。只有当人真正意识到动机因素可以作为人的内在力量对网络舆论生态运行加以"主观性"改造的时候，那些深藏在动机因素之中的理性诱发力便有了萌发的空间，人就有了在"现实

---

① 韩庆祥. 马克思主义人学思想发微 [M]. 北京：中国社会科学出版社，1992：56.

性"中寻找"主观性"的需求能力，也就有了以"大我"的理性动机参与网络舆论生态运行的行为。

　　另一方面，思想政治教育传播要在人的行为观念系统中寻找价值依据。人的观念系统由多种价值因素构成，包括人在网络舆论生产、消费、传播过程中秉持的态度、立场、价值、观念等。对人的行为的观念系统来说，寻找价值依据意味着人的观念系统可以不断趋近于真、善、美相统一。首先，要从观念系统之外考察人同网络舆论生态治理的价值关系，把人的"现实性"作为对"主体性存在"的中心内容加以考察，在人的网络舆论参与过程中考察人的观念系统，如此才能确保考察结果的客观性、系统性和全面性，才能在着眼于"真"的问题的基础上生发对人的观念系统的价值理解。其次，要超越人的"主观性存在"，要对人的观念系统作深入的价值批判，弄清楚"主观性存在"之于"主体性存在"的意义区别，厘清关于人的观念系统中应该具有怎样的价值规范，以及作为"善"的价值批判在何种前提下才能对人的观念系统作否定性的评价。"善"着眼于"自由王国"向"必然王国"的过渡，虽然人的观念系统极具不稳定性，但这并不能阻挡人的"主观性存在"对"主体性存在"的渴望，也不可能泯灭"善"对人的观念系统的超越意义和解放可能。最后，要以愉快情感的勃发来重塑人的观念系统。"审美的情感是一种由于直观到人的自由的实现而产生出来的愉快的情感"①，美的表达是对人的观念系统的塑造，也是人通达自由境界的情感体现和实践证明。人的观念系统包含情感的创造，愉快的情感通常可以创造出美的表现形式，是人的"内在尺度"的彰显。因此，对美的追求就决定了要对人的观念系统加以重新改造，在公众网络舆论参与过程中赋予人以审美感受和美感体验，以美的形式、美的内容、美的追求、美的价值重塑人的观念系统，最终使公众在网络舆论参与过程中获得精神愉悦感，使网络舆论成为美的情感表达。

三、系统性原则：重视网络舆论生态治理的过程理解

　　系统性原则是对思想政治教育传播参与网络舆论生态治理的整体性规定，要求在参与过程中重视网络舆论生态治理的过程理解。网络舆论生态治理不能恪守只求结果、不计过程的急功近利思维，对过程的理解有利于增进思想政治教育传播对网络舆论生态治理实质的把握。首先，过程理解受到网络舆论生态运行结构、基本特征的交互影响，这对主体以何态度进行网络舆论参与有着至

---

　　①　刘纲纪. 美学与哲学［M］. 武汉：武汉大学出版社，2006：124.

关重要的作用。其次，过程理解包含主体对网络舆论生产、消费、传播过程的认知与建构，影响主体对网络舆论生态治理的成效评价。最后，过程理解强调网络舆论生态治理的条件性、系统性和运动性，任何割裂过程构成的行为都将导致网络舆论生态治理过程的不完整性和结果的未完成性。网络舆论生态治理过程，应该是一个合规律性与合目的性的过程展开。从合规律性的过程来看，它首先是在机理分析的基础上提出网络舆论生态治理过程的目标、任务、内容、方法、成效等，这些因素相互联系、相互作用，是一项复杂的矛盾运动过程。从合目的性的过程来看，它侧重对网络舆论生态治理的深化，尤其是对合规律性过程暴露出的矛盾性问题的探究，这些矛盾性问题既是网络舆论生态失衡镜像的具体表现，也是网络舆论生态治理过程需要加以补充和修正的地方。

思想政治教育传播重视网络舆论生态治理的过程理解，需要正视、讨论、解决网络舆论生态运行过程中的三对矛盾关系。

一是参与主体同权力之间的矛盾关系。在网络舆论生态问题镜像中，权力思维的过分膨胀往往会沦为参与主体自我中心化发展的谋利手段，参与主体也由权力的拥有者异化为被奴役的对象。如何克服权力中心化的局限而使参与主体趋向客观理性的参与，由权力的拥有者向权力的实践者过渡，是权力思维的生存论革命，也是思想政治教育传播破解参与主体同权力之间矛盾关系的关键。矛盾关系的存在并非是直接导致网络舆论生态失衡的诱因，如果参与主体失去对权力的掌控，或者说权力不被视为网络舆论生态运行的系统结构，那么权力缺场必将导致网络舆论生态运行的"中断"。权力犹如发动机般存在，它是网络舆论生态运行最深层的动因，也是参与主体从自身存在看待和理解网络舆论生产、消费、传播过程的触角。对参与主体而言，权力是一把双刃剑，只有当权力是为他人存在、为他人谋利，不为自己存在、不为自己谋利的时候，参与主体同权力之间的矛盾关系才能处于可控位置，才能通往反思批判的建构道路。应当指出，因权力存在而导致的矛盾关系，从内在和外在两个方面为主体以何种态度进行网络舆论参与提出了要求，也为思想政治教育传播参与网络舆论生态治理创造了条件。从内在方面而言，矛盾关系是主体网络舆论参与过程的"客观化要求"，需要借助参与主体的"权力实践"具体化解这种矛盾关系，发挥思想政治教育传播对参与主体权力认知的引导作用，实现向权力实践者"转化"；从外在方面来讲，矛盾关系决定了网络舆论生态治理过程是一项长期的任务，不能以追求矛盾关系的化解为根本目的，还要在矛盾关系的物质基础上横向考察权力的覆盖面与辐射面，把参与主体同权力的互动过程视为剖析网络舆论生态治理的"生存性条件"。

二是参与主体同议题之间的矛盾关系。议题有其存在的合理基础和必要依据，任何对议题的人为干涉都会对网络舆论生态治理过程产生影响，冲淡思想政治教育传播参与网络舆论生态治理的效果。从议题的嵌入、出场到设置，都和参与主体息息相关，其结果无非是两种面向：个人情感的议题"沦陷"和公共理性的议题"突围"。两种面向呈现的是一对矛盾关系，前者统一于参与主体对议题的个人偏好，并不过多涉及利益共同体的议题，后者统一于参与主体对议题的公共追求，是符合理性需要的集体感知。就第一种面向而言，矛盾关系的"条理性更多地依赖于情感的统一性而不是依赖于逻辑的法则。这种情感的统一性是原始思维最强烈最深刻的推动力之一"①。之所以强调矛盾关系的条理性，主要是因为此面向的议题基本是出于个人情感的需要，是参与主体情绪化表达的象征，其合理基础在于个性意识的强化有助于网络舆论生产、消费、传播的社会化过程，便于思想政治教育传播在参与主体之间产生情感渲染的效果。但其最大的弊端却是容易导致同一化的网络舆论，尤其是当个人情感的"无限出场"导致的议题"沦陷"，进一步将参与主体同议题之间的矛盾置入紧张的关系之中，这一切又从舆论狂欢的表象演变成群体盲从的行动。就第二种面向而言，参与主体同议题的矛盾关系始终被公共理性所掌控，成为网络舆论生产、消费、传播过程的考量对象，也是思想政治教育传播对参与主体施加作用的关键。在严格遵从议题的公共价值之外，参与主体仍坚持以理性化的逻辑规则将议题同最大多数人的利益需求相契合，当参与主体在议题之中无法寻找到适以表达自己利益需求的时候，当参与主体的利益需求无法同群体利益需求保持一致的时候，公共理性必将冲破情绪化思维的窠臼，借助思想政治教育传播的正向作用，把参与主体同议题的矛盾关系始终控制在"公共的"场域，时刻接受人们的监督。网络舆论监督、网络舆论批评、网络舆论回应都是对此矛盾关系的具体说明。

三是参与主体同话语之间的矛盾关系。话语是主体参与网络舆论生产、消费、传播过程的产物。通过话语掌握网络舆论趋向，用话语概念反映网络舆论生态治理的本质和规律，这是参与主体同话语之间矛盾关系的主要概括。话语和网络舆论同步展开，不论何种形式、有何意指的网络舆论，都有其特定的话语表达形式，都是主体参与网络舆论生产、消费、传播过程的目标追求和意义阐释。也就是说，参与主体同话语之间的矛盾关系，并不是要使话语彻底摆脱参与主体的人格化属性，也不是将其视为抽象的关系表达，而是要在网络舆论

---

① ［德］恩斯特·卡西尔. 人论［M］. 甘阳，译. 上海：上海译文出版社，1985：104.

生态治理过程中使这种矛盾关系逐步转化为具体的概念和范畴，使之成为可供参与主体实践和评价的独立领域，成为思想政治教育传播的直接作用对象。这样一来，人格化的矛盾关系便有了走向实践的可能，参与主体在网络舆论生态治理过程开始寻求话语的终极指向。因此，参与主体同话语之间的矛盾关系，就具有了对网络舆论生态治理的意义分析能力，具有了对主体及其网络舆论参与行为最大普遍性的认识能力，具有了对思想政治教育传播的接受能力。在话语形成的地方，网络舆论生态治理开启了自我建构和意义表达的道路，在话语终结的地方，参与主体实现了对网络舆论生态治理的终极表达。这是话语的胜利，也是思想政治教育传播参与网络舆论生态治理的胜利。

四、主体性原则：提升参与主体的自觉能动性

主体性原则是对思想政治教育传播参与网络舆论生态治理应当具有什么样的参与公众的规定，要求提升公众作为参与主体的自觉能动性。参与主体自觉能动性是一种主体性行为，具有明确的参与目标，能够准确把握活动对象提出的任务要求。就其特点来看，它是参与主体共同推进的结果，网络舆论生产、消费、传播过程都是参与主体自觉能动性的情景再现。从网络舆论生态治理角度而言，提升参与主体自觉能动性，至少包括三个方面的考虑：首先，自觉能动性为参与主体在网络舆论生产、消费、传播过程中铺设了通往"自由王国"的精神桥梁，它把精神交往视为主体网络舆论参与的重要日程，并以其测度参与主体的活动能力。其次，参与主体自觉能动性有利于更好地回答网络舆论生态运行"应当如何"的问题，可以更好地帮助主体有效获取真理性的认识，更好地处理人与网络舆论的关系。最后，参与主体自觉能动性是对网络舆论生产、消费、传播过程的再认识和再提高，因为对参与主体而言，不同的认识能力和实践活动产生的网络舆论参与效果是不同的，标示的网络舆论生态运行范围也是不同的。

立足思想政治教育传播，以精神交往促成参与主体"自由王国"的实现。在网络舆论生态治理中，精神交往构造了网络舆论生产、消费、传播的形式，是参与主体自觉能动性最直接的体现。网络舆论的产生、形成和发展，不是某种纯粹的自在之物，它是与之相对应的物质社会生活发展而来的产物，是参与主体自觉能动性的结果。从"自在王国"与"自由王国"的关系出发，网络舆论生态治理便将作为"问题"的网络舆论并入"自在王国"的批判之中。从"自在王国"的视角来看，人们虽然置身于网络舆论生产、消费、传播过程之中，但却不是以主体身份进行参与，人们反被自己创造的网络舆论所控制，处

于一种自发的状态。究其原因，在于网络舆论的异化，这种异化是"眼球经济""粉丝经济""流量为王"造成的结果，也是网络舆论资本化趋势的必然。只有克服网络舆论的资本异化，对其进行资本批判和价值重塑，人们才能重返主体自由的状态，才能以主体身份真正参与到网络舆论的生产、消费、传播过程中，网络舆论才能彻底从资本的奴役之中解脱出来，一个平衡的网络舆论生态才会成为可能。这是全面占有自己本质的参与主体能力的实现，也是"自在王国"向"自由王国"的转换，"在这个必然王国的彼岸，作为目的本身的人类能力的发挥，真正的自由王国，就开始了"①。

立足思想政治教育传播，以参与主体自觉能动性规定网络舆论生态运行的"应当如何"。"应当如何"是网络舆论生态运行的应然性问题，也是网络舆论生态运行可否通过自己的创造性活动来处理人与网络舆论关系的问题，并以对"应当如何"的提问方式具体规定人们的实践活动。自觉能动性作为主体性原则的构成，它把确立参与主体的地位、功能、表现视为对网络舆论生态运行"应当如何"的回答。一方面，"应当如何"是对网络舆论生态运行应有结果的回答，是走向善治的理想追求，它将参与主体自觉能动性并入网络舆论生态运行的结果构成之中。这不仅是对参与主体活动目标的强化，更是对作为主体性原则体现的自觉能动活动的价值创设。另一方面，"应当如何"不是随心所欲的想象，也不是罔顾主体规定性的超越，它看到了网络舆论生态运行的障碍，也正视了参与主体的活动挑战。可以说，"应当如何"是在尊重参与主体自觉能动性的基础上，对网络舆论生态治理的客观性认识，是从被动向主动、从实然到应然、从可知到可塑的积极创造。客观来讲，自觉能动性是参与主体自我超越的实现，离开了这一前提，网络舆论生态运行很可能失去创造性的可能，思想政治教育传播极易因参与主体自觉能动性的丧失，而失去参与网络舆论生态治理的条件保障，终将因创造性的消失而陷入混乱状态，既不能反映网络舆论生态运行的实质，也不能以主体性的方式影响人们网络舆论参与的自觉性。

立足思想政治教育传播，以参与主体自觉能动性指向网络舆论生态治理的预期结果。从网络舆论生态治理的目的角度来看，参与主体自觉能动性总是具有一定的目的，这种目的具有明确的价值取向，并包含对网络舆论生态治理预期结果的评价。参与主体因网络舆论冲突而较难达成价值取向的同一性，这是网络舆论的自发性和参与主体实践活动目的的不一致性所致。这些不一致的地

① 中共中央马克思恩格斯列宁斯大林著作编译局．资本论：第三卷［M］．北京：人民出版社，2004：929.

方，不同参与主体对同一网络舆论的态度也可能是相异的，甚至在价值取向同一的地方，同一网络舆论对相同时间活动目的的参与主体的影响也是不一样的。也就是说，对参与主体而言，不同的实践活动标示着不同的网络舆论生态运行范围，参与主体的实践活动与网络舆论生态治理结果具有多样化的典型特征。在正常情况下，只有当参与主体之间的实践活动目的达成有效统一，并以自觉能动性为实践指向，网络舆论生态治理的预期结果才会得以最大化实现。预期效果是相对于网络舆论生态运行的历史条件而言的，具有相对性与合理性。就相对性而言，无论参与主体自觉能动性几何，网络舆论生态治理的预期结果只能是相对于失衡镜像而言的，即取得相对的平衡。就合理性而言，预期结果肯定了参与主体自觉能动性的作用，从价值实现的角度对参与主体作出了肯定性的评价，是参与主体自觉能动性合乎实践活动规律的表现。因此，以参与主体自觉能动性促成网络舆论生态治理结果的实现，首先要对预期结果作前提性说明，不能忽视结果预期性对网络舆论生态运行的系统影响。

五、发展性原则：探索适合网络舆论生态运行的思想政治教育传播实践

发展性原则是对思想政治教育传播参与网络舆论生态治理方向目标的规定，要探索适合网络舆论生态运行的思想政治教育传播实践。网络舆论生态有其特有的运行结构，如何认识和利用运行结构，既是网络舆论生态走向何方的突出表现，也是思想政治教育传播能否在场的基础。

探索适合网络舆论生态运行的思想政治教育传播实践，需要遵循三个方面的要求：第一，传播实践必须在给定的社会条件下进行，能动地对网络舆论生态运行作出反映或改变。第二，传播实践要激发主体进行网络舆论参与的积极性，确保主体对网络舆论生态运行过程的传播关系进行协调和维护，这是因为"网络传播只有在不安全系数很小的情况下才可维持"①。第三，传播实践要表征一种网络社会关系，要在网络舆论生态运行过程中将这种关系不断推向深入和稳定。这三个方面的要求虽然只是对传播实践的规约，但从其内容实质上来看，更多的是网络舆论生态治理原则化、规范化和标准化的体现。这些原则为思想政治教育传播参与网络舆论生态治理提供了关系契合的思考路径，如果失去原则的规约，思想政治教育就难以从传播实践的角度加深对网络舆论生态治理的理解，继而影响其在内容上提出的网络舆论生态治理的可行措施。

---

① ［荷］简·梵·迪克. 网络社会——新媒体的社会层面（第二版）［M］. 蔡静，译. 北京：清华大学出版社，2014：41.

增加思想政治教育传播实践对网络舆论生态运行的可选择性。"一个最抽象和概括的历史进程就是时空距离化"①，它表明网络舆论生态运行会因时空距离的存在而走向愈加复杂的境地，时空障碍却不会因传播实践的深入而自行打破或消失，反而会借助传播实践为网络舆论生态运行制造更多的时空困局。增加传播实践对网络舆论生态运行的可选择性，就是在时空距离化的前提下使传播实践的触角深入到网络舆论生态运行的中心位置，有所为，又有所不为，用发展的眼光看待网络舆论生态治理。

有所为指的是传播实践要使网络舆论生态运行更具有选择性。这里有两层含义所指：一是网络舆论生态运行不能只依靠网络舆论建立起来的传播关系，更要在传播实践的深化中增加思想政治教育可以作用的客观对象，即那些可以被影响且可被利用的网络舆论生态系统要素；二是传播实践要打破网络舆论生态运行结构的内部壁垒，扩展思想政治教育传播参与网络舆论生态运行的媒介要素和实践平台，提高参与主体对网络舆论生产、消费、传播的控制能力，包括运用思想政治教育原理与方法对网络舆论进行辨识、筛选、分类、处理的能力。

有所不为指的是传播实践要善于分辨网络舆论生态运行的两面性，要及时处理那些有损网络舆论生态平衡的影响要素，充分发挥思想政治教育功能，在传播实践中加以解决。有所不为有三个方面的要求：一是不能因时空距离化而为传播实践营造一种相互隔离的关系状态，这无疑会导致传播实践走向分裂，不再作为整体意义上的凝聚力量作用于网络舆论生态运行；二是不能因时空距离化而变相改变传播实践的作用范围和实践力度，传播实践存在的合理依据主要在于其合理的阈值，一旦超过这个阈值，思想政治教育传播就会失去对网络舆论生态运行的参与能力，自然就丧失了传播实践的生存土壤；三是不能因时空距离化而忽视传播实践遭遇碎片化的可能，当传播实践与网络舆论生态运行捆绑在一起的时候，任何碎片化的存在都将导致产生新的不规则、不确定、不稳定因素，此时更加需要思想政治教育的凝心聚力作用，在传播实践中积极应对碎片化的挑战。

建立思想政治教育传播实践对网络舆论生态运行的关系网络。关系网络的目的在于消解网络舆论生态运行结构的不平衡性，以期通过传播实践的介入降低网络舆论生态运行结构中驱动关系、调节关系、反馈关系的摩擦系数，增加

---

① ［荷］简·梵·迪克. 网络社会——新媒体的社会层面（第二版）［M］. 蔡静，译. 北京：清华大学出版社，2014：168.

彼此之间的适应力、黏结力与融合力。关系网络的建立归因于思想政治教育传播实践的贯通性。一方面，思想政治教育传播实践增加了网络舆论生态运行结构关系的连接点，使传播实践始终围绕驱动关系、调节关系、反馈关系的横向联结进行，三种关系彼此独立，但又共同围绕传播实践而相互发生作用，形成一个贯通的关系网络。另一方面，思想政治教育传播实践增加网络舆论生态运行结构关系的可嵌入性，可嵌入是驱动关系、调节关系、反馈关系是否对网络舆论生态运行发生作用的评价指标。在传播实践中，可嵌入性改进网络舆论生态运行结构关系的作用状态，实现比之前更为精准、深入、有效的联结效果，它将传播实践意向以可嵌入的方式作用于网络舆论生态运行，并在驱动关系、调节关系、反馈关系的基础上建立更为稳定的关系网络。关系网络对思想政治教育传播实践的作用不容小觑，它不仅可以将传播实践的触角延伸到网络舆论生态运行的各个角落，还可以带着对传播实践的重视，促使参与主体对驱动关系、调节关系、反馈关系进行理性审视和展望，进一步优化网络舆论生态运行的关系网络。

转化思想政治教育传播实践对网络舆论生态运行的信息供应。信息供应是网络舆论生态得以持久运行的关键，只有当更多的信息被参与主体接纳的时候，网络舆论生产、消费、传播过程才可以拥有更多的信息接口，参与主体便可凭借源源不断的信息接口建立更多的信息通道，多方式、多维度、多渠道地进行网络舆论参与。这对于改善网络舆论参与环境，优化网络舆论主体结构，提高网络舆论生态治理实效均有着积极的作用。但问题在于，增加信息接口是不是意味着信息通道的畅通，是不是意味着信息供应的到位，是不是意味着参与主体行为的转化和提高？"究竟要怎么处理信息，它是被转化成政治行为了吗？这是一个改变的动机与能力的问题。"① 因此，这就要求我们必须对信息供应的转化问题作出回应。一方面，思想政治教育传播实践能否对网络舆论生态运行的信息供应作出回应，它是思想政治教育在网络舆论生态运行过程中走向实践自觉的问题。另一方面，将信息供应转化为参与主体的信息应对行为，既是参与主体由思想到行为的过渡、思想与行为相契合的问题，也是思想政治教育传播实践依据网络舆论生态治理目标进行的信息筛选、过滤、处理和评价的行为。信息供应扩充了思想政治教育传播实践参与网络舆论生态治理的可能基础，但也增加了一定的风险，随着信息供应数量的提高，纷繁庞杂的信息通道必将给

---

① ［荷］简·梵·迪克. 网络社会——新媒体的社会层面（第二版）［M］. 蔡静，译. 北京：清华大学出版社，2014：110-111.

网络舆论生态治理带来巨大的运行压力，传播实践在此时就可以充当主动转化信息供应的角色，力求有价值的信息供应和规范的参与行为。

第二节　思想政治教育传播要在舆论场凝聚发展活力

在舆论场凝聚发展活力，一方面要考虑舆论场的分类和要求，考察"民间舆论场"和"官方舆论场"有没有凝聚发展活力的成分；另一方面要在更深层面推动思想政治教育在网络空间的现代转型，辩证看待舆论场的发展活力，既要关注舆论场的知识生产与分化，也要立足舆论场积极拓展思想政治教育传播的时空境遇。深刻理解这两点，对于强化思想政治教育传播的在场状态，夯实思想政治教育传播参与网络舆论生态治理的途径，有着至关重要的作用。

一、舆论场的分类与要求

通俗地讲，舆论场就是舆论的发生场域。之所以强调舆论场，主要是因为思想政治教育传播需要借助舆论场进一步彰显自身价值，而且舆论场的存在有利于思想政治教育传播的有益成分，能够通过公众网络舆论参与网络舆论生产、消费、传播过程，围绕"思想武器"和"日常观念"展开具有规律性的认识和探索，引导人们对舆论场进行更深层次的思考。这是一种积极、肯定、乐观、向上的态度，是公众网络舆论参与正向促进思想政治教育传播的价值形式。

舆论场主要分为"民间舆论场"和"官方舆论场"①。尽管学界对舆论场的界定有多种表达，但就网络舆论的参与主体和表达方式而言，它在"总体上属于民间舆论"②。也就是说，思想政治教育传播需要扎根"民间舆论场"倾听和发现人们对引发网络舆论热点事件背后的声音，对附着在其之上的时代最强音作出最具理论魅力的解读。但这并不意味着要忽视"官方舆论场"，两者各有自己独特的地位和作用，不能顾此失彼。

"民间舆论场"是最具活力的，它集中反映了人民群众日常生活和网络交往

---

① 本书所讲的"民间舆论场""官方舆论场"分别包含了对"民间网络舆论场""官方网络舆论场"的理解，前者是一个大的概念范畴，故不再单独说明"民间网络舆论场""官方网络舆论场"。

② 邹军. 看得见的"声音"——解码网络舆论［M］. 北京：中国广播电视出版社，2011：37.

中的思想、理念、情绪、情感、诉求等，这些都是思想政治教育传播需要加以重视和研究的问题，极大地扩充了思想政治教育传播资源，"思想政治教育资源的功能或效用是其自身的客观性质与人们的主观要求相结合的产物"①。资源的扩充，意味着思想政治教育传播有了更广、更深的依托平台与关系，但"不能简单地介绍消极因素，更不能毫无顾忌地渲染社会负面因素，而是要根据目标要求进行必要的筛选、组合"②。这就为思想政治教育传播的"民间舆论场"提出了要求：

"民间舆论场"要坚决遏制和杜绝非理性因素的负面影响，除了要积极吸收一切有利于思想政治教育传播的有益因子之外，还要对那些非理性因素进行排序和筛选，从"两个尺度"的角度对其加以批判性的分析，为什么会出现此类情况，此类情况又有何种危害，思想政治教育传播如何应对这种危害？这些虽然是"民间舆论场"的次生灾害，但却是对网络舆论展开价值批判的重要内容，促成了思想政治教育传播在舆论场凝聚发展活力的有序进行。

"民间舆论场"要深层透视公众网络舆论参与背后的诉求和动机，对网络舆论生产、消费、传播过程而言，无视作为主体性存在的公众现实利益诉求，完全以"高高在上"的态度对待"民间舆论场"，甚至是无视"草根阶层"的舆论呼声，无疑会将网络舆论生态推向失衡的深渊，并阻隔思想政治教育传播参与网络舆论生态治理的通道。正是在此意义之上，思想政治教育传播在舆论场凝聚发展活力，必须重视"民间舆论场"的诉求和动机，以思想政治教育的名义对公众网络舆论参与网络舆论生产、消费、传播过程展开"微观叙事"——以亲民、人文、个性的理论形态表征公众网络舆论参与的诉求和动机。

"民间舆论场"离不开思想政治教育传播对自己的批判性反思。批判性反思并不是要彻底抛弃或者推翻"民间舆论场"，而是"以'清理地基'的方式进行的，是以'对自明性的分析'实现的，也就是以'流行观念陌生化'的方式实现的"③。思想政治教育传播在舆论场凝聚发展活力，一定要揭示"民间舆论场"的生存逻辑，既要体现网络舆论生态平衡的总体指向，还要彻底抓住"民间舆论场"的潜在力量，将权力、议题、话语视为对"清理地基""对自明性的分析"和"流行观念陌生化"的理解维度。如果脱离权力、议题、话语的分析视域，思想政治教育传播也就丧失了对"民间舆论场"的有力抓手。

---

① 陈华洲.思想政治教育资源论［M］.北京：中国社会科学出版社，2007：117.
② 孙其昂.社会学视野中的思想政治工作［M］.北京：中国物价出版社，2002：65.
③ 孙正聿.理论思维的前提批判：论辩证法的批判本性［M］.北京：北京师范大学出版社，2017：37.

"官方舆论场"是思想政治教育传播的另一个重要场域，它是推进思想政治教育传播参与网络舆论生态治理过程的最后屏障。首先，当思想政治教育传播无法有效回应和解决"民间舆论场"乱象的时候，我们只能期盼"官方舆论场"的"拨乱反正"和"力挽狂澜"。其次，思想政治教育传播在舆论场凝聚发展活力，需要从"官方舆论场"出发去深入理解、批判和重构"民间舆论场"，不需要时时处处围绕"官网舆论场"，但却必须时时处处利用"官方舆论场"的声音和智慧，指导公众网络舆论参与网络舆论生产、消费、传播过程，因为"官方舆论场"构成了思想政治教育传播的生命线，是网络舆论生态治理不可或缺的宝贵资源。最后，"官方舆论场"构成对网络舆论生态治理最深层、最本质、最全面的把握，思想政治教育传播同"官方舆论场"具有实践同一律的特征，超越了网络舆论生产、消费、传播过程中肤浅的、表象的、片面的认知局限，不断促成思想政治教育传播的深入和有序。

"官方舆论场"的发展活力主要体现在：公众网络舆论参与在"官方舆论场"都是如何表现的，这些思想与行为如何利用思想政治教育传播来解释。这些虽然是以问题的形式展现的，但无不说明"官方舆论场"具有可供思想政治教育传播利用的网络舆论资源。毫无疑问，思想政治教育传播需要对这些问题进行追问和反思，揭示"官方舆论场"的特殊价值，进一步凝聚发展活力。"官方舆论场"还面临话语范式创新的问题，如何利用官方的、正统的、传统的话语表达方式，将网络舆论生产、消费、传播过程显现出的思维方式、舆论形式、媒介表达转换为被公众乐意接受和认同的范式，而不是一味地站在"官方舆论场"思考网络舆论生态治理的问题，不从"民间舆论场"的实际情况出发去反思自身存在的问题。这就表明，"官方舆论场"只有把思想政治教育传播延伸到"民间舆论场"内部，把对"民间舆论场"的问题关注视为对自身问题的反思和解决，两个舆论场才能最终统一在网络舆论生态平衡之中，思想政治教育传播在网络舆论生态治理中才能切实发挥作用。

二、思想政治教育传播要关注舆论场的知识生产与分化

有理性、健康、正向的网络舆论，也有非理性、不健康、负向的网络舆论，思想政治教育传播不仅要充分吸收理性、健康、正向的网络舆论，而且要引导和批判非理性、不健康、负向的网络舆论。网络舆论的两面性决定了舆论场的复杂性，致使舆论场出现知识生产与知识分化两种截然不同的景观。

知识生产为思想政治教育创新发展提供不竭动力。网络舆论生产、消费、传播过程需要运用大量的知识，有网络舆论的知识、社会生活的知识、人际交

往的知识等。不具备相应的知识，网络舆论生产、消费、传播过程就会受到影响，很有可能产生不全面、不彻底、片面的网络舆论。思想政治教育传播具有哪些知识、能够生产什么知识、生产的知识用向何方，都在一定程度上影响人们对思想政治教育的科学评价和社会认同。通过知识生产，思想政治教育传播可以获得对感性世界的理性认识，以知识的价值原点拓展人们的精神世界，在各种思想理念的碰撞、交流、融合中使个人的发展能够感受到来自思想政治教育的理论魅力，从知识到价值，再把价值还原为个人社会实践的精神品格，这样就把知识生产同对现实问题的关切、人的自由全面发展统一起来。知识生产本身没有边界，但它一旦同思想政治教育传播建立关联，就必须坚守思想政治教育的意识形态属性。也就是说，它必须生产具有思想政治教育学科属性的知识，必须接受主流意识形态和社会主义核心价值观的影响和改造，并逐渐成为思想政治教育传播的知识。尽管学界前人从不同方面提出了思想政治教育的知识借鉴，如"教育学知识借鉴、心理学知识借鉴、伦理学知识借鉴、人格学知识借鉴、政治学知识借鉴、法学知识借鉴、社会学知识借鉴、美学知识借鉴、系统科学知识借鉴、行为科学知识借鉴"[1]，这些知识借鉴在一定程度上促进了思想政治教育的知识生产，但在媒介环境瞬息万变的今天，知识爆炸已经成为一种常态，思想政治教育传播如何坚守网络舆论阵地，如何应对知识生产以外的网络舆论干预和控制，就成为思想政治教育传播参与网络舆论生态治理的题中之意，必须加以重点关注。

网络舆论分化思想政治教育知识生产，这主要是从网络舆论负面因素而言的。分化并不是对思想政治教育知识生产的肢解，而是网络舆论僭越了思想政治教育知识生产的边界。也可以理解为网络舆论生产、消费、传播过程并没有向思想政治教育知识生产提供客观、理性、成熟的思想理论，它展开于一个松散且价值理性缺场的网络，思想政治教育传播在这种网络环境中进行知识生产，意味着知识已不再是思想政治教育传播的知识，知识随时可以因网络环境的变化而出现分化。这主要是因为网络舆论可以借助算法推荐过滤掉思想政治教育孜孜以求的信息，这一过程没有加法，只有减法。如果信息过滤只是作用于思想政治教育知识，而不对那些非理性网络舆论施加影响，舆论场会变得更加复杂、多变，整个网络舆论生态就会遭到破坏，思想政治教育传播参与网络舆论生态治理就会陷入被动和危险的局面。

网络舆论分化思想政治教育知识生产的价值基础必须给予重视。"现在的过

---

① 陈秉公. 思想政治教育学原理［M］. 北京：高等教育出版社，2006：52-58.

滤器，不再是过滤掉什么东西了。它们是向前过滤（filter forward），把它们的过滤结果推到最前面。"① 这就使思想政治教育知识生产置于更加复杂的境地，不仅需要耗费更多的时间、精力成本进行知识生产，而且要更新过滤技术，使那些非思想政治教育知识的信息排除在系统之外。即便如此，思想政治教育传播也不能完全掌握过滤过程，因为"过滤本身成了内容"②。一旦思想政治教育知识生产为了过滤而过滤，那些经历过滤和过滤掉的信息就会根据网络舆论媒介环境的变化来施加新的命令，进一步分化知识生产，使思想政治教育知识变得零散、紊乱、无序，甚至丧失知识结构的政治性和价值性。思想政治教育知识生产不是信息或知识过滤的简单重复，必须有明确的定位和生产途径，然后逐级提炼出有价值的思想和理论，同时要尽力克服网络舆论生产、消费、传播过程中因信息聚集而导致的"信息茧房"效应。

网络舆论分化思想政治教育知识生产的网络连接必须给予重视。网络连接是确保思想政治教育知识生产规范化、系统化、科学化的保障。只有在一个庞大的网络连接中，才能确保知识生产来源的广泛性，才能有更多的机会接触到以往没有接触到的信息和知识。然而，网络舆论一旦陷入非理性的状态，网络连接就会反向束缚思想政治教育的知识生产。我们越是依赖网络连接，网络舆论就越是分化思想政治教育依赖的知识架构，我们在网络连接中就越得不到思想政治教育知识。因为在不受任何限制的网络连接中，公众网络舆论参与虽然通过实践进行，但网络舆论吁求的信息并不是通过价值理性实现的，而当公众开始制造信息和获取信息时，思想政治教育便开始面临人为定向生产知识的可能状态。

网络舆论分化思想政治教育知识生产的永恒和稳定必须给予重视。"知识实体要求并且暗含着永恒性、稳定性和社会忠诚度，而这在互联网上很少甚至丝毫不存在。"③ 在网络舆论中，信息似乎可以作为一种媒介形式而存在，或是为公众网络舆论参与提供多样参考，或是为网络舆论生产、消费、传播过程捕捉新的灵感，具有漫射的典型特征。同时，能否从政治层面批判网络舆论中"非马""反马""淡马"的倾向，能否在价值层面建立思想政治教育知识生产的精

---

① ［美］戴维·温伯格. 知识的边界［M］. 胡泳，高美，译. 太原：山西人民出版社，2014：19.

② ［美］戴维·温伯格. 知识的边界［M］. 胡泳，高美，译. 太原：山西人民出版社，2014：21.

③ ［美］戴维·温伯格. 知识的边界［M］. 胡泳，高美，译. 太原：山西人民出版社，2014：71.

神宝库，都关系到思想政治教育知识生产的永恒和稳定。只有在永恒和稳定的前提下，知识生产才能同时包含对公众网络舆论参与网络舆论生产、消费、传播过程的正确理解，思想政治教育知识生产才能统一在"民间舆论场"和"官方舆论场"的争锋之中，才能从根本上把网络舆论和思想政治教育知识生产理解为同一过程。

三、思想政治教育传播要在舆论场积极拓展时空境遇

时空境遇是一种转型现象，同其他任何一种境遇一样，它的产生有着深刻的网络空间依据。"社会转型的实质是社会结构的转型，思想政治教育转型同样具有思想政治教育结构转型的特点，导致思想政治教育内部关系、思想政治教育与外部关系之间的转变和调整。"① 思考思想政治教育传播的时空境遇，除了要研究思想政治教育结构转型之外，还要从存在论角度对网络舆论同思想政治教育结构之间的关系进行总体考察，要在结构转型之中探寻网络舆论引发思想政治教育传播时空境遇变化的内在因素，在网络舆论拓展中重新表述思想政治教育传播的时空规定。

"社会结构是思想政治教育的理论之根。"② 作为存在之基，思想政治教育传播可以在社会结构中探寻适合其发展的基本形式，体现社会结构对思想政治教育传播的作用关系，以此提升思想政治教育传播的发展样态。从社会结构角度理解舆论场如何拓展思想政治教育传播的时空境遇，需要以承认网络舆论正向促进思想政治教育传播为前提。只有遵循这一前提，我们才能充分发掘思想政治教育传播时空境遇因网络舆论而发生的深刻变革，以及由此形成的新的结构形态。思想政治教育传播要在舆论场积极拓展时空境遇，主要体现在两个方面：

一方面，舆论场对思想政治教育传播具有多方面的积极作用。第一，舆论场还原思想政治教育传播时空境遇的存在基础。舆论场是庞杂的，有理性的成分，也有非理性的成分。思想政治教育传播不能无视这些问题，必须把揭示、回答、处理这些问题作为其存在基础，然后论述在此基础上发生的一系列思想、行为以及社会关系产生相应变化的原因与结果。在对整个时空境遇的结构考察中，思想政治教育传播要重点关注思想时空、政治时空、文化时空、媒介时空

① 孙其昂. 思想政治教育学前沿研究 [M]. 北京：人民出版社，2013：261.
② 卢岚. 社会结构转型与思想政治教育的变革 [J]. 安徽师范大学学报（人文社会科学版），2014（1）：62.

的发展变化，如此才能更全面地把握舆论场的整体视野。第二，舆论场确保思想政治教育传播时空境遇的差异化存在。差异化存在涵盖思想政治教育传播的方方面面，直接表明网络舆论并非处于同一律的状态，有效避免了舆论极化的情况发生，它是我们有效把握思想政治教育传播外部效应的手段。时空境遇的差异化存在，反向说明舆论场处于现实的、富有生命力和精神活力的实践场域，为思想政治教育传播注入新的结构形态。这种结构形态并不是对思想政治教育传播现有形态的改变，而是将其置于舆论场，尤其是在网络舆论生态平衡中系统地把握思想政治教育的传播内容、传播方式、传播规律及传播途径，这有别于传统的网络思想政治教育传播结构。第三，舆论场促成思想政治教育传播时空境遇的结构融合。结构融合意味着思想政治教育传播时空境遇面临诸多结构形态，这些不同的结构形态相互交织、彼此影响，共同形成了一个十分复杂的结构网。如不同参与主体之间的网络舆论、不同事件引起的不同主题的网络舆论、公众网络舆论参与同网络舆论之间的对立等。这些都因舆论场而起，并且贯穿公众网络舆论参与过程的始终，是思想政治教育传播无法回避的问题。只有正视这些问题，并且尝试通过各种途径去解决这些问题，思想政治教育传播时空境遇的结构融合方能成为助推舆论场健康发展的催化剂，舆论场才能最终成为思想政治教育传播时空境遇的实践推动者。

另一方面，舆论场关注实现人的本质力量的影响因素，助推思想政治教育传播时空境遇的深刻变革。第一，时空规定要充分彰显舆论场对思想政治教育传播的正向作用，合理运用网络舆论生产、消费、传播过程去了解、认识、掌握、解决思想政治教育传播面临的矛盾和问题，把"民间舆论场""官方舆论场"置入网络舆论生态运行过程去处理，确立思想政治教育传播的基础地位。第二，时空规定要调试因"民间舆论场""官方舆论场"变化而引起的思想政治教育结构冲突的负面后果，只有当结构冲突被控制在合理范围，思想政治教育传播才不会因舆论场的变化而改变其存在基础和作用方式，才能同网络舆论生态治理的价值目标相互呼应。第三，时空规定要在命题形式上超越思想政治教育传播的网络舆论认知偏向。网络舆论认知偏向有其存在的合理基础，但它一旦同思想政治教育传播发生联系并产生作用，思想政治教育传播就要按照既定的发展目标和价值原则对其加以改造和超越。如果不能从网络舆论生态治理的最高价值原则上对认知偏向加以纠正，非理性因素就会占据上风，时空规定就会沦为"时空桎梏"。第四，时空规定只有从根本上将网络舆论、公众网络舆论参与、思想政治教育传播统一于网络舆论生态治理过程，网络舆论才能真正体现思想政治教育结构转型的精神实质，并最终为思想政治教育传播时空境遇中的诸多关系和结构形态提供最具活力的转型因子，因为"社会变迁的根本成因在于社会结构和制度的转变与更新，在于各种社会关系和社会规则的新变与整合"①。

第三节　思想政治教育传播要在网络舆论
生态治理中建构创新主题

创新主题是探寻思想政治教育传播的"阿基米德点"，是思想政治教育传播参与网络舆论生态治理的规定性问题。思想政治教育传播的创新主题，大致有两种思路：其一是在思想政治教育传播的现实需要中作出规定和回答；其二是在网络舆论生态治理的正向反馈中给予思想政治教育传播以观照和追问。第一种思路是从思想政治教育传播自身出发，在求知自身本质属性的同时，力求创新主题成为思想政治教育传播的自觉。第二种思路是从网络舆论生态治理的时代脉搏出发，在映现思想政治教育传播的基础上，从整体上把握创新主题的时代内容与基本特征。实际上，创新主题是对思想政治教育传播"是什么"与"能是什么"的另一种回答，进一步加深对思想政治教育传播的认知与理解，巩固思想政治教育传播参与网络舆论生态治理的现实基础。

一、寻求思想政治教育传播的生态复归

樊浩在《中国伦理精神的现代建构》绪论中提出"人们观念中熟知的和理论上研究的伦理，都只是思辨的抽象，真实的伦理、现实的伦理必须在伦理的具体性复归中才能把握"② 的观点。伦理的具体性复归构成了伦理生态概念确立的前提，是伦理研究突破理论视野局限并走向物质生活实践的重要依托。

照此观之，生态复归回答的中心任务就是对思想政治教育传播生态"是什么"和"怎么样"的概念理解与确立，就是要在思想政治教育传播的现实发生土壤中寻找其生态如何的影响因子。因此，置身于网络舆论生态治理过程，去发现思想政治教育传播的生态问题，形成"传播—治理—传播"的生态关系，在理论上提出生态复归的基本命题，确立思想政治教育传播的创新主题，完成对它的生态把握与历史建构，最终达成对网络舆论生态治理的在场和参与。

---

① 孙其昂. 思想政治教育学前沿研究［M］. 北京：人民出版社，2013：266.
② 樊浩. 中国伦理精神的现代建构［M］. 南京：江苏人民出版社，1997：3.

　　思想政治教育传播生态，主要是指思想政治教育传播不是单一的自我运动，而是相互联系、彼此制约、有机统一的生态结合体。在生态内部，其逻辑关系主要呈现为一种自适应的结构状态，强调生态关系对思想政治教育传播的选择、互补和适应，是其参与网络舆论生态治理的基础。在生态外部，其现实建构主要表现为生态结合体的运动方式，将自身的有机运动同网络舆论生态治理始终保持在可控的理想范围。对思想政治教育传播生态的把握，需要注意两个方面的问题：一方面，生态既指向思想政治教育传播的现实情境，包含对诸多关系的适应性评价，又指向思想政治教育传播同网络舆论生态治理的参与关系，强调参与关系的生态关联性与生态互动性；另一方面，生态赋予思想政治教育传播以张力，最大程度实现生态内部和生态外部对思想政治教育传播的有机统一，具有提升思想政治教育传播有效性的功能。

　　生态复归是思想政治教育传播"生态"的复归，这里有三个前提：第一，思想政治教育传播生态存在问题，既有来自思想政治教育传播的问题，也有思想政治教育传播参与网络舆论生态治理的问题。我们分析生态复归的前提，必须从现实层面深刻揭示思想政治教育传播生态内部和生态外部的根源问题，并在生态复归的关系透视中重新理解"生态"问题的现实指向。第二，生态复归需要重新建立对思想政治教育传播生态的评价体系，尤其是要对生态内部和生态外部的运动框架作出理性规约，这是生态链环发挥作用的基础保障。第三，只有当思想政治教育传播真正参与网络舆论生态治理，并且后者对前者发出了实质性的反馈作用之后，我们才能开始对思想政治教育传播的生态复归进行批判性重构。这主要是因为生态复归并不只涉及思想政治教育传播生态的复归，还包含网络舆论生态治理的复归，即平衡的网络舆论生态的实现。只有当它们发生关联作用，并组成一个有机完整生态的时候，思想政治教育传播的生态复归才是可能的①。

　　思想政治教育传播的生态复归，大致有两种路径：一种是致力于对思想政治教育传播生态"是什么"的基础把握，在应然层面对生态复归作目标建构；另一种是设计思想政治教育传播生态"怎么样"的分析框架，在价值评价的理

---

①　这里受益于樊浩教授对传统伦理精神生态的分析。他认为"传统伦理精神是一个有机的生态，传统的社会存在也是一个有机的生态，这两个生态相互作用，最终又形成一个完整的生态，只有当两者形成一个有机的生态时，伦理精神的生长才有可靠的基础"。樊浩. 中国伦理精神的现代建构 [M]. 南京：江苏人民出版社，1997：24-25. 由此出发，本书认为只有当思想政治教育传播生态同平衡的网络舆论生态发生相互作用时，思想政治教育传播的生态复归才是最有价值的。

解中提出生态复归的运动方向。

　　"是什么"是思想政治教育传播生态复归的现实基础。通常情况下，生态复归就是将思想政治教育传播的生态关系回归应然位置，其目的在于形成有机的生态结构，使思想政治教育传播同网络舆论生态治理保持生态互动与生态合作。但生态复归又受制于实然生态关系的影响，或者更为直接地指向思想政治教育传播的生态转换。因此，对"是什么"问题的思考和回答，就不能仅从理论层面推演思想政治教育传播生态复归的合理路径，至少要对生态关系进行视域转换，透析双重坐标中生态复归的现实任务和实践指向，对以下四个方面的问题作出回应：第一，"是什么"对思想政治教育传播的生态必要性体现在哪里？这是生态复归的价值基础；第二，"是什么"以何层面规定思想政治教育传播的现实指向？这是生态复归由理论抽象转向实践建构的前提；第三，"是什么"如何说明思想政治教育传播的生态优化策略？这是生态复归的未来图景；第四，"是什么"寻求的终极认知可否超越思想政治教育传播？这是生态复归的意义求解。在"是什么"的理解范围内讨论思想政治教育传播的生态复归，根本要求就是将"是什么"视为思想政治教育传播生态的一个子系统进行考察，从生态复归的必要性方面对其进行生态分析，最终使"是什么"复归为一个完整的生态结合体——思想政治教育传播生态。思想政治教育传播生态是其传播实践的宏观视野，也是传播实践理论现实化和现实理论化的体现。

　　"怎么样"是思想政治教育传播生态复归的价值表达。一般情况下，"怎么样"既要依据实然的生态关系对思想政治教育传播生态作出合理评价，还要在应然层面具体勾勒思想政治教育传播生态的理想图景。作为一种价值表达，"怎么样"为思想政治教育传播生态复归注入了深层动力因素。首先，"怎么样"梳理了思想政治教育传播生态的关系结构，在网络舆论生态治理视域形成有机的生态关系。这样既可便于思想政治教育传播的纵向深入，又利于在网络舆论生态治理过程中产生思想政治教育传播生态的价值评价标准。其次，"怎么样"属于生态复归的应然理想，它包含思想政治教育传播生态的价值指向，直接导致思想政治教育传播生态内部与外部的结构优化。生态结构优化是思想政治教育传播生态的自觉行为，也是其生态复归价值系统的逻辑体现。最后，"怎么样"培育思想政治教育传播生态的超越机制，它将思想政治教育传播生态、网络舆论生态统一纳入"传播——治理——传播"的生态关系框架，超越"传播——治理"单向式关系结构，强调对思想政治教育传播生态的"传播"理解，在其运动的普遍性把握中建立对生态复归的必然性把握。这种超越机制贯穿思想政治教育传播生态的基本问题，是生态复归基本精神的体现。

至此，本书在对"是什么""怎么样"的多维理解中，可以一窥思想政治教育传播生态复归的发展脉络。一方面，生态复归是思想政治教育传播生态的动力指向，它赋予思想政治教育传播生态以自我超越的特性；另一方面，生态复归建立思想政治教育传播的生态空间，在网络舆论生态治理语境中使"怎么样"复归到社会生态的整体视域，由此出发去理解两者之间的参与过程。这是思想政治教育传播生态最深层、最具影响力的复归，也是其在网络舆论生态治理视域的价值勃发与现时代重构。

二、强化思想政治教育传播的议题设置

议题设置描述思想政治教育传播对网络舆论生态治理的影响，分析哪些议题可以生发公众对思想政治教育传播的关注，哪些议题可以引起公众网络舆论参与态度和行为的改变，哪些议题可以揭示思想政治教育传播参与网络舆论生态治理的条件等。思想政治教育传播是一个逐渐深入的过程，议题设置可以集中利用议题的注意力将受众认知转化为思想政治教育传播的思考，提升思想政治教育传播参与网络舆论生态治理的效果。基于此，议题设置就可以在思想政治教育传播与网络舆论生态治理之间建立通约桥梁。

首先，议题设置直接划定思想政治教育传播的活动空间，它强调议题内容应同网络舆论生态治理保持内在一致性，为公众网络舆论参与提供目标支持。一方面，虽然议题设置不能规定思想政治教育传播应该"怎么样"，但却可以描述和塑造公众认知的"头脑想象"，将思想政治教育传播由"幕后"拉回到"台前"，以其强大的认知、导向、塑造功能描绘议题设置对公众网络舆论参与的作用。另一方面，议题设置增加思想政治教育传播对公众认知的确定性影响，即"人们依赖媒介议程来减少他们心中的不确定性"[1]。确定性的增加意味着议题设置充分掌握了思想政治教育传播的规律性需求，反映了公众网络舆论参与思想政治教育传播之间存在共同议题的可能。

其次，议题设置具有迁移和转化的能力，"随着时间的流逝，某些议题的显著性随着大众媒介与公众注意力的变化而转移"[2]，这意味着一定时间段内议题设置的容纳能力和作用能力是有限的，议题要想充分发挥它的塑造能力就必须紧紧依托受众认知的注意力，就要不断跟随思想政治教育传播的需要来挖掘新

---

[1]　[美]马克斯韦尔·麦库姆斯．议程设置：大众媒介与舆论（第二版）[M]．郭镇之，徐培喜，译．北京：北京大学出版社，2018：105.

[2]　[美]马克斯韦尔·麦库姆斯．议程设置：大众媒介与舆论（第二版）[M]．郭镇之，徐培喜，译．北京：北京大学出版社，2018：115.

的议题空间，保持议题的多样性。当然，新设立议题的一个十分重要的信息来源是对网络舆论生态的系统性评价。不论是何种形式以及何种结果的评价，网络舆论生态本身就蕴含着强大的议题设置空间，如网络舆论生态对公众网络舆论参与有何影响，这种影响是否可以通过思想政治教育传播加以分析和解决等。对公众而言，此类议题已不再是对思想政治教育传播效果的涉及，更多的是由此出发形成对网络舆论生态治理的综合认知和评价。因为议题设置的衍生效应激发潜在的受众群体，帮助他们更便捷地进行网络舆论参与，使网络舆论生态治理成为他们普遍关注的对象。

最后，议题设置加速思想政治教育传播的创新扩散，既包括推动创新扩散对网络舆论生态治理的渗透，也包括在传播渠道保留创新扩散对思想政治教育传播的集体塑造。议题设置一旦进入公众的行动视野，思想政治教育传播就会显示它的集体倾向，以整体的方式完成议题的共识达成，使思想政治教育传播不断适用于网络舆论生态治理。议题设置以对其理论形态的把握来完成对思想政治教育传播创新主题的思考，这是思想政治教育传播参与网络舆论生态治理的规律性前提。

从总体上看，议题设置以研究思想政治教育传播的议题构成，尤其是以影响网络舆论生态治理的议题要素为任务，具有分析性、整合性、关联性、功能性的特征。本书提出思想政治教育传播的议题设置，就是以问题的形式将议题设置引入思想政治教育传播过程，提出思想政治教育传播的议题设置功能，尝试运用思想政治教育原理和方法，对网络舆论生态治理展开关于议题设置的思想政治教育传播研究。从方法论上看，议题设置肯定了思想政治教育传播的整体性，作为对公众网络舆论参与的整体观照，议题设置需要以整体性的视角提出思想政治教育传播的现实依据和发展路径，不能任由网络舆论的自发性对公共议题的冲击，也不能因网络舆论生态失衡而忽视对议题设置的公共性建构，这是议题设置赋予思想政治教育传播的现实任务，也是其开辟公共性研究方法的基本路由。

因此，从功能意义的层面进行理解，不同的议题设置具有不同的内容形式，并因不同的内容形式而具有不同的功能属性。对思想政治教育传播而言，其创新主题的任务就是要赋予议题设置以更高的视界，以更具动态性和稳定性的方式，沿着思想政治教育传播参与网络舆论生态治理的基本思路，全面考察和思考议题设置对公众网络舆论参与的整体影响，求得对思想政治教育传播创新主题的整体把握。为此，本书认为可以从以下几个方面作出努力：

第一，议题设置要反映思想政治教育传播的价值追求和活动方式。在公众网络舆论参与活动中，议题设置不仅要充当网络舆论生态治理的媒介工具，还要通过对参与主体自身行为的价值塑造来使议题设置同思想政治教育传播的客观发展逻辑相接近。相应地，议题设置不能简单作为工具性的存在，必须将其视为思想政治教育传播的价值存在方式，以其价值表达的准确把握来完成对议题设置的深层定位。议题设置既不能脱离公众网络舆论参与的基本诉求，也不能完全成为网络舆论生态治理主体之间非理性制衡的工具。这是思想政治教育传播议题创新的原则性条件。

第二，议题设置要赋予思想政治教育传播以内部变革动力。思想政治教育传播的历史方位决定它要不断适应网络舆论生态治理，这一适应过程首先依赖议题设置对思想政治教育传播的变革，只有在内部实现变革才能给思想政治教育传播带来重大突破。内部变革动力的实现，一方面建立在议题设置对思想政治教育传播规律性问题的关注上，即议题设置要对那些基本的、根本的、本质的问题作出回答，如思想政治教育传播如何应对突发公共卫生事件，危机传播中思想政治教育传播如何进行议题设置，思想政治教育传播如何在媒介文化融合中彰显精神价值等；另一方面要保持对思想政治教育传播的理论反思，对思想政治教育传播参与网络舆论生态治理的适应性问题作出回答，在溯本清源的过程中建立以理论反思和现实适应为基础的变革依据。这是思想政治教育传播议题设置的基础性条件。

第三，议题设置要提出思想政治教育传播的创新任务。创新任务是思想政治教育传播参与网络舆论生态治理的意义建构，它以议题设置的自我完善、自我突破、自我优化、自我更新来达成对思想政治教育传播创新任务的追求。创新任务必须通过议题设置的方式研究思想政治教育传播的发展规律，以客观变化的参与过程更新思想政治教育传播的作用方式，在对议题设置的方向性把握中全面考察网络舆论生态治理研究的缺陷与不足，在哲学思维层面进一步深化对议题设置创新任务的认识，完成对思想政治教育传播的思考。这是思想政治教育传播议题设置的目标性条件。

三、促成思想政治教育传播的空间生产

空间生产是思想政治教育传播的内在要求。"人们在空间中看到了社会活动的展开"①，空间已不再是思想政治教育传播的依存外壳，它将时空直接或间接

---

① ［法］亨利·列斐伏尔. 空间与政治（第二版）［M］. 李春，译. 上海：上海人民出版社，2015：31.

地变成了思想政治教育传播参与网络舆论生态治理的场所。空间生产在重塑思想政治教育传播范围的同时，也在不断作用和改变网络舆论生态治理过程。"空间变成了生产关系再生产的场所"①，这意味着空间生产使思想政治教育传播超越了狭隘的区域界线和时空隔离。就其实质来说，则是一种视界的提高，是思想政治教育传播真正参与网络舆论生态治理的博大胸怀的体现。空间生产一旦成为思想政治教育传播的创新主题，它便可以依靠空间逻辑本身来保障网络舆论生态治理过程的关系再生产。

空间生产有它自己的逻辑，逻辑要在整体上体现空间生产的关系实质。一方面，逻辑要立足思想政治教育传播的空间本身，尤其要增加思想政治教育传播的空间可视性，在其形态展现中确立空间生产的政治地位，因为"空间是政治性的"②。空间生产的政治性以其鲜明的特征区别于网络舆论生态治理的空间关系，它使思想政治教育传播同网络舆论生态治理的空间关系跃迁到一个新的水平，并依靠这种全新的空间关系造就一个全新的网络舆论生态。另一方面，逻辑不仅要适应思想政治教育传播的空间生产，还要以其逻辑自洽消除空间生产的关系矛盾和非生产性。关系矛盾主要是指思想政治教育传播空间生产的矛盾性关系，它不是正向的、连续的、稳定的关系再生产，反而成为了破坏思想政治教育传播的混乱网络，其结果将直接导致思想政治教育传播的弱化和无序。此时，空间生产就不再是完整的形态，而是成为关系矛盾爆发的场地。非生产性主要是指思想政治教育传播空间不再围绕"生产关系再生产"服务，已然不合理的被异化为排斥、抗拒、肢解思想政治教育传播参与网络舆论生态治理过程的产物。在这种情形下，空间的非生产性进一步将思想政治教育传播局限在单一的空间结构内，"他们把空间分割了，将它分成了许多部分；每一部分都按照它自己的方式来分割"③。

因此，思想政治教育传播的空间生产，有两个方面的基本指向：一是空间生产要保持思想政治教育传播的政治反思，这意味着思想政治教育传播的空间生产并不是抽象化的政治实践，而是具象化的意识形态空间生产的现实反思；二是空间生产要以思想政治教育传播同网络舆论生态治理的关系再生产为旨归，

---

① ［法］亨利·列斐伏尔. 空间与政治（第二版）［M］. 李春，译. 上海：上海人民出版社，2015：30.

② ［法］亨利·列斐伏尔. 空间与政治（第二版）［M］. 李春，译. 上海：上海人民出版社，2015：39.

③ ［法］亨利·列斐伏尔. 空间与政治（第二版）［M］. 李春，译. 上海：上海人民出版社，2015：11-12.

这是一条基本的行动逻辑，也是空间生产接受社会评价的必要范例。

就第一个基本指向而言，政治反思是对思想政治教育传播空间生产的意识形态考察，其任务在于揭示意识形态空间生产是如何构成的，以何产生具象化的可能条件，以及这种传播方式对网络舆论生态治理的影响。政治反思总是以一定的反思式回答来解读空间生产是否客观反映思想政治教育传播的真实诉求，意识形态是否在空间生产中被传递到网络舆论生产、消费、传播过程中。具象化的意识形态是空间生产的政治反思产物，它是可以被观察和描述的，而且停留在思想政治教育传播参与网络舆论生态治理的过程。一方面，政治反思是对思想政治教育传播空间生产的客观化描述，它既包含空间生产的关系再生产，又在一定程度上融合了思想政治教育传播的关系指向。另一方面，政治反思是网络舆论生态治理正向反馈思想政治教育传播的理论反思，它从功能性和工具性的综合评价中来衡量政治反思实现的可能。

因此，政治反思要通过现存的参与关系，以思想政治教育传播的空间生产为导向，在维持关系再生产的前提中致力于创造具象化的意识形态空间。将思想政治教育传播作为具象化意识形态空间生产的参照。只有当抽象的、理论的意识形态同思想政治教育传播发生作用，尤其是通过对网络舆论生态治理的综合认知，真切观察到公众网络舆论参与的客观现状，我们才能对意识形态的空间生产展开具象化的政治反思，以此揭示意识形态空间生产同思想政治教育传播的紧密关系。这种关系既是思想政治教育传播空间生产的客观产物，也是空间生产"政治化"的具体表现，它包含对意识形态空间生产的功能塑造和价值追求。

就第二个基本指向而言，关系再生产是思想政治教育传播空间活动展开的保障。关系再生产指导思想政治教育传播，并将空间生产转化为满足网络舆论生态治理"应该怎么办"的复杂性问题。对空间生产而言，关系再生产意味着思想政治教育传播的不断扩大，是作为参与对象在网络舆论生态治理中的主要活动目的，也是对网络舆论空间健康、和谐关系的再建。在空间生产中，思想政治教育传播面临各式各样的关系，有涉及参与主体具体的、现实的、实践的关系，也有因网络舆论而起的自发的、潜在的、变化的关系，各种不同的关系对空间生产的概念认知也是各不相同。但是，这些关系却又属于空间生产的关系范畴，都是思想政治教育传播要认识、利用和改造的对象。关系再生产不是空间生产的最终目的，只有将关系再生产转化并运用到网络舆论生态治理过程中，空间生产才能全面掌握思想政治教育传播的实质。

关系再生产是一项主体性和目的性都十分强烈的活动，这就决定了它始终要为思想政治教育传播的空间生产提供科学依据。一方面，关系再生产要全面考察思想政治教育传播的空间关系结构，尤其是它同网络舆论生态治理的参与关系，以此确定关系再生产的理论基调和实践定位。另一方面，关系再生产要将思想政治教育传播上升到普遍性问题的空间高度，自觉将空间生产作为考察思想政治教育传播规律的基础，升华为思想政治教育传播全面、系统、准确、生动、形象、具体地把握网络舆论生态治理过程的表现。作为行动逻辑，关系再生产在抽象程度上概括了思想政治教育传播空间活动的展开向度，具有一定的方法论意义。但若从功能角度而言，关系再生产又走到了思想政治教育传播参与网络舆论生态治理过程中，以相互作用和不可分割的地位创造空间生产的共同性问题。

四、实现思想政治教育传播的叙事转向

叙事，也就是叙述故事。对思想政治教育传播而言，叙事就是运用叙述的视角、结构和语言讲述思想政治教育传播过程的故事，在剧中人、剧作者与故事之间建立一定的作用关系。"叙事对世界的解释与一般哲学、伦理学、历史等意识形态话语的不同之处在于，它的解释不是概念，而是对历史事件发展过程的体验和情感态度。"① 也就是说，思想政治教育传播的叙事包含了对其蕴含的意识形态的理解。从叙事内容来看，任何叙事都是对思想政治教育传播的故事解读，它从内容涉及的人物关系出发，尝试在事件之间建立一定的逻辑关系，并以此为前提对思想政治教育传播进行完全展现。叙事内容勾勒思想政治教育传播的社会价值，人物、文本、事件组成的一个个序列均成为我们解读社会价值的线索，以便我们完整理解思想政治教育传播的社会意义。从叙事方式来看，它以灵活多变的形式寻求人物、文本、事件在思想政治教育传播过程中的同一性，指出它们是对思想政治教育传播作出的理解、分析、评价和概述，力图通过叙事方式完成对思想政治教育传播的本质还原。

叙事方式的核心要义在于精确表象思想政治教育传播以外的东西，坚决反对千篇一律的"就事论事"，主张思想政治教育传播并不是亘古不变的政治叙事，而是一种微言大义的生活对话，是深入日常生活实践的意义理解和价值建构。正如有些学者所强调的那样，"要审慎地将其作为一个学术概念来讨论和界定，明确叙事在何种意义上是相对独特的社会现象，这一现象的构成要素是什么，它的内部结构和特点对我们理解人类社会有哪些启发，研究者在方法和理

---

① 童庆炳. 文学理论教程（修订二版）[M]. 北京：高等教育出版社，2004：241.

论上要有怎样的关照"①。然而，在网络舆论生态治理语境下，思想政治教育传播总是要同来自网络舆论内部和外部的各种非叙事内容进行对话和争辩。因此，思想政治教育传播的叙事转向就变得愈发必要。

叙事转向是相对而言的，它是以内容更新、方式转化、情景模拟的方式完成对思想政治教育传播叙事的对象性把握的。如果说在转向之前，思想政治教育传播叙事侧重于"讲什么故事"的话，那么现在的叙事则变成了侧重于"如何讲故事"，以及"讲好什么样的故事"。就前者而言，"讲什么故事"不是问题，而是答案，它直接面对的是经典理论的宏大叙事，这是思想政治教育传播安身立命之所在，但也同样暴露出叙事的内在矛盾。就后者而言，"如何讲故事"则赋予了思想政治教育传播叙事以转向任务，即怎样将宏大叙事转化为人民群众喜闻乐见的"好故事"。而"讲好什么样的故事"又是根据思想政治教育传播的发展需要，在"讲故事"的基础上使叙事内容和叙事方式更富有时代性和感染力，使叙事在触及知识和价值的同时，以理性批判、克服和扬弃的方式，更加自觉地反思思想政治教育传播"叙事如何"的问题。这就是思想政治教育传播的叙事转向，它有利于促成思想政治教育传播更好地参与网络舆论生态治理，更积极地创造出符合时代要求的叙事理论。

思想政治教育传播的叙事转向有三种推进思路：

第一，加强叙事转向的元问题研究。元问题是对叙事转向的理论界说，从提出和回答"转向是什么"与"转向何方"入手，进而考察叙事转向对思想政治教育传播的基础作用和功能影响。元问题要提出叙事转向的哲学形态和逻辑思路，强化叙事转向对思想政治教育传播的批判性建构与导向式解读。一方面，要在哲学形态上合理辨明叙事转向的意义图景，将叙事转向的理论建构奠基在思想政治教育传播的批判性建构基础之上，增进对人物、文本、事件的价值理解和意义透析，尤其是要将叙事转向置于网络舆论生态治理视域。这样才能凸显叙事转向对思想政治教育传播的时代价值，在哲学意义上建立叙事转向的实践地位，更加合理地辨明它同思想政治教育传播叙事的区别与联系。另一方面，叙事转向要赋予理论化的故事以实践化的价值，在思想政治教育传播参与网络舆论生态治理中，激励人们去探索人物、文本、事件对思想政治教育传播的意义关系，以一种导向式解读方式对这种关系作出评价，不断为公众网络舆论参与建构合理的思维前提和故事逻辑，实现叙事转向的创造性转化与创新性发展。

---

① 刘子曦. 故事与讲故事：叙事社会学何以可能——兼谈如何讲述中国故事 [J]. 社会学研究，2018（2）：184.

第二，拓展叙事转向的理论视野。叙事转向由于其特有的时代方位和研究任务，决定了它的理论视野应该实现两个转向：由宏大叙事转向微观解读和由政治叙事转向生活实践。第一个转向解决的是思想政治教育传播的"老问题"。之所以说是"老问题"，是因为宏大叙事从叙事内容、叙事方式、叙事结构和叙事效果方面都充分把握了思想政治教育传播的目标，但在网络舆论生态治理语境中却缺少鲜活、生动、充盈的话语形式。"老问题"中的"新问题"则是如何实现宏大叙事的微观解读，将历史的，不变的人物、文本、事件解读为动态的，多元的，现实的细微故事，使剧中人成为剧作者，剧作者成为剧中人。第二个转向解决的是思想政治教育传播的"现实合法性"[①] 问题。政治叙事从根本上实现了思想政治教育传播的合法性问题，指明思想政治教育传播能够依据政治叙事的要求作出相应的变化和应对。思想政治教育传播既是对政治叙事的历史性展开，也以其不断演化的方式使得理论自身以叙事化。不论政治叙事如何作用于网络舆论生态治理，循着思想政治教育传播的叙事展开，政治叙事必然要冲破外在局限而走向一个新的高度，在再现政治叙事的同时完成对其自身的改造，"它不断地设置（再现）自身，又不断地超越（发展）自身"[②]。这就意味着，政治叙事合法性问题必须要在设置和超越自身的基础上完成其现实合法性，使其对理论问题的关注转向对现实问题的解决。只有在对现实问题的关注与解决中，尤其是对网络舆论生态失衡问题的解决中，叙事转向才能成为思想政治教育传播走向深入的流动之泉。

第三，提高叙事转向的实践应对。叙事转向虽源于思想政治教育传播，但却具体指向网络舆论生态治理，它要在两者的融于关系中寻找恰当的实践定位。因此，叙事转向的实践应对有两个基本向度：一是叙事转向要真正做好思想政治教育传播的故事解读，以实践的方式展开对人物、文本、事件的理论分析与批判，在双重批判中提升叙事转向对故事本身的理论掌握能力，达到一种真正的、自主的、超越的价值建构。二是叙事转向要提炼和升华网络舆论生态治理的时代意义，要以时代性的故事内容彰显思想政治教育传播的现实价值，使其成为提升网络舆论生态治理意义的内在依据。这就说明叙事转向不仅要求真，还要求善和求美。求真是对思想政治教育传播叙事本身的故事解读；求善是要求故事解读要映现于网络舆论生态治理，要促成网络舆论生态平衡；求美是寻

---

① 赵孟营. 社会治理现代化：从政治叙事转向生活实践［J］. 西北师大学报（社会科学版），2016（4）：117.

② 欧阳康. 哲学研究方法论［M］. 武汉：武汉大学出版社，1998：50.

求思想政治教育传播与网络舆论生态治理关系的内在一致性，是一种和谐的象征。这是叙事转向的时代方略，也是其实践应对的必经之路。

第六章

网络舆论工作格局中思想政治教育传播的新思考

在网络舆论工作格局中思考思想政治教育传播，目光的焦点并不是集中于网络舆论空间的片段呈现，而是要站在网络舆论生态平衡的高度理解这一问题，"既要将网络舆论作为社会现状的一种'表征'，又要分析这个表征下更深层的社会背景与社会现实"①。这样一来，思想政治教育传播就统一在了网络舆论生产、消费、传播过程的始终，用真理性的方法阐释网络舆论的表征及更深层次的问题，揭示思想与行为如何才能更好地融于网络舆论工作格局。

第一节　思想政治教育传播要把握网络舆论工作格局

思想政治教育传播参与网络舆论生态治理，必须综合考察并把握网络舆论工作格局，从不同侧面对思想政治教育传播展开理论反思和现实思考，其宗旨是在紧跟时代潮流的前提下更好地推动思想政治教育理论自觉，对思想与行为的复杂性、思想政治教育基本矛盾、思想政治教育价值、思想政治教育传播的理解程度进行较为深刻的把握，借助公众网络舆论参与掌握网络舆论工作格局演化趋势，以此实现其在网络舆论生态治理中的全过程和全方位参与。

一、思想政治教育传播在网络舆论工作格局中的特征

思想与行为的复杂性涉及人的生存方式的探讨，在经历"网络舆论的资本批判"② 之后，除了从总体上将"单向度的人"彻底隔离在网络舆论生产、消

---

① 彭兰. 网络传播概论（第四版）[M]. 北京：中国人民大学出版社，2017：322.
② 吴凯. 网络舆论的资本批判与价值重塑 [J]. 中共天津市委党校学报，2019（6）：76-82.

费、传播过程之外，还需要对人的自我认识采取一种更为恰当的方式。恩斯特·卡西尔直言，"仅仅通过自省这条道路，我们永远无法实现对人的总体认识"①，这就意味着我们必须尝试从一个新的视角来看待人的思想与行为问题。

网络舆论工作格局有双重蕴含：一方面，它是一个工程性、系统性、全局性的状态，涵盖了所有形式的网络舆论生产、消费、传播过程，以及不同群体的参与行为。我们不能按照模式化的套路对人在网络舆论生产、消费、传播过程中的思想与行为展开剖析。"看到"不一定"真实"，获取"真实"不一定要通过"看到"。另一方面，它关系到对"两个巩固"的正确理解。"两个巩固"是党的宣传思想工作必须坚持的根本任务。网络舆论牵涉方方面面，是瞬息万变的，这势必给宣传思想工作带来诸多挑战。如果宣传思想工作不能适应网络舆论的复杂性，或者网络舆论不能满足宣传思想工作的现实需要，"两个巩固"的根本任务就会遭受一切非理性网络舆论的诘难。这说明，网络舆论工作格局不仅同人的思想与行为问题交织在一起，而且在主流意识形态层面同党的宣传思想工作联系在一起。前者要求我们在网络舆论生产、消费、传播过程中深刻洞察人的思想与行为的变化，找出背后的社会动机与规律性认识。后者要求我们时刻警惕"非马""反马""淡马"和一切非理性网络舆论及不良网络社会思潮对主流意识形态的冲击，并对此作出坚决的、全面的、深刻的批判。

考察思想政治教育传播在网络舆论工作格局中的特征，必须同网络舆论生产、消费、传播过程中现实的个人面对面、心贴心，如此才能深刻认识到人的思想与行为具有复杂性这一根本特征。思想与行为是思想政治教育传播映现网络舆论工作格局的认识基础。"一切具体认识，同历史判断一样，不能不同生活或行动相连。"② 也就是说，对思想与行为的认识，必须深深根植于现实个人的网络舆论参与过程，要在网络舆论生产、消费、传播过程中去理解。

如前所述，网络舆论生态治理需要思想政治教育传播参与，如何正确认识思想与行为，思想与行为具有何种复杂性，可据此作出解释和说明。大致从以下三个方面进行：

第一，思想政治教育传播需要透视人的思想与行为方能进行，它往往成为制约思想政治教育传播实效的关键因素。从网络舆论工作格局的双重蕴涵来看，思想既指向现实个人的"日常观念"，也指向主流意识形态的"思想武器"。而

---

① ［德］恩斯特·卡西尔. 人论［M］. 李琛，译. 北京：光明日报出版社，2009：4.
② ［意］贝内德托·克罗齐. 作为思想和行动的历史［M］. 田时纲，译. 北京：商务印书馆，2012：18.

"思想武器"何以掌握"日常观念",以及"日常观念"如何认识"思想武器"对行为的关键作用,均构成思想政治教育传播映现网络舆论工作格局的认识根基。

第二,对思想与行为的探讨不能止步于其复杂性对思想政治教育传播和网络舆论工作格局的影响,必须以此为切入口转向"自在"与"自为"的讨论。"自在"层面的思想与行为"通过家庭、学校、社会示范等方式潜移默化地融进每个人的生活血脉中,顽固地然而往往是自在自发地左右着人的行为"①,而"自为"层面的思想与行为则具有某种自觉性,这种自觉性既有对思想政治教育理论自觉的回应,也有对现实个人理性参与网络舆论生产、消费、传播过程的落实。当然,绝对的"自在"或者完全的"自为"都是难以企及的存在,我们只能在"自在"与"自为"的双向互动和彼此转化中牢牢掌握思想与行为的运动规律,有目的性地引导公众进行网络舆论参与。

第三,网络舆论工作格局需要坚持宏微并重的认知态度。思想政治教育传播只有以实事求是的态度,以科学、真理、理性、情感的力量对人的思想与行为展开多维认知,并在网络舆论生产、消费、传播过程中关涉个体的生存与再生产,从意义观照的角度给人以价值关怀,建立在理性基础上的公众网络舆论参与才会成为可能,思想与行为的复杂性也会被掌控在思想政治教育理论自觉的建构范围内。同样,如果思想政治教育传播只是观照网络舆论工作格局的宏观层面或者微观层面,现实个人的"日常观念"与主流意识形态的"思想武器"必然发生冲突,既不利于思想政治教育传播在网络舆论工作格局中的价值实现,也不利于网络舆论生态平衡的建立。

思想与行为的复杂性贯穿网络舆论生产、消费、传播过程的始终。人置身于网络舆论生产、消费、传播过程之中,除了需要给身心带来慰藉、满足和快感之外,更为重要的是彰显自我和个人价值的实现。对个人而言,网络舆论空间虽是虚拟的交往空间,但仍具有精神王国的意涵,只不过这个精神王国是由无数个体的自我观念世界构成的。不论是从整体的精神王国还是从个体的观念存在而言,思想与行为都可以在这个广袤无垠的网络世界横行,人可以为所欲为地参与网络舆论,"单面人""双面人""多面人"都是可能的,感性与理性若即若离,思想契合行为或者行为契合思想都可以是未完成的状态。这里面可以被人感知的存在,只有无数个体强烈的征服欲望,易燃易爆炸的非理性冲动,甚至是狂热的网络暴力。只不过这是最具悲观的情形,也是思想政治教育传播

---

① 衣俊卿.回归生活世界的文化哲学[M].哈尔滨:黑龙江人民出版社,2000:23.

未能有效融入网络舆论生产、消费、传播过程的直接后果。思想与行为的复杂性与个体的精神觉醒是同步的，在一定条件下，精神觉醒必然意味着思想政治教育传播在网络舆论空间发生了作用，它以真理、理性、价值、思想、知识、信仰完成了对公众网络舆论参与的劝导，产生了抑制非理性冲动的精神力量。也就是说，正是由于复杂性的存在为思想政治教育传播映现网络舆论工作格局提供了契机，并内在包含着思想与行为在理性规约下的契合。

二、坚持思想政治教育价值在网络舆论工作格局中的引领地位

思想政治教育传播要将网络舆论工作格局中的诸多价值关系整合为阐释主流意识形态和社会主义核心价值观的思想共识，思想与行为的复杂性才有可能控制在网络舆论生态治理过程中，实现思想政治教育传播对网络舆论生产、消费、传播过程的全面占有，彰显其对个体和社会的普遍意义，"这种普遍性的意义存在是使人们对一定价值形成共识的基础"①。在价值整合过程中，思想政治教育传播不仅需要面对网络舆论工作格局中复杂的价值关系，而且只有当思想政治教育价值本身能够被公众接受、信奉和认同的时候，它才能按照"两个尺度"的要求对网络舆论工作格局进行价值生产和价值转换。此时，作为主体的公众，便有了立足网络舆论工作格局认识自身、评价自身和实现自身的依据。

在网络舆论工作格局中，如何充分认识思想政治教育价值，直接影响我们对思想政治教育传播在网络舆论生产、消费、传播过程中产生的作用的理解。"思想政治教育价值概念是一个关系范畴"②，也就是说，思想政治教育价值不能仅仅停留在对公众网络舆论参与的认识和阐释层面，不能误把思想政治教育传播在网络舆论生产、消费、传播过程中的短暂性价值满足视为对网络舆论工作格局的终极把握。作为一种关系性存在，思想政治教育价值主要通过以下几种途径发生作用：

第一，思想政治教育价值需要通过公众网络舆论参与的规定性，及时调整和规范网络舆论生产、消费、传播过程的价值关系。"人必须充当主体，才谈得上主体性"③，主体性的完成以规定性为前提条件。规定性除了要严格按照网络舆论生态治理的要求进行之外，还要在思想政治教育价值的规约中赋予公众网络舆论参与以一定的规定性价值。这种规定性价值不仅能以文字交流、语言沟

---

① 邱柏生，董雅华．思想政治教育学新论［M］．上海：复旦大学出版社，2012：107.

② 张苗苗．思想政治教育价值及相关概念辨析［J］．学校党建与思想教育，2017（3）：29.

③ 李德顺．价值论（第二版）［M］．北京：中国人民大学出版社，2007：51.

通的形式将主流意识形态和社会主义核心价值观内嵌于网络舆论生产、消费、传播过程，而且可以利用主体的规定性重新寻求公众网络舆论参与新的价值范式，应对网络舆论工作格局的发展需要。

第二，思想政治教育价值需要及时矫正参与主体对象性关系中"为我"的价值取向。虽然"为我"是自我主体地位的价值彰显，但在网络舆论工作格局中，"为我"在一定程度上却夹杂着特定参与目的的价值取向。参与主体只有不断接近网络舆论生产、消费、传播过程，尽可能实现对网络舆论的全面占有，"为我"才能最大化地把网络舆论工作格局中最有利于参与主体的利益成分彰显出来，才能把网络舆论生产、消费、传播过程吸引到"为我"建立的利益关系中来。可以看出，虽然"为我"具有一定的价值期望，但如何有效规避私利观念对公众网络舆论参与的附加影响，无疑成为思想政治教育价值如何彰显自身并有效规约"为我"价值取向的艰巨任务。

第三，思想政治教育价值需要将网络舆论工作格局中的非价值因素纳入公众网络舆论参与过程。尽管非价值因素并不足以构成网络舆论生产、消费、传播过程的正向价值关系，但它却可以通过思想与行为的方式影响和改变公众网络舆论参与，产生制约主体的活动，甚至在网络舆论生态治理过程中给主体造成价值失落和无意义感的负面后果。思想政治教育价值必须正视非价值因素的存在，并以此为前提，对公众网络舆论参与展开价值省思，打破价值因素与非价值因素之间的壁垒，"让人们最终能从思想政治教育价值的知识和真理意义上去关注人类社会的思想政治教育价值运动"①。

"获取人们所需要的信息也许只是网络价值的一小部分，网络更重要的价值在于其对社会组织、社会结构的联系、聚合和调节的作用。"② 思想政治教育价值在网络舆论工作格局中的关系性存在，使得公众网络舆论参与同网络舆论生产、消费、传播过程以一种更为紧密和协同的方式得以运行。换而言之，公众网络舆论参与通过思想政治教育价值，获取对网络舆论工作格局的价值体认，以参与主体的规定性不断获得网络舆论工作格局健康发展的深层价值动力，同时又不断渗透于网络舆论生产、消费、传播过程，转化为具体的价值关系和价值行为。这表明，一方面，思想政治教育价值不能脱离公众网络舆论参与，必须置入其中方能彰显价值本色；另一方面，思想政治教育价值的关系性存在，

---

① 项久雨. 思想政治教育价值论［M］. 北京：中国社会科学出版社，2003：37.
② 郭湛. 主体性哲学——人的存在及其意义（修订版）［M］. 北京：中国人民大学出版社，2011：225.

既肯定了它在网络舆论工作格局中的关系指向，又将这种关系指向具体化为在网络舆论生产、消费、传播过程中要遵循的价值理念。

在思想政治教育价值视野内，关系性存在是公众网络舆论参与不断走向价值理想的行动逻辑，是网络舆论生产、消费、传播过程逐渐统一于网络舆论生态治理价值目标的行动前提。在关系性存在视野内，思想政治教育价值作为一种深层发展动力，不断弥合公众网络舆论参与同网络舆论工作格局的价值分歧，以规定性眼光看待网络舆论生产、消费、传播过程，不断反映主体性存在与网络舆论工作格局的价值关系，是主体参与世界走向思想政治教育价值世界的能动过程。

三、强化思想政治教育基本矛盾在网络舆论工作格局中的驱动作用

思想政治教育基本矛盾贯穿思想政治教育过程的始终，是一以贯之的属性体现。有学者认为思想政治教育基本矛盾"必然根植在思想政治教育的思想领域"①，也有学者认为"人的全面发展才是思想政治教育基本矛盾发生的逻辑前提"②。不管我们从何种角度理解思想政治教育基本矛盾，首先要秉持的就是确立基本矛盾的研究对象，厘定"矛盾的双方是谁，这是判定思想政治教育基本矛盾的首要问题"③。

本书认为，在网络舆论工作格局语境下，思想政治教育基本矛盾就是思想政治教育传播的"思想武器"同公众网络舆论参与的"日常观念"之间的矛盾。在网络舆论工作格局中探讨思想政治教育基本矛盾，不仅要从思想与行为的复杂性出发去寻找思想政治教育基本矛盾的逻辑发生前提，而且要立足网络舆论生产、消费、传播过程去理解"思想武器"同人的"日常观念"发生的关系。就认识思想政治教育基本矛盾的研究对象而言，不是认识和思考思想政治教育内部要素的矛盾关系，而是反观和思考网络舆论工作格局中思想政治教育的活动形式，并将其作为认识思想政治教育基本矛盾的研究对象加以解释，以对立统一的关系形式加以表达。那么，置身网络舆论工作格局中的思想政治教育活动形式有哪些呢？它们之间对基本矛盾的认识又有何种作用呢？回答好这两个问题，有助于我们对"强化思想政治教育基本矛盾在网络舆论工作格局中

---

① 王莹，孙其昂. 思想政治教育基本矛盾"老问题"的新探索 [J]. 思想教育研究，2018（1）：19.

② 梁海娜，李红亮. 谁之矛盾？何种矛盾性？——思想政治教育基本矛盾再思考 [J]. 思想教育研究，2018（12）：32.

③ 匡宁，王习胜. 思想政治教育基本矛盾新论 [J]. 思想教育研究，2019（6）：12.

的驱动作用"的认识和理解。

针对第一个问题的回答,需要结合"网络社会的空间变迁与矛盾冲突"①
来加以说明。揭示中国网络社会的空间变迁,除了要对互联网技术引入中国以
来的发展历程有一个清晰的了解之外,还要在改革开放 40 多年的发展成就中对
"引起中国社会交往方式和群体形式的变化做出一些考察"②。网络社会的崛起,
在一定程度上分化与整合了人们的生存方式与交往方式,极大地拓展了思想政
治教育在网络社会的触角。在这里,"人的延伸"不仅成为可能,而且创造和改
变着思想政治教育的活动形式。互联网发展到今天,网络社会的虚拟属性日渐
式微,网络中的个人并不见得都是虚拟的存在,人在网络中生存,也在网络中
交往。网络因人而成为建构意义世界的空间,人因网络而成为交往空间的价值
存在,思想政治教育活动形式也因之具有流动性与互构性的双重特性。流动性
意味着网络舆论工作格局中思想政治教育活动形式并不是恒久不变的,虽然说
现实生活中的思想政治教育活动形式要"因事而化、因时而进、因势而新"③,
但其活动形式并不完全具备网络空间的流动性,也不会因个别特殊的现象而迅
速扩大到其他领域。"探讨新的时空观,实际上就是弥补空间维度的缺席"④,
这就意味着网络舆论工作格局中思想政治教育活动形式需要正视网络社会的结
构变迁,以流动的方式对其作出空间转向。互构性意味着思想政治教育活动形
式并不是孤立存在的,除了要在网络舆论工作格局中发现自身并成就自身之外,
还要在空间转向中实现对网络舆论工作格局的积极塑造。这是思想政治教育活
动形式坚守价值立场的根本,也是其免遭网络舆论生态失衡困境的关键。

针对第二个问题的回答,我们要明确此种语境下思想政治教育的基本矛盾
是什么。"事物矛盾的法则,即对立统一的法则,是自然和社会的根本法则,因
而也是思维的根本法则。"⑤ 认识思想政治教育基本矛盾必须遵循这一法则。在
对基本矛盾的总体考察中,一定要以共时态的视角看待"思想武器"与"日常
观念"、思想与行为、生存与交往、网络与现实、线上与线下的逻辑关系。网络

---

① 刘少杰 . 网络社会的结构变迁与演化趋势 [M] . 北京:中国人民大学出版社,2019:
29-214.

② 刘少杰 . 网络社会的结构变迁与演化趋势 [M] . 北京:中国人民大学出版社,2019:
1.

③ 习近平 . 习近平在全国高校思想政治工作会议上强调 把思想政治工作贯穿教育教学全
过程 开创我国高等教育事业发展新局面 [N] . 人民日报,2016-12-09(01).

④ 卢岚 . 网络社会的时空扩展、时空矛盾与思想政治教育 [J] . 思想理论教育,2018
(7):52.

⑤ 毛泽东 . 毛泽东选集:第一卷 [M] . 北京:人民出版社,1991:336.

舆论工作格局中思想政治教育基本矛盾，需要从公众网络舆论参与的个性诉求同思想政治教育传播之间的关系中去寻找。导致这一矛盾日益凸显，主要有两个方面的原因：一是网络舆论生态失衡给思想政治教育传播带来极大的不便，特别是权力异化、议题偏差、话语冲突使思想政治教育传播出现乏力、少力的窘况；二是公众网络舆论参与途径日益多样，思想与行为的复杂性日益加剧，公众在网络舆论生产、消费、传播过程的个性诉求也日益多元，思想政治教育传播需要重新思考如何回应和解决公众网络舆论参与的多样化纷争，从而达到网络舆论生态平衡的要求。

思想政治教育基本矛盾在网络舆论工作格局中的驱动作用，是一个逐渐深化并由普遍代替特殊的发展过程。一方面，流动性与互构性的双重特性，在某种程度上回答了思想政治教育基本矛盾的实践面向，公众网络舆论参与在引发思想政治教育传播参与网络舆论生态治理过程的同时，促成公众网络舆论参与的"日常观念"同思想政治教育传播的"思想武器"处于同频共振的状态，实现思想政治教育基本矛盾对网络舆论工作格局的积极作用。思想政治教育传播优化网络舆论生产、消费、传播结构，助推思想政治教育价值在网络舆论生态治理过程的最大化实现，唤起公众对一切非理性网络舆论参与行为的反思与批判，并为思想政治教育活动形式创造新的网络空间。另一方面，普遍代替特殊，意味着公众网络舆论参与不再是以牺牲公共理性和公共价值为代价，一切合理的个性化诉求都被纳入思想政治教育传播的理解范畴，借助思想政治教育原理与方法对公众网络舆论参与的个性化诉求展开多维度考察，旨在把各种分散的、孤立的，甚至是盲从或无意义的诉求集中整合为一种具有普遍性的整体利益和价值追求，使之成为公众网络舆论参与个性化诉求的凝结力量。其实，活动形式在对思想政治教育基本矛盾发生作用的同时，以一种隐性的传播力量维护流动性与互构性在网络舆论工作格局中的价值存在与实现，确保网络舆论工作格局内在驱动力的集中体现。

在理解思想政治教育基本矛盾在网络舆论工作格局中的驱动作用时，要避免两种错误倾向：一是认为公众网络舆论参与的个性诉求同思想政治教育传播之间矛盾的解决，就完全等同于思想政治教育传播对网络舆论工作格局的全面占有；二是主张通过经验化的途径完成对公众网络舆论参与个性化诉求的解构，以期得到对思想政治教育传播的重构。强化思想政治教育基本矛盾在网络舆论工作格局中的驱动作用，并不是因为把握住了思想政治教育基本矛盾，就掌握了网络舆论工作格局，而是思想政治教育基本矛盾蕴含可供我们理解网络舆论工作格局的"诀窍"，借助思想政治教育基本矛盾获取对其活动形式的深刻理解，并通过思想政治教育传播的深入展开，获得对网络舆论工作格局的全面把握。

四、把控思想政治教育传播在网络舆论工作格局中的演化趋势

思想政治教育传播的网络空间境遇需要充分考量媒介融合环境的变化。"面对媒介融合带来的挑战与机遇，应当创新网络思想政治教育，加强优质内容供给、舆论引导机制构建以及宣传思想阵地建设。"① 对媒介融合环境变化的重视，是一种追本溯源式的"生存革命"，是网络舆论工作格局寻求思想政治教育传播终极关怀的思维表现，是思想政治教育在网络空间传播主流意识形态和社会主义核心价值观的终极存在。

然而，媒介融合环境可否达成对思想政治教育传播规律的价值关怀，或者说不断更新人们对网络舆论工作格局的思维方式和认知图式，寻求"思想武器"与"日常观念"的同一性存在，成为我们分析思想政治教育传播在网络空间境遇的重要课题。"如何全面认识网络舆论，如何有效把握网络舆情，在突发事件过程中如何引导网络舆论，应对危机状况，这些问题都是网络舆论对思想政治教育传播带来的重要课题。"② 时至今日，这一课题依然存在，只不过发生了变化，且问题的实质更加具有针对性和现实性。"令大多数宣传研究者感兴趣的，不是某种具体的说服技巧是否有效，而是为什么宣传会成为现代社会无法摆脱的一部分，这其中是否有某种必然性，能否通过体制改造，规范这类行为，建立起透明的传播体制。"③

这也就意味着，思想政治教育如何全面把握网络传播规律，并以此有效掌握网络舆论和人民群众，是当前和今后一个时期思想政治教育传播的重要建设内容。这同网络思想政治教育发展初始阶段有着根本上的区别。一方面，在网络思想政治教育发展初始阶段，媒介只是充当了网络思想政治教育的环境中介，它要求思想政治教育跟随网络环境变化不断更新内容和方法。另一方面，我们在网络舆论工作格局中重新思考思想政治教育传播的问题，并不是简单地将两者并列起来作综合比较，而是把思想政治教育传播的网络寻求视为对网络舆论工作格局的空间呈现，把网络舆论工作格局的价值诉求视为对思想政治教育传

---

① 李厚锐，朱健. 媒介融合环境下高校网络思想政治教育创新［J］. 思想理论教育，2018（2）：71.

② 张再兴. 网络思想政治教育研究［M］. 北京：经济科学出版社，2009：21.

③ 刘海龙. 宣传：观念、话语及其正当化［M］. 北京：中国大百科全书出版社，2013：45.

播形态阐释的理论探索。

　　由网络思想政治教育到网络舆论工作格局中的思想政治教育，凸显了思想政治教育传播最为本质的哲学情怀——改变世界。思想政治教育传播改变世界的表现有两种形式：一是以思想政治教育传播价值为始点，围绕网络舆论工作格局的发展现状，对公众网络舆论参与中的"思想与行为"进行具有理论穿透力的解释和说明，以理论魅力凸显思想政治教育传播的人文关怀和时代精神，使公众最终形成真善美相统一的"日常观念"。二是以网络舆论工作格局作为支撑，在网络舆论生产、消费、传播过程中审视一切关系到人的网络生存和社会交往的问题，以公众网络舆论参与将思想政治教育传播融入网络舆论生态治理过程，清晰地论证思想政治教育传播同网络舆论工作格局的关系，既不能完全游离在网络舆论工作格局之外漫谈网络思想政治教育，也不能囿于思想政治教育传播的网络境遇而大谈特谈网络舆论工作格局的发展现状。网络舆论工作格局断定了思想政治教育的传播样式和发展形态，因而也给自己提出了历史任务——寻求思想政治教育传播与网络舆论生态治理的同一性。与此同时，思想政治教育传播以网络舆论工作格局作为其历史展开的前提，构成了表征公众网络舆论与网络舆论生产、消费、传播的关系范畴，它同样给自己提出了历史任务——在网络舆论工作格局中实现网络思想政治教育向思想政治教育传播学的变革。

　　网络舆论工作格局改变了思想政治教育在网络空间中的发展形态，它实现的是以传播实践为基础的形态变革。"从形态的视域理解思想政治教育，人们能够感受到思想政治教育在现实社会中所呈现的丰富多彩和灵活易变的样态。"① 也就是说，思想政治教育传播在网络舆论工作格局中的演化趋势将会呈现出"两极和一致"的典型特征，其中"两极"分别以"思想武器"和"日常观念"为端点。

　　对"思想武器"而言，"日常观念"体现在公众网络舆论参与过程，它以人的网络交往和生活实践构成的现实利益问题为标准，不论其中是否存在非理性和不合理的成分，思想政治教育传播都必须秉持客观性原则，对其加以理论解读和现实观照。只有这样，"思想武器"才能借助思想政治教育传播映入其中，才能从现实的人的角度全面看待公众网络舆论参与的问题。

---

　　① 叶方兴. 论思想政治教育形态［J］. 学术论坛，2019（4）：123.

就"日常观念"而言,"思想武器"要"以'深层'文化解释'表层'文化"①,在反思网络舆论生产、消费、传播过程聚焦网络舆论工作格局中的重大现实问题时,尤其是要在网络舆论生态问题镜像的批判中重构平衡的网络舆论生态时,这是"思想武器"占领网络舆论空间制高点进行主流意识形态传播的意义所在,也是新的网络舆论生产、消费、传播范式建立的必由之路。了解思想政治教育传播在网络舆论工作格局中的演化趋势,既有助于我们掌握思想政治教育传播创新的现实意义,也能使我们从传播学角度进一步把握思想政治教育的空间面向,最终达成对网络舆论生态治理的理解。

第二节 思想政治教育把握网络舆论工作格局的方法论辩证

方法论辩证的实质要求我们要从批判的立场出发深入理解思想政治教育是如何把握网络舆论工作格局的,它意味着网络舆论工作格局总是要在客观运动中规定自己,同思想政治教育传播实践的理论视野相契合,直接表现为揭示、分析、说明、选择、评判网络舆论生态治理的实现过程。方法论辩证要求我们不仅要回答思想政治教育是如何把握网络舆论工作格局的,而且也要在问题的回答中进一步厘清思想政治教育在网络舆论工作格局中的认识误区。

一、方法论辩证的命题解析

方法论辩证的命题解析必须要回答三个问题:第一,方法论在思想政治教育把握网络舆论工作格局过程中具有何种理论本性?第二,方法论研究是如何突破网络舆论生态治理的内在冲突,从而在思想政治教育把握网络舆论工作格局中充分展示自己的本质力量?第三,方法论可否促成一种新的主体参与意识的觉醒与生成,并成为新时代思想政治教育传播学的时代精神表达?

第一个问题表现为以下三个方面:首先,方法论的理论本性关注网络舆论工作格局中的现实的个人。"有怎样的网民就有怎样的网络舆论,怎样的网民就有怎样的网络文化。有人说,互联网改变了历史。但是,更多的人则认为,

---

① 孙正聿. 理论思维的前提批判:论辩证法的批判本性 [M]. 北京:北京师范大学出版社,2017:29.

改变历史的不是互联网，而是互联网后面的人。"① 正是因为现实个人的存在，才有了理性与非理性并存的网络舆论，才有了多姿多彩的网络文化。思想政治教育把握网络舆论工作格局，要以现实个人"不断生成、不断变易、永无定形的存在"② 作为出发点，不能完全将非理性网络舆论参与的个人排除之外，只有在网络舆论生产、消费、传播过程中更多地观照现实个人的情感表达和利益诉求，思想政治教育才能在"立地"的前提下走向"顶天"，才能在"在思想政治教育理论研究和理论创造中走出'理论家'"③。其次，方法论的理论本性揭示网络舆论冲突的社会根源，勾画网络舆论工作格局的实践蓝图。思想政治教育把握网络舆论工作格局的现实必然性，是同网络舆论冲突密切相关的。如果网络舆论冲突得不到重视和解决，网络舆论生态失衡就会成为燎原之势，个人就会在网络舆论的世界中恣意妄为，甚至是为了"自我实现"和问题的解决而走向违法的边缘。这些都为思想政治教育把握网络舆论工作格局提供了现实条件，更为重要的是，思想政治教育传播实践也为解决这些问题开始寻找推动和满足自身发展的实践蓝图。最后，方法论的理论本性反映思想政治教育把握网络舆论工作格局的时代意义。对于网络舆论生态失衡镜像，不同学科已经在不同程度上取得了共识，尽管思想政治教育也处于"在场"的状态，但如何使"在场"创造出更多的价值，则成为思想政治教育把握网络舆论工作格局的现实任务和难题。理论本性的彰显就是要充分运用思想政治教育基本原理，深入网络舆论生产、消费、传播过程中，把"人的问题"视为对网络舆论工作格局的问题实质，在网络舆论生态治理过程中彰显人的本质力量，使每一个具体的、现实的个人，都可以且能够运用思想政治教育回答和解决网络舆论工作格局中现实任务和难题的主体力量。这其中既包括了人所接受的思想政治教育，也涵盖了思想政治教育对网络舆论生态治理的价值实现。

第二个问题表现为以下两个方面：第一，方法论研究要凸显价值排序在网络舆论生态治理中的评判依据。价值排序"它不仅研究单个价值的序位和作用，更关注价值体系中各个价值原则之间的关系和逻辑，它不单是道德个体的排序选择，也是社会共同体的价值选择和价值观确定的关键"④。方法论研究要以价值排序为主要内容来把握网络舆论工作格局，以主流意识形态和社会主义核心

① 蒲红果. 说什么怎么说：网络舆论引导与舆情应对 ［M］. 北京：新华出版社，2013：13.
② 丁立群. 哲学·实践与终极关怀 ［M］. 哈尔滨：黑龙江人民出版社，2000：178.
③ 孙其昂. 时代呼唤思想政治教育理论家论要 ［J］. 思想教育研究，2019（7）：18.
④ 张彦. 当代"价值排序"研究的四个维度 ［J］. 哲学动态，2014（10）：19.

价值观规范人们在网络舆论生产、消费、传播过程中的思想、思维、行为的方式和内容，建构符合网络舆论工作格局目标取向的方法原则。从根本上说，价值排序就是要将那些有危、有害和不利于网络舆论生态平衡的非理性因素作为批判和重构的对象，目的在于为思想政治教育传播实践融于网络舆论生态治理提供合法性依据。在这个过程中，尽管价值冲突依然存在，但网络舆论生态治理的内在冲突却有了和解与化解的可能。第二，方法论研究如何展示自己的本质力量，这一问题实际上就是对方法论研究如何塑造满足网络舆论工作格局要求的价值观的回答。网络舆论工作格局要求的价值观，是同网络舆论生态平衡的价值立场和价值追求相一致的，它以公众理性参与网络舆论和"最大公约数"的价值属性为前提。本质力量很明显就是关于公众如何理性参与网络舆论，网络舆论生态如何摆脱失衡危险的思想落实，它确立了主流意识形态和社会主义核心价值观在网络舆论工作格局中的主导地位，深刻体现了方法论研究促进思想政治教育把握网络舆论工作格局的重要意义和作用。也就是说，方法论本质力量的彰显正是通过促进思想政治教育在网络舆论工作格局中的价值实现来完成的。

第三个问题表现为在以下两个方面：一方面，方法论研究体现网络舆论工作格局的方法论争，从思想政治教育传播实践到新时代思想政治教育传播学，这种发展意识已经以自觉的方式在网络舆论工作格局中显现，在网络舆论生态治理过程中表达着思想政治教育的时代精神。作为新时代思想政治教育传播学，它内在的要求思想政治教育要通过对网络舆论工作格局的把握，不断重新创造出适应于自身以及适应于网络舆论工作格局的思想、理论、原则和方法，把对网络舆论工作格局的把握高度提升到新时代思想政治教育传播学的历史进程之中。显而易见，其超越了"传播实践"的现实维度而走向学科与科学化的存在，新时代思想政治教育传播学所表达的正是网络舆论工作格局中主体参与意识的觉醒与生成，是对人类精神与时代精神的极致表达。另一方面，方法论研究寻求价值尺度与历史尺度的统一，在网络舆论生产、消费、传播过程中重建思想政治教育的精神导向和价值形态。网络舆论工作格局要以思想政治教育的方式包含着网络舆论生产、消费、传播的内容与方法，精神导向和价值形态只有真正作用于公众网络舆论参与过程，思想政治教育才能构成网络舆论工作格局的精神内核，才能与网络舆论生态治理相契合。从这一过程出发，方法论研究就不应该只是对思想政治教育传播实践的坚守，而应该看到网络舆论工作格局对思想政治教育的吁求，看到公众主体参与意识以一种新的发展理念对网络舆论工作格局的塑造作用。价值尺度与历史尺度统一的真正意义在于，它驱散了笼罩在网络舆论工作格局上方的各种虚假、非理性、致幻的迷雾，把"人的问题"与思想政治教育价值置于网络舆论工作格局的中心，在问题的探索和求解中不断勃发人的创造力量和精神状态，把有限的目标和无限的超越统一在价值与历史的双重尺度之中。

二、信息交往：在网络舆论生产、消费、传播中生成观念

信息交往，顾名思义就是在信息的互通有无中从事人类的生产实践活动。"在人的社会交往活动中，信息是必不可少的要素，交往关系无不体现出信息交流关系，或者说人类政治、经济和文化交往中无不贯穿着信息的交流过程。"① 思想政治教育把握网络舆论工作格局，是一项主体性较强的信息交往过程。首先，思想政治教育需要在网络舆论生产、消费、传播过程中完成对信息的获取、认知、筛选和定位等环节，以便在对信息的描述中展示网络舆论自身强大的信息能量，从而极大地吸引和影响思想政治教育传播实践对网络舆论生态治理的融于进程。其次，网络舆论生产、消费、传播过程中固然包含着信息交往的成分，但何种信息交往是有利于思想政治教育把握网络舆论工作格局的，或者说建立在信息交往基础上的网络舆论工作格局将会呈现何种样态，都是需要认真加以研究的。这里面就涉及了"观念生成"的问题，即信息交往如何生成我们需要的价值观念。最后，信息交往改变了网络舆论生产、消费、传播过程的链接关系，它借助思想政治教育传播实践概括了信息交往所要遵从的最普遍的原则，即立足于网络舆论生态平衡来考察信息交往的自觉活动规律，在方法论上给思想政治教育把握网络舆论工作格局以指导。

从研究对象上看，信息交往与思想政治教育把握网络舆论工作格局的方法论辩证近似于如下关系：其一，信息交往需要遵循技术、网络、价值的逻辑，将网络舆论生产、消费、传播过程高度整合成能够为思想政治教育传播实践提供针对网络舆论生态失衡的信息处理过程。信息交往研究网络舆论生产、消费、传播过程中所遇到的观念生成问题，如观念生成是针对单个人的网络舆论生产、消费、传播，还是在"最大公约数"的前提下综合考察观念生成的行为指向。也就是说，不同的行为指向均会产生不同的网络舆论生态，每一种信息交往都以思想政治教育传播实践为发展取向，亦即信息交往既要追求网络舆论生产、消费、传播过程中观念生成的最大化与最优化，还要借助思想政治教育传播实践来处理信息交往本身存在的更为复杂的问题，如信息交往如何摆脱信息的编

---

① 孙伟平．信息时代的社会历史观［M］．南京：江苏人民出版社，2010：79-80.

码控制，信息交往如何支配信息以促动观念生成等。其二，信息交往为思想政治教育把握网络舆论工作格局奠定了网络基础。从宏观层面而言，信息交往不仅具有特定的价值动力，而且也在严格意义上对网络舆论生产、消费、传播过程作出规范化的理解。但问题在于，信息交往将网络舆论工作格局中诸多非理性的因素联系起来，公众网络舆论参与不仅需要处理附着在信息交往之上的不相干问题，而且还要进一步充实和发展网络舆论生产、消费、传播过程。此时，信息交往就如同硬币的两面，如何利用信息交往，使其不再是直观地再现信息的流动与互换，而是成为对网络舆论生产、消费、传播过程的观念生成，并直接指向网络舆论工作格局所必然具有的价值本性，则是我们对信息交往研究对象的本质把握。

从功能上看，思想政治教育把握网络舆论工作格局，必须在网络舆论生产、消费、传播中生成符合思想政治教育传播实践立场的观念，这对于引导公众科学认识网络舆论工作格局具有重要的方法论指导意义。在网络舆论生产、消费、传播中生成观念，其实质就是要把网络舆论场改造成思想政治教育传播实践的价值场域。信息交往作为一种实践活动，其本身就会遇到各种价值问题。然而，网络舆论场中的信息交往，却使这种价值场域变得更加神秘莫测，要么将其设定为超脱于世俗社会的具有乌托邦性质的价值想象，要么将其当作某种自足的独立王国，在其中可以任由公众网络舆论参与。种种此类的信息交往，都不能按照思想政治教育传播实践的初衷来理解观念生成的问题，都不能用认识来源于实践的解释原则来评价观念生成的问题。因此，思想政治教育把握网络舆论工作格局的方法论辩证，一方面要吸取信息交往中的合理因素，沿着思想政治教育融于网络舆论生态治理过程，对其进行必要的哲学研究和价值理解，概括观念生成的历史范畴，并使之得以升华，成为新时代思想政治教育传播学的有益补充。另一方面，要"从价值与评价相互规定相互生成相互作用的角度，从评价活动的结构所规定的主体自我相关效应，来理解评价活动的特殊本质及其具体表现"①。也就是说，我们考察网络舆论生产、消费、传播中的观念生成，一定要遵从价值论的视野，把信息交往确立为一个价值问题，廓清其与网络舆论工作格局的价值关联，并在观念生成中区别和规定思想政治教育传播实践所涉及的价值概念。

---

① 马俊峰. 马克思主义价值理论研究［M］. 北京：北京师范大学出版社，2012：244-245.

三、传播关系：观念回到实践的思想转化与再现

观念回到实践的思想转化与实现，是多种因素作用的结果。首先，观念在回到实践之前，往往依照公众对网络舆论工作格局的主观理解，尤其是公众具体的网络舆论参与思想和行为，通过不同的实践方式引起网络舆论生态的变化，完成一定的诉求和目的。在这里，观念要按照主体的要求发生一定的变化，而且这种变化构成了观念回到实践。其次，观念回到实践需要正视一个问题，即观念如何正确指导实践，这就需要思想政治教育传播实践作为指导标准来加以衡量。也就是说，要借助思想政治教育传播实践过滤、筛选、排除掉那些不利于网络舆论生产、消费、传播的"杂质"观念，在网络舆论内容方面要深入契合主流意识形态和社会主义核心价值观的内在要求，充分发挥和调动参与主体的积极性，以主体的实际参与行为不断彰显和反映观念的逻辑体系、内在本质、运动规律，以促成其在下一步实践中的转化和再现。最后，观念要成为实践着的参与的公众的观念，且要适应公众网络舆论参与的实践要求和各项环节，因为"思想本身根本不能实现什么东西。思想要得到实现，就要有使用实践力量的人"①。

传播关系离不开实践活动的发展，需要在观念回到实践的过程中去把握。当我们仅从抽象意义上考察传播关系时，思想政治教育把握网络舆论工作格局就经历了从微观世界向宏观世界的转变。一方面，微观世界的传播关系，是以现实个人的网络舆论参与为中心的。当个体微观世界进入到传播关系视野的时候，思想政治教育把握网络舆论工作格局就开始以个体的实际参与现状为中心。传播关系本身所具有的特点不仅为成就个体微观世界的意义建构提供了便利，而且也为"思想武器"与"日常观念"的碰撞和融合创造了条件。实际上，传播关系对微观世界的关注，代表着立足于公众网络舆论参与的思想政治教育传播实践的生成与发展，这对于网络舆论生态治理，尤其是网络舆论工作格局而言，具有说明其自觉程度的作用。另一方面，宏观世界的传播关系，是以网络舆论生态平衡为大前提的。从这一点出发，任何传播关系的建立都必须从结构失衡、控制失衡、表达失衡的窠臼中解放出来，以积极的心态看待网络舆论生态失衡镜像，以及思想政治教育传播实践融于网络舆论生态治理过程的一系列问题。传播关系在宏观世界的形成，必须通过思想政治教育传播实践的介入才

---

① 中共中央马克思恩格斯列宁斯大林著作编译局．马克思恩格斯文集：第 1 卷［M］．北京：人民出版社，2009：320.

能发挥作用，它同思想政治教育把握网络舆论工作格局的程度呈正比例关系。也就是说，思想政治教育把握网络舆论工作格局的程度越高，传播关系对宏观世界的把握就越成熟，一个充满客观、理性、自觉、平衡的传播关系就越容易建立。同时，在此基础上，传播关系根据宏观世界的发展要求，对其自身观念进行必要的创造和转化，以建构更加合理的传播场域，使之更加贴近网络舆论工作格局的价值诉求，更为公众网络舆论参与所接受、认同和践行。

从观念回到实践的思想转化过程来看，微观世界的传播关系大多源于个体感性体验的触发，公众对传播关系的理解和建构，基本源于自身所在的各式各样的网络舆论生产、消费、传播实践活动，以使其对网络舆论的诉求同传播关系发生实际的关联，从而有意识地建构传播关系。在这一过程中，观念的认识过程是一个感性体验不断深化的过程，公众通过大脑将其对网络舆论生产、消费、传播过程中各种各样的观念加以组合、转化成自己对网络舆论工作格局的认识与理解，并作为直观感受作用于网络舆论参与全过程，"这一阶段人们认识的特点是感性直观和生动具体"① 的。通过这一阶段的认识，观念借助公众的表象体验来反映网络舆论工作格局的现象，但它并没有同网络舆论工作格局发生具体的实践关联，并不说明它是一种理性具体的观念，也不代表公众完全可以利用此类观念正确作用于网络舆论工作格局。观念回到实践的思想转化，更多的是感性、直观的体验在网络舆论工作格局中的实践升华，距离理性、具体的观念仍有一定的距离。从观念回到实践的思想再现结果来看，观念开始在思想政治教育传播实践的作用下发生实质性的变化，它从对个体微观世界的关注开始转向网络舆论工作格局宏观世界的表达，开始具有思想政治教育传播实践的观念蕴含。再现结果层面的观念，必定是经历了实践的检验，取决于公众网络舆论参与的成败，取决于网络舆论生产、消费、传播过程的考验，取决于思想政治教育把握网络舆论工作格局的程度，这些都在实践层面加深了观念能否回到实践，以及可否反映实践的本质与规律的问题求解。如果观念回到实践，但却不能有效解释、回答、解决网络舆论工作格局中的现实难题，那么建立在此种观念基础上的传播关系就不能对宏观世界发挥作用，也不能全面系统地反映思想政治教育把握网络舆论工作格局的真正价值。

思想政治教育把握网络舆论工作格局的方法论辩证，一定要以实践的方式掌握观念的认识、反映、转化和再现过程。只有以理性、自觉的态度研究和探索网络舆论生态治理过程中的问题，观念才能在公众网络舆论参与过程中成为

---

① 欧阳康. 马克思主义认识论研究 ［M］. 北京：北京师范大学出版社，2012：178.

思想政治教育把握网络舆论工作格局的有力抓手，才能在对问题的实践求索中不断以理论的方式把握宏观世界与微观世界，才能不断丰富和深化自身。

四、参与行为：实践对网络舆论工作格局的价值完成

如果我们把网络舆论工作格局视为一个价值完成的过程，公众在网络舆论生产、消费、传播过程中的具体参与行为，就会成为价值完成的表现对象，我们只有在此基础上进行相应的对照、检查和评价，才能客观、理性、全面地把握价值完成的过程。

从价值完成层面反观公众网络舆论参与行为，不仅需要注意到参与行为是实践的一种表现方式，而且要研究它对网络舆论生产、消费、传播的多方面影响，从网络舆论工作格局的高度充分利用它们。实践能力有大小，实践方式有很多，公众究竟采用何种实践方式进行网络舆论参与，都离不开他们自身对网络舆论生产、消费、传播实践的理解与判定。也就是说，实践对网络舆论工作格局的价值完成，其根本任务就是要使实践成为激发公众参与行为的价值动力，"激发和提升人的价值追求，意味着强化人的价值意识，激发人的价值需求，调控人的价值取向，完善人的价值观念，开发人的创价潜能，制导人的创价活动，促进人的全面发展"①。一方面，实践只有成为创造价值的实践，公众参与行为才能按照思想政治教育的发展逻辑以一定的方式展开在网络舆论工作格局之中，直接或间接地促成公众参与行为发生一定的改变，并推动网络舆论工作格局的价值完成。另一方面，实践必须考虑到公众主体参与的价值需求，和网络舆论作为客体的属性表现和关系形式，实践不能单方面考虑一方，必须在网络舆论工作格局中秉持融合性原则，以一定的方式将两者共同统一在思想政治教育传播实践的价值范畴之中，既满足了实践本身的发展需要，也反映了网络舆论自身的价值欲求。正是在这个意义上，实践对网络舆论工作格局的完成才是均衡的、多样的、统一的，思想政治教育把握网络舆论工作格局的方法论辩证才是可能和可行的。

从参与行为的实践方式和程度来把握网络舆论工作格局的价值完成，有两个基本方面：第一，在实践方式上，公众参与行为以理性方式向网络舆论工作格局提供价值视野。价值视野基于思想政治教育把握网络舆论工作格局的实践本性和崇高追求，它肯定了公众参与行为在网络舆论生产、消费、传播过程中的正向作用，为网络舆论生态治理提供了现实依据，而且也越来越以理性的方

---

① 欧阳康. 哲学研究方法论［M］. 武汉：武汉大学出版社，1998：585.

式不断改变网络舆论工作格局。作为实践方式，理性既回应着网络舆论生态失衡的挑战，也试图以其自身的力量不断规制公众参与行为。如果借用丹尼尔·贝尔"文化断裂"来形容，那么此处就可以视为是"理性回归"对网络舆论工作格局的价值完成。"理性回归"总结了公众参与行为的不足之处，看到了网络舆论生态失衡的风险威胁，使公众更加清晰地认识到思想政治教育把握网络舆论工作格局的重要性和紧迫性，强调要重新审视作为实践方式的参与行为应当如何回应网络舆论工作格局的价值诉求。第二，在实践程度上，公众参与行为要在哲学层面形成对网络舆论生产、消费、传播的批判性反思，深入到网络舆论生态失衡镜像之中，反省包括网络舆论抵触（消解）思想政治教育传播实践在内的一切价值冲突活动，摆脱公众参与行为对集体无意识和群体极化的依赖，建立以实践理性为基础的行为转向。归根到底，参与行为对网络舆论工作格局的价值完成，在一定程度上就是公众作为主体的"实践革命"，它划分为两种层级：一种是以网络舆论生态平衡为实践关切，另一种是以网络舆论工作格局为价值关切。前者更多的是从网络舆论生产、消费、传播层面观照"实践革命"的整体性影响，并无过多涉及主流意识形态和社会主义核心价值观的作用表现。后者则在前者的基础上，深化思想政治教育传播实践，将思想政治教育同网络舆论工作格局相结合，以深层次的思想政治教育价值来规范和指导网络舆论工作格局中公众的参与行为，从而促使公众参与行为变成对"实践革命"的价值承诺。正因如此，以价值承诺推动"实践革命"，公众参与行为完成对网络舆论工作格局的深层价值践履，并在"实践革命"中揭示公众参与行为同网络舆论工作格局的价值关系，在网络舆论生产、消费、传播过程中揭示思想政治教育的价值规律。

实践对网络舆论工作格局的价值完成，深刻地体现着实践作为公众参与行为所蕴含的关系。实践作为公众参与行为的表现，它需要靠作为主体的公众来把握网络舆论工作格局，需要从思想政治教育传播实践的价值出发来统筹考虑网络舆论生产、消费、传播过程，这一过程清楚地告诉我们，参与行为并不是沉溺在网络舆论工作格局中抽象的存在，也不是停留在理论研究上所显现出的文字，而是构成了网络舆论工作格局中价值关系的基础。值得深入思考的是，思想政治教育把握网络舆论工作格局的方法论辩证，只有揭示公众参与行为背后的价值链条以及相应的价值关系，才能揭示思想政治教育是如何存在并把握网络舆论工作格局的。

第三节　网络舆论工作格局中思想政治
教育传播的实践创新

　　"创新是思想政治教育发展最核心的内涵，或者可以说，它是思想政治教育发展的灵魂。"① 思想政治教育传播实践创新有其内在的发展理路，不能就创新而创新，必须要在网络舆论生态治理的语境中加以考察。结合思想政治教育传播实践融于网络舆论生态治理的过程要求，在既有关系体现、融于基础上提出思想政治教育传播实践创新的哲学沉思，就是对思想政治教育传播实践创新的发展阐释，既有发展方向的价值意蕴，也有发展目标的理念达成。哲学沉思从公众网络舆论参与，网络舆论生产、消费、传播和网络舆论生态平衡三重维度出发，对思想政治教育传播实践创新的依据、过程、形态展开不同形式的哲学沉思。从这个意义上讲，哲学沉思就是从网络舆论生态治理入手，着重对那些已经发生了的，即将发生或者可能发生的规律性问题作出探讨。

　　一、公众网络舆论参与：思想政治教育传播实践创新的依据假设

　　在网络舆论生态治理语境下，思想政治教育传播实践创新都是围绕公众网络舆论参与这一基础问题展开的。哲学沉思力求从一般问题和特殊问题中寻求普遍必然性，公众网络舆论参与是否可以充分把握网络舆论生态治理普遍必然性的本质，而不是仅仅停留在一般问题的参与之中。我们提出思想政治教育传播实践创新的依据假设，就是以公众网络舆论参与为出发点，试图通过对公众网络舆论参与的一般问题和特殊问题的把握，以此作为综合评析网络舆论生态治理的问题切入点，并试图勾勒思想政治教育传播实践创新的思路。以这一问题为始点的哲学沉思，自然就具有了通向网络舆论生态治理深处的理性条件，在把握现象的同时也具有了超越直观的能力。

　　一般问题是表面问题，它往往停留在公众网络舆论参与的直接态度和现实行动当中，具有暂时性、易变性、个别性的特征，是完全可以被人理解和掌握的。思想政治教育传播实践创新的依据假设，就是要在这些一般问题中总体考察公众网络舆论参与的现实必要与可能，依据对公众直接态度和现实行动的直观理解，提出网络舆论生态治理如何超越一般问题的理论假设。我们要理解一

---

　　① 邱柏生，董雅华．思想政治教育学新论［M］．上海：复旦大学出版社，2012：290.

般问题的依据假设性质，首先应当明确公众网络舆论参与是如何作为一般问题来作用于思想政治教育传播实践的。正因如此，思想政治教育传播实践创新就要处理好公众网络舆论参与对一般问题的把握，善于利用一般问题来创造思想政治教育传播实践的理想世界。

从一般问题出发，任何形式的公众网络舆论参与都要在网络舆论生态治理中确定自己的对象。一方面，一般问题是最为直观和普遍的表象，它较为形象地展现了公众网络舆论参与的现状，而由直接态度和现实行动所构成的一般问题却间接地表现着人们对自己本质的占有程度，"对象如何对他来说成为他的对象，这取决于对象的性质以及与之相适应的本质力量的性质"①。从这个层面上讲，一般问题意味着公众网络舆论参与创造了一个可以占有自己本质的存在物，只不过这个存在物并没有完全超出自己的活动范围和限度，缺乏通达必然性存在的能动自觉。另一方面，一般问题揭示了公众网络舆论参与的活动轨迹，它把公众的直接态度和现实行动呈现为可以改造的对象性关系，成为思想政治教育传播实践的作用范畴，在一定程度上满足了网络舆论生态治理的需要。实际上，虽然一般问题以某种客观性反映着公众网络舆论参与，但却只能通过感性的实践活动获得，甚至在必然性方面缺少对网络舆论生态治理的深层触及。换句话说，一般问题只能以理念的、观念的、形式的问题存在，只能作为感性直观的形式为思想政治教育传播实践创新提供依据。

特殊问题是核心问题，它包含公众网络舆论参与特有的实践特质，反映网络舆论生态治理的内部矛盾，具有无限性、永恒性、深层性的特征，关系到公众网络舆论参与是否可以得到健康理性的发展。特殊问题从公众网络舆论参与的内部出发，力求在有限、变化、感性的直接态度和现实行动中把握公众网络舆论参与的全部。也可以说，特殊问题是以整体的、必然的、特殊的方式把握公众网络舆论参与的全过程，是适用于思想政治教育传播实践创新的哲学思维方式。正是这种对特殊问题的把握，使公众网络舆论参与"立足于直接的现实性而发生，又超越于直接的现实性而驰骋"②。此时，特殊问题就作为理解公众网络舆论参与的必然性问题，具有了科学反映和能动体现网络舆论生态治理的概念范畴。一般来讲，这一概念范畴是可以被思想政治教育传播实践创新所用的，是其依据假设的概念引入，并使之成为可能。一方面，特殊问题将公众网

---

① 中共中央马克思恩格斯列宁斯大林著作编译局．马克思恩格斯文集：第 1 卷［M］．北京：人民出版社，2009：190.

② 欧阳康．哲学研究方法论［M］．武汉：武汉大学出版社，1998：30.

络舆论参与的核心问题视为自己的研究对象，并对之进行哲学把握。如公众网络舆论参与是否存在对网络舆论生态平衡的善治追求，公众网络舆论参与是否存在矛盾的对立与统一，公众网络舆论参与如何彰显人对自己本质的全面占有等。这些问题从不同侧面将特殊问题涉及的概念、范畴、体系纳入思想政治教育传播实践创新的依据假设之中，通过依据假设实现对特殊问题的哲学沉思和理论建构。另一方面，特殊问题是对公众网络舆论参与最为本质的问题关注，它通常运用一些比较简单的方式提出最为普遍、必然和彻底的问题。如公众网络舆论参与在感性与理性之间的转换，公众网络舆论参与进入理性之境后的活动展开，公众网络舆论参与如何应对网络舆论生态的变与不变等。这些问题均有初级形式和高级形式的表现，只不过它是否定之否定的无限演进过程，是公众网络舆论参与不断通达自身又不断超越自身的活动展开。特殊问题正是以这种方式不断趋近于思想政治教育传播实践创新的预设依据，并推进公众网络舆论参与不断趋近于无限至极的自我超越。

依据预设是公众网络舆论参与的哲学思维表现。依据预设不仅可以帮助我们在公众网络舆论参与的理解中寻求对普遍必然性问题的关注，还可以运用哲学思维的前提批判揭示公众网络舆论参与同思想政治教育传播实践创新的现实关系。因此，从公众网络舆论参与出发，思想政治教育传播实践创新的依据假设有两个重要的切入维度：一般问题和特殊问题。我们对一般问题和特殊问题的关注，是从感性直观到理性至极的哲学沉思出发的。对思想政治教育传播实践创新的哲学沉思，要求我们要遵循两种基本思路：一是要坚持将一般问题上升到特殊问题，由表及里触及公众网络舆论参与的问题实质，在对特殊问题的根源分析中找准思想政治教育传播实践创新的定位；二是要坚持一般问题与特殊问题相统一，在辩证理解中提升对公众网络舆论参与的综合认知，意识到这是一个对立与统一的过程。

二、网络舆论生产、消费、传播：思想政治教育传播实践创新的过程致思

网络舆论在生产、消费、传播诸阶段均有着区别，这些差异是思想政治教育传播实践创新的过程致思对象，我们只有通过具体问题具体分析才能得以了解和掌握。就网络舆论生产、消费、传播而言，它与思想政治教育传播实践有着过程的同一性。过程致思，就是从同一性出发去追问网络舆论生产、消费、传播诸阶段同思想政治教育传播实践创新的关系。这是一个哲学思维的问题，也是一个实践过程的课题。

在网络舆论生产阶段，思想政治教育传播实践创新还未真正发生，只是初步具有融于网络舆论生态治理的意向。这主要是因为处于生产阶段的网络舆论，不论是其理论形态还是实践指向，都不足以对网络舆论生态运行产生整体的评价，也无法形成完整、系统、有效的网络舆论生态链条。这种状况就决定了思想政治教育传播实践创新只能作为一种"域外"的总体性理论对此加以观照，而且也只能笼统地作出直观的理解。所以，它一开始提出的问题就是网络舆论生产关于整个网络舆论生态的"本源"问题。对于"本源"问题，我们习惯性地从哲学思维层面作出理解。首先，"本源"问题包含了对网络舆论"是什么"和"生产什么"的概括，在"是什么"中表述网络舆论的性质，在"生产什么"中确定网络舆论的作用对象，以及它能够产生的有价值的知识。其次，"本源"问题被看作网络舆论生产的萌芽，将其作为理论形态的知识内容，是思想政治教育传播实践创新必不可少的理论形式。这种理论形式一方面开启了科学认识网络舆论生产的开端，它的主要作用在于通过"本源"问题揭示网络舆论在生产阶段的规律性问题，为人们进一步认识网络舆论奠定基础；另一方面它又以知识内容的形式描述思想政治教育传播实践创新的理论前提，作为一种自发阶段的"本源"探索，网络舆论生产同样具有对完整理论形态的求知和理解，并根据探索结果来适时调整自己的生产样式和过程。最后，"本源"问题必须将其置于网络舆论生态的综合理解之中，如何从总体上去研究"本源"问题的实质、问题和方法，这是思想政治教育传播实践创新必须要重视和调整的研究对象。

在网络舆论消费阶段，公众的参与立场和需求促成了网络舆论的消费构成，而且在消费阶段，网络舆论的一个重要评判指标就是它在何种层面才能作为公众的消费对象，并在公众网络舆论参与中得到发展。如果网络舆论没有得到消费，那么它就不能获得相应的社会价值，我们自然也不能对其现实合理性作出正确的评价。因此，从根本上说，消费关系到网络舆论被公众接受的整体水平。网络舆论被消费，既是公众对网络舆论认识的全面提高，也是网络舆论以对象性关系作用于公众的体现，同时也是公众在消费过程中获取主体性的重要手段。从自发到自觉，是处于消费阶段网络舆论的重要特征。一方面，不论是何种性质、有何意指的网络舆论，它们都能在客观社会中找到答案，有着深刻的现实基础。面向消费的网络舆论，如何超越消费的自发性而使公众趋向自觉，何以克服网络舆论的局限性而使消费趋于理性，这是公众网络舆论参与的关键一环，也是判别网络舆论消费如何的重要条件。另一方面，消费为网络舆论注入人的主观化成分，既有人的需要、理念、情感、利益，也有人的现实的物质生产和交往关系，此种情况下的网络舆论消费在很大程度上依赖于人的行为，是走向消费理性，还是以消费来完成对自己的现实满足，都是公众网络舆论参与要面对和解决的问题。思想政治教育传播实践创新就是要破除网络舆论消费的两难性，以思想与行为的契合来完成对网络舆论自发式消费和拟人化思维的消解。对消费的重视，以消费来反思公众网络舆论参与，是思想政治教育传播实践创新的"自我革命"，它意味着网络舆论消费不是公众主观化的现实改造，而是依据客观现实进行的参与规范，为思想政治教育传播实践创新提供了持续化的作用空间，在对消费的表象探寻和实质追寻中不断确立网络舆论的自身定位。

在网络舆论传播阶段，网络舆论以其对公众网络舆论参与的塑造，真正地实现了对网络舆论生态运行过程的影响，再现了公众同网络舆论的结构关系和作用方式，同时也以其对普遍性问题的系统探索建构了网络舆论生态的理想图景。就网络舆论生产、消费、传播过程而言，传播是网络舆论的最后阶段，但却不是过程的终点。传播凭借对网络舆论的事实判断和价值推导，在公众网络舆论参与之间建立了通达理想世界的交流桥梁。此时，公众所面对的不再是单纯的网络舆论本身，而是由网络舆论演化出来的符号和价值，是公众的理念世界和客观世界的对立与统一。首先，传播使网络舆论得以现实化。我们知道，现实性是网络舆论的物质属性，但还不足以成为其现实化的条件，网络舆论唯有在现实的物质生产和交往实践中得到传播，其现实化才会成为可能，才能一举揭开网络舆论生态的奥秘。其次，传播包含公众对网络舆论的本质认同。不论是同质性还是异质性的网络舆论，只要能在公众之间得以广泛地传播，我们便可认为其获得了公众网络舆论参与的认可。但这种认可并不能彻底消除网络舆论传播的内部差异与结构矛盾，这也是导致网络舆论走向异化的直接推手。最后，传播承认网络舆论的演变规律，脱离规律去研究网络舆论，终究要把网络舆论变成纯粹的形式。这就意味着，传播必须要在正确认识网络舆论的演变规律中去进行，不能罔顾网络舆论的现实基础而片面追求传播效果，也不能因固守传播规律而无视网络舆论的社会效益。因此，思想政治教育传播实践创新，必须要在传播中研究网络舆论，在网络舆论中探寻传播规律，在根本上实现对网络舆论生态运行的规律性认识。

三、网络舆论生态平衡：思想政治教育传播实践创新的形态追问

网络舆论生态平衡实际上包含了对思想政治教育传播实践创新的形态追问，这是一种哲学的致思方式和实践过程。一方面，思想政治教育传播实践创新要求以哲学的致思方式理解整个网络舆论生态。不论是平衡的还是失衡的网络舆论生态，思想政治教育传播实践创新都要对其作出适应性的改变。这主要是因

为形态追问要向人们提供一种正向的、确定的、价值的意义图景，除了要足以表达网络舆论生态的运动情况之外，还要展示思想政治教育传播实践的"革命价值"。另一方面，平衡是网络舆论生态的运动目标，是走向善治的网络舆论生态治理的基础条件。思想政治教育传播实践创新的形态追问，实际上就是力图通过哲学致思的方式完成对网络舆论生态运动过程的理解，尤其是提出和分析网络舆论生态平衡对网络舆论生态治理的总体性影响。

形态追问至少包括三种提问方式：第一，网络舆论生态发生了什么？第二，网络舆论生态平衡是怎样发生的？第三，网络舆论生态平衡对思想政治教育传播实践创新意味着什么？在此基础上考察网络舆论生态平衡，实际上也是考察它同思想政治教育传播实践创新的关系，揭示它们的形成过程和运动规律。

就第一种提问方式而言，思想政治教育传播实践创新往往无法判定其运动结果。作为一种处于不断变化和发展过程之中的事物，网络舆论生态究竟发生了什么，我们是否可以从思想政治教育的角度对其加以分析？更进一步地说，怎样正确理解网络舆论生态中主体与客体的关系实质？网络舆论生态虽然是一项复杂的系统运动，但在其发生过程中仍表现着人作为主体和网络舆论作为客体的基本关系。运动是我们全面理解网络舆论生态是什么的基本切入点，因为只有运动才能有助于我们掌握网络舆论生态中的主客体关系，才能在思想政治教育传播实践创新视域中对其进行认识和分析，并最终从认识层面深入到网络舆论生态的运动过程，对其作出实质性的考察和判断。所以，对网络舆论生态是什么的形态考察，必然涉及对主客体关系的认识。主客体关系的认识是思想政治传播实践创新的首要任务，也是其基本范畴关系。在网络舆论生态发生之时，也就是其运动之初，主客体关系就随着网络舆论生态的运动规律形成了自己的基本框架，并展开对网络舆论生态的认识研究。主客体关系的存在，从本质意义上决定了思想政治教育传播实践创新要围绕它们的基本矛盾关系作出合规律性的安排，这既是主客体关系的认识和改造，也是思想政治教育传播实践创新对网络舆论生态的形态追问。

就第二种提问方式而言，网络舆论生态平衡的发生源于对自身整个运动过程的全面了解，只有建立在整体视野的基础上，符合网络舆论生态运行机理的运动过程，才可以达到平衡的运动状态。平衡，既是一种运动过程，也是一种运动结果。就其运动过程而言，它意味着网络舆论生态平衡大致经历了系统内部的冲突与融合，是各方要素相互制约、相互促进、相互影响的过程表现。就其运动结果而言，它意味着网络舆论生态平衡是作为一项运动过程的结果达成，是对至极和超越的结果追求。平衡抓住了网络舆论生态发生的规律和实质，是对其运动矛盾的全面掌握，也反映出网络舆论生态在平衡状态下应有的哲学特质。作为一种过程和结果的概念，平衡并不意味着网络舆论生态可以暂时停止运动，不论平衡持续多久，思想政治教育传播实践创新都要对网络舆论生态平衡作出形态追问，都需要提出关于它的致思理念和系统理论。一方面，思想政治教育传播实践创新要在网络舆论生态平衡范围内达成对其矛盾关系的对立与统一。不能正确认识矛盾关系，就无法对网络舆论生态平衡作出正确的形态追问。因为只有在矛盾关系中考察形态的必要，我们才能得出网络舆论生态平衡是以矛盾的形式为运动前提的。另一方面，思想政治教育传播实践创新是在不断分化与统一中得到发展的，没有矛盾关系的存在，就不会有分化与统一的发展可能，自然也就不会产生对形态追问的哲学致思。

就第三种提问方式而言，网络舆论生态平衡是思想政治教育传播实践创新的重要场域，我们要不断推动思想政治教育传播实践创新走向深入。同网络舆论生态平衡一样，思想政治教育传播实践创新也是一项持续运动的活动。思想政治教育传播实践创新的形态追问，一方面要着力建构理想的运动关系，创造一个适应于思想政治教育传播实践创新的活动空间，这其中就包括对作为主体的人的网络舆论生态平衡的过程性考察；另一方面要保持对网络舆论生态平衡的影响关系的考察，认识到它对思想政治教育传播实践创新的作用地位和价值意义，并以此来建构思想政治教育传播实践创新的理想形态。网络舆论生态平衡，是思想政治教育传播实践创新的理想形态，但并不是最终的形态。从理想形态出发，我们可以认为思想政治教育传播实践创新完成了对网络舆论生态的外在作用，并使之走向平衡的运动状态，这是网络舆论生态运行的理想追求，也是走向善治的网络舆论生态治理的基础。说其不是最终的形态，主要是源于思想政治教育传播实践创新没有完成时，只有进行时。只有不断推进思想政治教育传播实践创新，网络舆论生态才能始终借助其导向力量，始终处于平衡的运动状态。从这一点而言，最终形态其实就是对理想形态的孜孜追求，是理想形态得以持续化、运动化、常态化的结果。依据这些内容，我们可以认为，思想政治教育传播实践创新的形态追问，蕴含两方面内容：第一，在追问价值层面，网络舆论生态平衡同思想政治教育传播实践创新达成了内在的契合，具有目标的同一性和过程的运动性；第二，在形态达成方面，网络舆论生态平衡同思想政治教育传播实践创新共同经历了由自发到自觉的过程，这是认识实践的升华过程，也是形态达成否定之否定的过程。

结语

新时代思想政治教育传播学的布局与走向

这是一个网络化的时代。一方面，人们借助互联网技术从事生产生活和交往实践，在网络世界不断形成超越自我的主体力量，积极处理人与人、人与社会的关系，而且在这种关系的处理中，人们提出更新、更多适应互联网生存的要求，极大地满足了人们自我发展的需要。另一方面，网络化生存的虚拟性日渐式微，这既有互联网应用的技术规制原因①，也有互联网发展至今的普遍性和广泛性因素，互联网技术日渐凸显人的主观印记，并成为自我个性表达、能力彰显的平台。如 QQ、微博、微信的网络交流，网络挂号、网络摇号、网络约车、网络外卖、网络缴费、网络保险等网络服务，抖音、快手等短视频平台，不一而足。

网络社会的崛起，尤其是伴随着大数据、人工智能的快速发展，新时代思想政治教育传播学如何布局并走向何方，将是一个值得深入研究的前沿问题。在我们思考新时代思想政治教育传播学的时候，一定要明辨哪些是"传播"的东西，"传播"面临哪些难题，以及如何"传播"的问题。这些问题都关乎我们能否在基本原理、基础理论、研究方法方面构建新时代思想政治教育传播学的理论形态。理论形态一旦确立，思想政治教育传播学研究就会成为可能，思想政治教育学就会深刻影响网络社会涉及的"人的问题"，就会超越传播学解决此问题面临的局限。这种转变，是传统思想政治教育和网络思想政治教育所不具备的，也在更深层次上推动了新时代思想政治教育学的科学化、现代化发展。

新时代思想政治教育传播学要关注舆论世界的丛林法则。丛林法则是舆论世界的规律，如果无视规律，即使人们在舆论世界里游刃有余，也定将会被丛林法则给吞噬。邹振东认为"弱者优势，情感强势，轻者为重，次者为主"②

---

① 如网络实名制。
② 邹振东. 弱传播：舆论世界的哲学［M］. 北京：国家行政学院出版社，2018：33.

是舆论世界的四大规律，且"舆论是不讲道理的"①。我们知道，情感是软化人类心灵的尤物，特别是能触动人们内心深处的那一类情感。舆论世界正是充分利用了情感这一优势，并将"情感先行"作为其实践法则。新时代思想政治教育传播学，要充分意识到情感在网络世界中的特殊作用和功能，应当从根本上将情感作为认识的出发点和实践的落脚点。在现实生活中，思想政治教育效果不佳、传播不强，高校思想政治理论课枯燥无味，究其原因是我们讲授的、宣扬的大多是"高高在上"的大道理，少了一点人间"烟火味"，并没有完全站在受教育者（受众）的立场观察他们到底是什么样的精神风貌，思考他们到底需要什么样的理论。思想政治教育学是"又红又专"的学科，但实践告诉我们，"又红又专"要想彻底掌握人民群众，且能被接受、信服和认同，尤其是人们在网络交往实践中愿意、乐意面对思想政治教育的引导和教化，就必须以"低姿态"面对舆论世界，以传播代替宣传的方式②触及舆论世界的丛林法则。如此，人民群众才会愿意、乐意去接受思想政治教育的熏陶、感化、引导和教育，思想政治教育才能取得理想的传播效果。

新时代思想政治教育传播学要回应舆论世界的伦理挑战。舆论世界充斥着种类繁多的信息，如有益的、中立的、不利的、有害的等，这些信息对人们的网络交往产生了巨大影响。它意味着人们在舆论世界中，可以凭借信息从事各类活动，可以任意"打扮"和"装饰"，至于流言、谎言、谣言、欺诈、攻讦、暴力等非理性网络舆论也都是可以存在的，且具有丰沃的生存土壤。"信息时代改变了伦理道德的社会基础，并导致伦理道德面临自身的理论悖谬。"③ 实际上，伦理挑战与网络舆论生态息息相关，只不过它通过舆论世界得以更好地呈现。也就是说，舆论世界的伦理挑战主要是从网络舆论生态失衡中衍生出来的，这一紧张状态也只有立足于思想政治教育传播实践才能找到相应的解决办法。尽管传播学、新闻学、伦理学都可以对此展开伦理分析，但在对舆论世界的主流意识形态进行分析时，都缺少了思想政治教育学的先天优势。新时代思想政治教育传播学要回应舆论世界的伦理挑战，一方面要致力于舆论世界中的"人的问题"，对网络舆论生产、消费、传播过程中涉及的价值传播问题展开理论研

---

① 邹振东. 弱传播：舆论世界的哲学 [M]. 北京：国家行政学院出版社，2018：32.
② 传统的宣传方式，大多是遵循"我说你听""我主你次""我强你弱""我重你轻"的实践逻辑。传播要想取得理想效果，就必须改变，甚至是颠覆此种实践逻辑。需要说明的是，这种改变仅限于学术理论研究层面，至于涉及官方宣传，自然是另外一回事，要具体问题具体分析，并不能一概按照此种逻辑进行。
③ 孙伟平. 信息时代的社会历史观 [M]. 南京：江苏人民出版社，2010：351.

究，在尊重舆论传播规律的基础上进一步确证人的本质力量。另一方面要关注网络活动中可能出现的道德困境与价值颠覆，在倡导思想政治教育价值的同时，还要借助法律手段对"非马""反马""淡马"行为进行规制。新时代思想政治教育传播学必须以超越性的力量回应舆论世界的伦理挑战，通过价值性的力量使不同立场、观念、诉求的人们都能在思想政治教育传播实践的指导下从事网络交往活动。

新时代思想政治教育传播学要重视舆论世界的感性传递。感性传递依赖于舆论世界背后的事件、话题和议题。在一个既定的网络舆论中，感性构成了公众网络舆论参与的基本形态，它能以无限拓展的方式将所有此情此景中的人们统一起来（包括所有共同或趋近的网络舆论参与动机、立场和价值取向），从而构成一个庞大的感性世界。当然，我们并不能以此否定感性世界对网络舆论生态的积极作用，只不过感性世界一旦进入同质化的境地，舆论世界就会被同一种声音所湮没，不管这种声音是理性的还是非理性的，其最终结果都会给网络舆论工作格局带来被动或不利的影响。"传递经验在网络社会的崛起中成为社会经验结构中的重要构成，并且已经上升为可以引导甚至支配在场经验的主导经验。"① 新时代思想政治教育传播学要重视对感性传递的经验研究，一方面要赋予感性传递在舆论世界以思想政治教育价值，促使公众依靠思想政治教育传播实践来提升感性传递带来的作用，在满足自我发展需要的同时不断在感性传递中织造思想政治教育的传播之网；另一方面要寻找聚集公众在舆论世界感性传递的刺激性因素，事实上每一种刺激性因素都直观地包含着能被公众利用的价值意识，思想政治教育传播实践能不能发现和改造这些价值意识，能不能对它们展开意识形态分析，都直接关系着新时代思想政治教育传播学能不能在舆论世界"落地生根"的问题。只有对感性传递加以"去粗求精""去伪存真"的改造，那些有利于网络舆论生态的价值意识才能彻底显露出来，公众网络舆论参与和思想政治教育传播实践才能摆脱感性传递的风险。

新时代思想政治教育传播学要成为舆论世界的"思想武器"。舆论世界必须回应现实世界，并使舆论焦点转向对现实世界的改造。如果舆论世界只是成为"众声喧哗"的世界，并无意对现实世界进行相应的改造，那么人与社会关系的实践基础就会遭受舆论世界的破坏，甚至是解体。也就是说，只关注自己而不关注现实世界的舆论世界，终究会沦为一个"只有声音没有行动"的"虚幻乌

---

① 刘少杰. 网络社会的结构变迁与演化趋势［M］. 北京：中国人民大学出版社，2019：116.

托邦"，并不构成对公众网络舆论参与和网络舆论生态治理的根本把握。舆论世界必须有"思想武器"作为指导，必须对公众网络舆论参与和网络舆论生产、消费、传播进行"思想的前提批判"。因此，新时代思想政治教育传播学应该趋向于舆论世界中人的现实存在，对人的网络交往和网络舆论生产、消费、传播过程给予深刻批判，对网络舆论生态治理引发的"人的问题"给予深切关怀，对网络舆论工作格局中人的解放与价值革命给予终极理解。这样，"思想武器"就标志着新时代思想政治教育传播学作为一种理论形态开始解释和改造舆论世界。然而，"思想武器"不能作为一种抽象的存在，而是必须存在于公众在舆论世界的具体参与行为，必须把新时代思想政治教育传播学引向对现实的人及其网络交往活动的存在，如此"思想武器"才能掌握人民群众，变成物质力量。即"思想武器"必须进行理论转化，即以实践的方式完成其理论的表达。新时代思想政治教育传播学要自觉地意识到这一点，作为一种特定的"思想武器"，它同公众网络舆论参与、网络舆论生态治理、网络舆论工作格局是密切相关、融为一体的。

这是一个传播的时代，也是一个思想传播的时代。新时代思想政治教育传播学是可为的，且是大有可为的。

参考文献

一、经典文献类

［1］中共中央马克思恩格斯列宁斯大林著作编译局．马克思恩格斯全集：第 3 卷［M］．北京：人民出版社，2002.

［2］中共中央马克思恩格斯列宁斯大林著作编译局．马克思恩格斯全集：第 31 卷［M］．北京：人民出版社，1998.

［3］中共中央马克思恩格斯列宁斯大林著作编译局．马克思恩格斯全集：第 40 卷［M］．北京：人民出版社，1982.

［4］中共中央马克思恩格斯列宁斯大林著作编译局．马克思恩格斯文集：第 1 卷［M］．北京：人民出版社，2009.

［5］中共中央马克思恩格斯列宁斯大林著作编译局．马克思恩格斯文集：第 8 卷［M］．北京：人民出版社，2009.

［6］中共中央马克思恩格斯列宁斯大林著作编译局．马克思恩格斯选集：第 1 卷［M］．北京：人民出版社，2012.

［7］中共中央马克思恩格斯列宁斯大林著作编译局．资本论：第三卷［M］．北京：人民出版社，2004.

［8］列宁．哲学笔记［M］．林利，等译．北京：中共中央党校出版社，1990.

［9］毛泽东．毛泽东选集：第一卷［M］．北京：人民出版社，1991.

［10］邓小平．邓小平文选：第三卷［M］．北京：人民出版社，1993.

［11］习近平．习近平谈治国理政［M］．北京：外文出版社，2014.

［12］习近平．习近平谈治国理政：第二卷［M］．北京：外文出版社，2017.

［13］习近平．在网络安全和信息化工作座谈会上的讲话［M］．北京：人民出版社，2016.

［14］习近平．决胜全面建成小康社会 夺取新时代中国特色社会主义伟大胜利——在中国共产党第十九次全国代表大会上的报告［M］．北京：人民出版社，2017.

［15］中共中央宣传部．习近平总书记系列重要讲话读本［M］．北京：学习出版社，人民出版社，2016.

二、中文著作类

［1］蔡文之．网络：21 世纪的权力与挑战［M］．上海：上海人民出版社，2007.

［2］曹茹，王秋菊．心理学视野中的网络舆论引导研究［M］．北京：人民出版社，2013.

［3］陈秉公．思想政治教育学原理［M］．北京：高等教育出版社，2006.

［4］陈华洲．思想政治教育资源论［M］．北京：中国社会科学出版社，2007.

［5］陈嘉映．何为良好生活：行于途而安于心［M］．上海：上海文艺出版社，2015.

［6］陈力丹，易正林．传播学关键词［M］．北京：北京师范大学出版社，2009.

［7］陈力丹．精神交往论：马克思恩格斯的传播观（修订版）［M］．北京：中国人民大学出版社，2016.

［8］陈力丹．舆论学——舆论导向研究［M］．北京：中国广播电视大学出版社，1999.

［9］陈先红．公共关系生态论［M］．武汉：华中科技大学出版社，2006.

［10］陈志伟，刘春阳.2018 年网络舆情热点扫描［M］．北京：国际文化出版公司，2019.

［11］董雅华．思想政治教育哲学问题研究［M］．上海：复旦大学出版社，2019.

［12］樊浩．中国伦理精神的现代建构［M］．南京：江苏人民出版社，1997.

［13］费孝通．乡土中国［M］．北京：生活·读书·新知三联书店，1985.

［14］冯平．评价论［M］．北京：东方出版社，1995.

［15］冯契．冯契文集：第一卷（增订版）［M］．上海：华东师范大学出版社，2015.

［16］谷佳媚．思想政治教育沟通的理论反思与建构［M］．北京：人民出版社，2014.

［17］郭湛．主体性哲学——人的存在及其意义（修订版）［M］．北京：中国人民大学出版社，2011.

［18］韩庆祥．马克思主义人学思想发微［M］．北京：中国社会科学出版社，1992.

［19］何萍．生存与评价［M］．北京：东方出版社，1998.

［20］贺麟．五十年来的中国哲学［M］．北京：商务印书馆，2002.

［21］金林南．思想政治教育学科范式的哲学沉思［M］．南京：江苏人民出版社，2013.

［22］荆学民．中国政治传播策论［M］．北京：中国传媒大学出版社，2017.

［23］李德顺．价值论（第二版）［M］．北京：中国人民大学出版社，2007.

［24］李为善，刘奔．主体性和哲学基本问题［M］．北京：中央文献出版社，2002.

［25］李希光．畸变的媒体（修订版）［M］．上海：复旦大学出版社，2004.

［26］刘朝霞．转型期网络舆论生态：动因、机制与模型［M］．北京：中国社会科学出版社，2016.

［27］刘纲纪．美学与哲学［M］．武汉：武汉大学出版社，2006.

［28］刘海龙．大众传播理论：范式与流派［M］．北京：中国人民大学出版社，2008.

［29］刘海龙．宣传：观念、话语及其正当化［M］．北京：中国大百科全书出版社，2013.

［30］刘建明．当代中国舆论形态［M］．北京：中国人民大学出版社，1989.

［31］刘建明．舆论传播［M］．北京：清华大学出版社，2001.

［32］刘少杰．当代中国意识形态变迁［M］．北京：中央编译出版社，2012.

［33］刘少杰．网络社会的结构变迁与演化趋势［M］．北京：中国人民大学出版社，2019.

［34］骆正林．舆论传播与社会治理案例分析［M］．北京：中国广播影视出版社，2016.

［35］马俊峰．马克思主义价值理论研究［M］．北京：北京师范大学出版

社，2012.

　　[36] 马俊峰．评价活动论［M］．北京：中国人民大学出版社，1994.

　　[37] 孟昭兰．人类情绪［M］．上海：上海人民出版社，1989.

　　[38] 欧阳康．马克思主义认识论研究［M］．北京：北京师范大学出版社，2012.

　　[39] 欧阳康．哲学研究方法论［M］．武汉：武汉大学出版社，1998.

　　[40] 欧阳林．思想政治教育传播学［M］．北京：北京交通大学出版社，2005.

　　[41] 蒲红果．说什么怎么说：网络舆论引导与舆情应对［M］．北京：新华出版社，2013.

　　[42] 齐振海．认识论新论［M］．上海：上海人民出版社，1988.

　　[43] 钱俊生，余谋昌．生态哲学［M］．北京：中共中央党校出版社，2004.

　　[44] 邱柏生，董雅华．思想政治教育学新论［M］．上海：复旦大学出版社，2012.

　　[45] 任燕妮．大学生思想政治教育传播有效性研究［M］．北京：中国社会科学出版社，2019.

　　[46] 邵培仁．媒介生态学：媒介作为绿色生态的研究［M］．北京：中国传媒大学出版社，2008.

　　[47] 沈壮海．思想政治教育有效性研究（第三版）［M］．武汉：武汉大学出版社，2016.

　　[48] 苏国勋．理性化及其限制——韦伯思想引论［M］．上海：上海人民出版社，1988.

　　[49] 孙隆基．中国文化的深层结构［M］．桂林：广西师范大学出版社，2004.

　　[50] 孙其昂．社会学视野中的思想政治工作［M］．北京：中国物价出版社，2002.

　　[51] 孙其昂．思想政治教育学前沿研究［M］．北京：人民出版社，2013.

　　[52] 孙其昂．思想政治教育现代转型研究［M］．北京：学习出版社，2015.

　　[53] 孙伟平．信息时代的社会历史观［M］．南京：江苏人民出版社，2010.

　　[54] 孙正聿．崇高的位置（修订版）［M］．北京：人民出版社，2010.

［55］孙正聿．理论思维的前提批判：论辩证法的批判本性［M］．北京：北京师范大学出版社，2017.

［56］童庆炳．文学理论教程（修订二版）［M］．北京：高等教育出版社，2004.

［57］汪晖，陈燕谷．文化与公共性［M］．北京：生活·读书·新知三联书店，1998.

［58］王沪宁．行政生态分析［M］．上海：复旦大学出版社，1989.

［59］王霁．认识系统运行论［M］．北京：中国人民大学出版社，1990.

［60］王浦劬，藏雷振．治理理论与实践：经典议题研究新解［M］．北京：中央编译出版社，2017.

［61］吴满意，景星维，唐登芸．网络思想政治教育理论前沿问题研究［M］．成都：四川大学出版社，2019.

［62］吴满意，宇文英，王欣玥．网络思想政治教育生态系统研究［M］．北京：人民出版社，2019.

［63］吴满意．网络人际互动：网络实践的社会视野［M］．北京：人民出版社，2015.

［64］吴声．场景革命：重构人与商业的连接［M］．北京：机械工业出版社，2015.

［65］夏甄陶．认识论引论［M］．北京：人民出版社，1986.

［66］项久雨．思想政治教育价值论［M］．北京：中国社会科学出版社，2003.

［67］徐继华，冯启娜，陈贞汝．智慧政府：大数据治国时代的来临［M］．北京：中信出版社，2014.

［68］薛宝琴．网络舆论引导机制研究［M］．北京：人民日报出版社，2018.

［69］叶方兴．社会之境——思想政治教育社会整合研究［M］．上海：上海人民出版社，2018.

［70］衣俊卿．回归生活世界的文化哲学［M］．哈尔滨：黑龙江人民出版社，2000.

［71］余仰涛．思想关系学——思想政治工作原理［M］．武汉：武汉测绘科技大学出版社，2000.

［72］俞可平．治理与善治［M］．北京：社会科学文献出版社，2000.

［73］张博，付长海，李静霞．传播学视域下的"生命线"［M］．北京：

知识产权出版社，2017.

[74] 张春林．当代中国传媒的受众策略——以受众身份为圆心进行探究 [M]．重庆：重庆出版社，2006.

[75] 张东娇．教育沟通论 [M]．太原：山西教育出版社，2002.

[76] 张澍军．德育哲学引论 [M]．北京：中国社会科学出版社，2008.

[77] 张耀灿，郑永廷，刘书林，等．现代思想政治教育学 [M]．北京：人民出版社，2001.

[78] 张一兵．问题式、症候阅读与意识形态 [M]．北京：中央编译出版社，2003.

[79] 张再兴．网络思想政治教育研究 [M]．北京：经济科学出版社，2009.

[80] 支庭荣．大众传播生态学 [M]．杭州：浙江大学出版社，2004.

[81] 周晓虹．现代社会心理学 [M]．上海：上海人民出版社，1997.

[82] 邹军．看得见的"声音"——解码网络舆论 [M]．北京：中国广播电视出版社，2011.

[83] 邹振东．弱传播：舆论世界的哲学 [M]．北京：国家行政学院出版社，2018.

三、外文译著类

[1] [美] B.S.布卢姆．教育评价 [M]．邱渊，王钢，夏孝川，等译．上海：华东师范大学出版社，1987.

[2] [美] B.盖伊·彼得斯．政府未来的治理模式 [M]．吴爱明，夏宏图，译．北京：中国人民大学出版社，2014.

[3] [法] E·迪尔凯姆．社会学方法的准则 [M]．狄玉明，译．北京：商务印书馆，1995.

[4] [美] E·阿伦森．社会性动物（第九版）[M]．邢占军，译．上海：华东师范大学出版社，2007.

[5] [德] H.李凯尔特．文化科学和自然科学 [M]．涂纪亮，译．北京：商务印书馆，1986.

[6] [美] R.尼布尔．道德的人与不道德的社会 [M]．蒋庆，阮炜，黄世瑞，等译．贵阳：贵州人民出版社，2009.

[7] [美] 阿尔温·托夫勒．第三次浪潮 [M]．朱志焱，潘琪，张焱，译．北京：生活·读书·新知三联书店，1983.

［8］［美］阿瑟·阿萨·伯格．通俗文化、媒介和日常生活中的叙事［M］．姚媛，译．南京：南京大学出版社，2000.

［9］［美］埃里克·霍弗．狂热分子：群众运动圣经［M］．梁永安，译．桂林：广西师范大学出版社，2011.

［10］［德］爱德华·封·哈特曼．道德意识现象学——情感道德篇［M］．倪梁康，译．北京：商务印书馆，2012.

［11］［英］安东尼·吉登斯．现代性与自我认同：晚期现代中的自我与社会［M］．夏璐，译．北京：中国人民大学出版社，2016.

［12］［英］安吉拉·默克罗比．后现代主义与大众文化［M］．田晓菲，译．北京：中央编译出版社，2001.

［13］［英］芭芭拉·亚当，［德］乌尔里希·贝克，［英］约斯特·房·龙．风险社会及其超越：社会理论的关键议题［M］．赵延东，马缨，等译．北京：北京出版社，2005.

［14］［美］保罗·罗伯茨．冲动的社会［M］．鲁冬旭，任思思，冯宇，译．北京：中信出版社，2017.

［15］［意］贝内德托·克罗齐．作为思想和行动的历史［M］．田时纲，译．北京：商务印书馆，2012.

［16］［美］本尼迪克特·安德森．想象的共同体［M］．吴叡人，译．上海：上海人民出版社，2016.

［17］［加拿大］查尔斯·泰勒．现代社会想象［M］．林曼红，译．南京：译林出版社，2014.

［18］［美］戴维·哈维．后现代的状况——对文化变迁之缘起的探究［M］．阎嘉，译．北京：商务印书馆，2003.

［19］［美］戴维·温伯格．知识的边界［M］．胡泳，高美，译．太原：山西人民出版社，2014.

［20］［美］丹尼尔·贝尔．资本主义文化矛盾［M］．赵一凡，蒲隆，任晓晋，译．北京：生活·读书·新知三联书店，1989.

［21］［美］丹尼斯·朗．权力论［M］．陆震纶，郑明哲，译．北京：中国社会科学出版社，2001.

［22］［美］道格拉斯·凯尔纳．媒体奇观——当代美国社会文化透视［M］．史安斌，译．北京：清华大学出版社，2003.

［23］［德］恩斯特·卡西尔．人论［M］．李琛，译．北京：光明日报出版社，2009.

［24］［英］格雷姆·伯顿. 媒体与社会：批判的视角［M］. 史安斌，译. 北京：清华大学出版社，2007.

［25］［法］古斯塔夫·勒庞. 革命心理学［M］. 佟德志，刘训练，译. 长春：吉林人民出版社，2004.

［26］［法］古斯塔夫·勒庞. 乌合之众：大众心理研究［M］. 冯克利，译. 北京：中央编译出版社，2005.

［27］［德］汉斯·萨克塞. 生态哲学［M］. 文韬，佩云，译. 北京：东方出版社，1991.

［28］［美］赫伯特·马尔库塞. 单向度的人：发达工业社会意识形态研究［M］. 刘继，译. 上海：上海译文出版社，2008.

［29］［德］黑格尔. 精神现象学：上卷［M］. 贺麟，王玖兴，译. 北京：商务印书馆，1979.

［30］［法］亨利·列斐伏尔. 空间与政治（第二版）［M］. 李春，译. 上海：上海人民出版社，2015.

［31］［荷］简·梵·迪克. 网络社会——新媒体的社会层面（第二版）［M］. 蔡静，译. 北京：清华大学出版社，2014.

［32］［法］居伊·德波. 景观社会［M］. 张新木，译. 南京：南京大学出版社，2017.

［33］［美］卡尔·霍夫兰，［美］欧文·贾尼斯，［美］哈罗德·凯利. 传播与劝服［M］. 张建中，李雪晴，曾苑，译. 北京：中国人民大学出版社，2015.

［34］［德］卡尔·曼海姆. 意识形态与乌托邦［M］. 姚仁权，译. 北京：中国社会科学出版社，2009.

［35］［德］卡尔·雅斯贝斯. 时代的精神状况［M］. 王德峰，译. 上海：上海译文出版社，1997.

［36］［美］凯斯·R. 桑斯坦. 极端的人群：群体行为的心理学［M］. 尹宏毅，郭彬彬，译. 北京：新华出版社，2010.

［37］［美］凯斯·R. 桑斯坦. 社会因何要异见［M］. 支振锋，译. 北京：中国政法大学出版社，2016.

［38］［美］凯斯·R. 桑斯坦. 信息乌托邦：众人如何生产知识［M］. 毕竟悦，译. 北京：法律出版社，2008.

［39］［美］凯斯·R. 桑斯坦. 网络共和国［M］. 黄维明，译. 上海：上海人民出版社，2003.

［40］［美］理查德·C. 博克斯. 公民治理：引领 21 世纪的美国社区［M］. 孙柏瑛，等译. 北京：中国人民大学出版社，2014.

［41］［法］卢梭. 社会契约论［M］. 何兆武，译. 北京：商务印书馆，2003.

［42］［美］罗伯特·基欧汉，［美］约瑟夫·奈. 权力与相互依赖（第四版）［M］. 门洪华，译. 北京：北京大学出版社，2012.

［43］［德］马克斯·韦伯. 经济与社会：上卷［M］. 林荣远，译. 北京：商务印书馆，1997.

［44］［美］马克斯韦尔·麦库姆斯. 议程设置：大众媒介与舆论：第 2 版［M］. 郭镇之，徐培喜，译. 北京：北京大学出版社，2018.

［45］［美］曼纽尔·卡斯特. 网络社会的崛起［M］. 夏铸九，王志弘，等译. 北京：社会科学文献出版社，2001.

［46］［美］梅尔文·L. 德弗勒，［美］埃弗雷特·E. 丹尼斯. 大众传播通论［M］. 颜建军，王怡红，张跃宏，等译. 北京：华夏出版社，1989.

［47］［美］尼古拉·尼葛洛庞帝. 数字化生存［M］. 胡泳，范海燕，译. 北京：电子工业出版社，2017.

［48］［英］诺曼·费尔克拉夫. 话语与社会变迁［M］. 殷晓蓉，译. 北京：华夏出版社，2003.

［49］［法］皮埃尔·布尔迪厄. 关于电视［M］. 许钧，译. 南京：南京大学出版社，2011.

［50］［法］皮埃尔·卡蓝默. 破碎的民主：试论治理的革命［M］. 高凌瀚，译. 北京：生活·读书·新知三联书店，2005.

［51］［法］让·鲍德里亚. 象征交换与死亡［M］. 车槿山，译. 南京：译林出版社，2012.

［52］［法］让·鲍德里亚. 消费社会［M］. 刘成富，全志钢，译. 南京：南京大学出版社，2014.

［53］［美］塞缪尔·亨廷顿. 文明的冲突［M］. 周琪，刘绯，张立平，等译. 北京：新华出版社，2013.

［54］［法］塞奇·莫斯科维奇. 群氓的时代［M］. 许列民，薛丹云，李继红，译. 南京：江苏人民出版社，2003.

［55］［斯洛文尼亚］斯拉沃热·齐泽克. 暴力：六个侧面的反思［M］. 唐健，张嘉荣，译. 北京：中国法制出版社，2012.

［56］［美］威尔伯·威廉·N. 施拉姆，［美］威廉·波特. 传播学概论

（第二版）[M]．何道宽，译．北京：中国人民大学出版社，2010.

[57]［德］沃尔夫冈·弗里茨·豪格．商品美学批判——关注高科技资本主义社会的商品美学[M]．董璐，译．北京：北京大学出版社，2013.

[58]［美］沃尔特·李普曼．公众舆论[M]．阎克文，江红，译．上海：上海人民出版社，2006.

[59]［美］沃尔特·李普曼．幻影公众[M]．林牧茵，译．上海：复旦大学出版社，2013.

[60]［美］沃尔特·李普曼．舆论[M]．常江，肖寒，译．北京：北京大学出版社，2018.

[61]［德］乌尔里特·贝克．风险社会：新的现代性之路[M]．张文杰，何博闻，译．南京：译林出版社，2018.

[62]［美］西德尼·塔罗．运动中的力量：社会运动与斗争政治[M]．吴庆宏，译．南京：译林出版社，2005.

[63]［美］小约瑟夫·S. 奈，[美]菲利普·D. 泽利科，[美]戴维·C. 金．人们为什么不信任政府[M]．朱芳芳，译．北京：商务印书馆，2015.

[64]［德］伊丽莎白·诺尔-诺依曼．沉默的螺旋：舆论——我们的社会皮肤[M]．董璐，译．北京：北京大学出版社，2013.

[65]［以色列］尤瓦尔·赫拉利．未来简史：从智人到神人[M]．林俊宏，译．北京：中信出版社，2017.

[66]［美］约翰·汤普森．意识形态与现代文化[M]．高铦，译．南京：译林出版社，2005.

[67]［美］约翰·R. 扎勒．公共舆论[M]．陈心想，方建锋，徐法寅，译．北京：中国人民大学出版社，2013.

[68]［美］约翰·杜威．公众及其问题[M]．本书翻译组，译．上海：复旦大学出版社，2015.

[69]［美］约翰·杜威．确定性的寻求：关于知行关系的研究[M]．傅统先，译．上海：上海人民出版社，2005.

[70]［美］约翰·杜威．我们如何思维[M]．伍中友，译．北京：新华出版社，2014.

[71]［美］约瑟夫·S. 奈．硬权力与软权力[M]．门洪华，译．北京：北京大学出版社，2005.

[72]［美］约瑟夫·S. 奈．论权力[M]．王吉美，译．北京：中信出版社，2015.

［73］［美］詹姆斯·N. 罗西瑙. 没有政府的治理［M］. 张胜军，刘小林，等译. 南昌：江西人民出版社，2001.

［74］［美］詹姆斯·W. 凯瑞. 作为文化的传播："媒介与社会"论文集［M］. 丁未，译. 北京：华夏出版社，2005.

［75］［美］詹姆斯·罗尔. 媒介、传播、文化——一个全球性的途径［M］. 董洪川，译. 北京：商务印书馆，2012.

［75］［美］詹姆斯·汤普森. 行动中的组织——行政理论的社会科学基础［M］. 敬义嘉，译. 上海：上海人民出版社，2007.

［76］［美］珍妮特·V. 登哈特，［美］罗伯特·B. 登哈特. 新公共服务：服务，而不是掌舵［M］. 丁煌，译. 北京：中国人民大学出版社，2004.

［77］［法］朱莉娅·卡热. 媒体的未来：数字时代的困境与重生［M］. 洪晖，申华明，译. 北京：中信出版社，2018.

［78］［日］佐佐木毅，［韩］金泰昌. 国家·人·公共性［M］. 金熙德，唐永亮，译. 北京：人民出版社，2009.

四、学术论文类

［1］薄明华，曾长秋. 论我国时政类网络社区舆论生态及其治理［J］. 湖南大学学报（社会科学版），2015（6）.

［2］蔡骐，袁会. 网络舆论生态的系统特性与管理策略［J］. 湖南师范大学社会科学学报，2017（6）.

［3］蔡拓. 全球治理与国家治理：当代中国两大战略考量［J］. 中国社会科学，2016（6）.

［4］蔡志文，万力勇. 浅论网络生态危机的表现及其文化之源［J］. 四川教育学院学报，2004（1）.

［5］陈联俊. 网络空间中马克思主义认同的挑战与应对［J］. 马克思主义研究，2017（6）.

［6］陈潭，杨孟著. "互联网+"与"大数据×"驱动下国家治理的权力嬗变［J］. 新疆师范大学学报（哲学社会科学版），2016（5）.

［7］陈宗章. 试论网络生态的基本特征［J］. 电子科技大学学报（社会科学版），2019（5）.

［8］陈宗章. 网络信息的价值生态及其建构［J］. 思想教育研究，2017（10）.

［9］褚松燕. 再论互联网时代的政府公信力建设［J］. 上海行政学院学

报，2018（1）.

　　［10］戴益民. 网络舆论与公民意识的培育［J］. 传媒观察，2008（2）.

　　［11］丁小芳. 全媒体时代舆论场的结构演化及其引导［J］. 南通大学学报（社会科学版），2019（4）.

　　［12］丁晓蔚，夏雨禾，高淑萍. 突发事件中的微博舆论动员及对策研究——基于大数据分析的实证研究［J］. 中国地质大学学报（社会科学版），2016（6）.

　　［13］东鸟. 当前我国网络舆论生态的主要特征和发展趋势［J］. 中国党政干部论坛，2016（2）.

　　［14］董阳，陈晓旭. 从"极化"走向"理性"：网络空间中公共舆论的演变路径——百度百科"PX词条保卫战"的启示［J］. 公共管理学报，2015（2）.

　　［15］杜忠锋，郭子钰. 微博舆情中情感选择与社会动员方式的内在逻辑——基于"山东于欢案"的个案分析［J］. 现代传播（中国传媒大学学报），2019（8）.

　　［16］费敏. 应对和化解高校网络舆论危机的教育对策思考［J］. 思想理论教育，2013（15）.

　　［17］冯培. 基于思想舆论网络传播问题导向的高校思想政治教育工作设计探究［J］. 思想理论教育导刊，2019（8）.

　　［18］高德胜，王瑶，张耀灿. 思想政治教育学的当代转向——应用思想政治教育的内涵与特征［J］. 思想教育研究，2018（5）.

　　［19］高如. 警惕网络舆论生态泛娱乐化的负效应［J］. 毛泽东邓小平理论研究，2017（8）.

　　［20］高中建，胡玉婧. 网络舆论生态失衡表现及其矫正［J］. 人民论坛，2014（14）.

　　［21］郭燕来. 如何行使意识形态的领导权［J］. 贵州社会科学，2016（12）.

　　［22］韩志明. 利益表达、资源动员与议程设置——对于"闹大"现象的描述性分析［J］. 公共管理学报，2012（2）.

　　［23］何明升. 中国网络治理的定位及现实路径［J］. 中国社会科学，2016（7）.

　　［24］胡泳. 中国语境下的网络"舆论场"［J］. 中国报道，2009（4）.

　　［25］黄娟娟. AR技术的虚拟与现实：网络空间之实在性反思［J］. 当代

传播，2017（1）.

[26] 焦德武. 公共性抑或公众性：观察网络舆论生态的两种视角 [J]. 湖南师范大学社会科学学报，2017（6）.

[27] 敬菊华，韩凯丽. 高校网络舆论生态的构建——基于思想政治教育效能实现的视角 [J]. 黑龙江高教研究，2015（2）.

[28] 靖鸣，陈阳洋. 从官员微博直播自首看微博舆论监督形态、特性与监管 [J]. 新闻与写作，2011（5）.

[29] 康培培，肖景辉. 复杂舆论生态中的"变"与"不变"——主流媒体"主题宣传"创新策略分析 [J]. 中国编辑，2018（5）.

[30] 匡宁，王习胜. 思想政治教育基本矛盾新论 [J]. 思想教育研究，2019（6）.

[31] 李厚锐，朱健. 媒介融合环境下高校网络思想政治教育创新 [J]. 思想理论教育，2018（2）.

[32] 李凌凌. 社会化传播背景下舆论场的重构 [J]. 中州学刊，2016（9）.

[33] 李冉. 谁之主流 何以主流：主流意识形态的问题研判与建设愿景 [J]. 清华大学学报（哲学社会科学版），2014（5）.

[34] 李伟东. 基于网络舆论生态平衡需求的高校宣传思想工作发展维度 [J]. 学校党建与思想教育，2016（24）.

[35] 李伟权，刘雁. 微信舆情叠加效应下群体性事件的预警与阻断问题研究——以广东 A 市环境群体性事件为例 [J]. 东北大学学报（社会科学版），2018（4）.

[36] 李永. 正面心理学视域下微博反腐舆论场形成机制探析 [J]. 郑州大学学报（哲学社会科学版），2017（3）.

[37] 梁海娜，李红亮. 谁之矛盾？何种矛盾性？——思想政治教育基本矛盾再思考 [J]. 思想教育研究，2018（12）.

[38] 廖小琴. 网络舆论——新时期思想政治教育的重要视域 [J]. 学校党建与思想教育，2003（9）.

[39] 刘红凛. 网络舆论监督的发展态势与有效运用 [J]. 中共中央党校学报，2017（3）.

[40] 刘建明. "两个舆论场"若干歧义的破解 [J]. 中国记者，2013（1）.

[41] 刘泾. 网络舆论生态视域中的谣言治理研究 [J]. 情报科学，2014

（5）．

［42］刘璐，谢耘耕．当前网络社会心态的新态势与引导研究［J］．新闻界，2018（10）．

［43］刘少杰．网络化时代的权力结构变迁［J］．江淮论坛，2011（5）．

［44］刘同舫．新时代社会主要矛盾背后的必然逻辑［J］．华南师范大学学报（社会科学版），2017（6）．

［45］刘霞，向良云．我国公共危机网络治理结构——双重整合机制的构建［J］．东南学术，2006（3）．

［46］刘子曦．故事与讲故事：叙事社会学何以可能——兼谈如何讲述中国故事［J］．社会学研究，2018（2）．

［47］柳卫民．网络舆论特征新解及发展趋势剖析［J］．云南行政学院学报，2015（2）．

［48］龙献忠，陈方芳．治理能力现代化视角下的网络舆论生态治理［J］．湘潭大学学报（哲学社会科学版），2017（3）．

［49］卢岚．从触及灵魂到触动利益——思想政治教育的社会合作之维［J］．理论与改革，2014（1）．

［50］卢岚．社会结构转型与思想政治教育的变革［J］．安徽师范大学学报（人文社会科学版），2014（1）．

［51］卢岚．网络社会的时空扩展、时空矛盾与思想政治教育［J］．思想理论教育，2018（7）．

［52］罗永雄．不完美的舆论与良性互动的必要——舆论作为话语体系的视角［J］．当代传播，2017（6）．

［53］孟钟捷．后真相与历史书写［J］．探索与争鸣，2017（4）．

［54］南振中．把密切联系群众作为改进新闻报道的着力点［J］．中国记者，2003（3）．

［55］聂辰席．营造和谐的网络生态［J］．求是，2007（18）．

［56］聂德明．对网络舆论场及其研究的分析［J］．江西社会科学，2013（2）．

［57］彭兰．场景：移动时代媒体的新要素［J］．新闻记者，2015（3）．

［58］彭兰．关于中国网络舆论发展中几组关系的思考［J］．国际新闻界，2009（12）．

［59］彭莹莹，燕继荣．从治理到国家治理：治理研究的中国化［J］．治理研究，2018（2）．

［60］秦前红，李少文．网络公共空间治理的法治原理［J］．现代法学，2014（6）．

［61］曲飞帆，杜骏飞．复杂系统论：中国网络舆论研究的范式转向［J］．南京社会科学，2017（11）．

［62］上官酒瑞．网络舆论生态治理的认识论分析［J］．求实，2018（6）．

［63］史安斌，杨云康．后真相时代政治传播的理论重建和路径重构［J］．国际新闻界，2017（9）．

［64］孙伟平．论信息时代人的新异化［J］．哲学研究，2010（7）．

［65］唐一之，李伦．"网络生态危机"与网络生态伦理初探［J］．湖南师范大学社会科学学报，2000（6）．

［66］王海英．网络舆论与公正司法的实现［J］．法学论坛，2013（2）．

［67］王慧．网络空间主流意识形态建设应强化五个思维［J］．党建，2017（3）．

［68］王侠．液态社会中新闻生产的变革与延续——基于对新闻客户端 M的分层访谈［J］．国际新闻界，2019（5）．

［69］王晓升．仿真与社会控制的新形式——评鲍德里亚对当代资本主义社会的批判［J］．福建论坛·人文社会科学版，2013（4）．

［70］王莹，孙其昂．思想政治教育基本矛盾"老问题"的新探索［J］．思想教育研究，2018（1）．

［71］王贤卿，吴倩倩．全媒体时代重大疫情网络舆情的特征、影响及引导策略［J］．思想理论教育，2020（3）．

［72］吴晓明．后真相与民粹主义："坏的主观性"之必然结果［J］．探索与争鸣，2017（4）．

［73］夏晓虹，张宇．加强网络舆论引导，有效开展网络思想政治教育工作［J］．理论学刊，2005（9）．

［74］肖楠，林熹．微博江湖：话语权垄断之忧——基于3250位微博博主的调查分析［J］．人民论坛，2013（10）．

［75］谢金林．网络舆论生态系统内在机理及其治理研究——以网络政治舆论为分析视角［J］．上海行政学院学报，2013（4）．

［76］谢晓娟，金国峰．网络空间法治化建设的路径分析［J］．马克思主义研究，2016（8）．

［77］谢瑶函，唐小林．论网络舆论背景下思想政治教育的创新［J］．黑

龙江高教研究，2015（11）．

　　[78] 徐椿梁，包迎华．网络舆论环境下高校思想政治教育中的价值延伸 [J]．中共宁波市委党校学报，2014（6）．

　　[79] 徐世甫．网络舆论生态治理研究 [J]．南京社会科学，2015（11）．

　　[80] 徐勇．GOVERNANCE：治理的阐释 [J]．政治学研究，1997（1）．

　　[81] 许慎．从网络舆论反转谈法治思维的培育 [J]．思想教育研究，2016（2）．

　　[82] 薛海玲．网络舆论生态形成的媒介环境分析 [J]．思想理论教育，2018（1）．

　　[83] 杨国荣．你的权利，我的义务——权利与义务问题上的视域转换与视域交融 [J]．哲学研究，2015（4）．

　　[84] 杨立青．浅议把制度文明建设作为网络舆论空间治理的根本之策 [J]．新闻记者，2017（4）．

　　[85] 叶方兴．论思想政治教育的知识生产 [J]．河海大学学报（哲学社会科学版），2015（4）．

　　[86] 叶方兴．论思想政治教育形态 [J]．学术论坛，2019（4）．

　　[87] 殷俊，李月起．网络舆论生态失衡矫正途径探析 [J]．新闻与写作，2015（9）．

　　[88] 俞可平．全球治理引论 [J]．马克思主义与现实，2002（1）．

　　[89] 喻国明．关于网络舆论场供给侧改革的几点思考——基于网络舆情生态的复杂性原理 [J]．新闻与写作，2016（5）．

　　[90] 袁勇．转型期中国舆论场变迁分期研究 [J]．河南社会科学，2019（3）．

　　[91] 宰飞．舆论生态平衡论——以《焦点访谈》为例 [J]．中国电视，2005（4）．

　　[92] 张爱军，许德胜．网络治理的三种模式：比较与选择 [J]．晋阳学刊，2014（6）．

　　[93] 张春波，赵远．"两个舆论场"下的舆论生态 [J]．青年记者，2015（23）．

　　[94] 张红薇．网络生态危机与网络主体的道德素质培育 [J]．河南师范大学学报（哲学社会科学版），2007（3）．

　　[95] 张金桐，曹素贞．网络舆论生态平衡模型架构与运行机理 [J]．当代传播，2017（4）．

［96］张苗苗．思想政治教育价值及相关概念辨析［J］．学校党建与思想教育，2017（3）．

［97］张勤．网络舆情的生态治理与政府信任重塑［J］．中国行政管理，2014（4）．

［98］张庆锋．网络生态论［J］．情报资料工作，2000（4）．

［99］张涛甫，王智丽．中国舆论治理的三维框架［J］．现代传播（中国传媒大学学报），2016（9）．

［100］张涛甫．纠偏：舆论场的结构性再平衡——兼论两种舆论引导偏向［J］．新闻与写作，2017（3）．

［101］张涛甫．两大舆论场：从竞争到融合［J］．新闻与写作，2019（4）．

［102］张涛甫．网络舆论生态的治理策略［J］．新闻与写作，2016（7）．

［103］张涛甫．舆论"流动性过剩"的风险考量及其化解之道［J］．天津社会科学，2014（1）．

［104］张瑜．论互联网的二重性与思想政治教育创新发展［J］．教学与研究，2018（7）．

［105］张瑜．网络思想政治教育研究：发展历程、问题与方法［J］．思想理论教育导刊，2016（10）．

［106］张之沧．从知识权力到权力知识［J］．学术研究，2015（12）．

［107］张志安，曹艳辉．大数据、网络舆论与国家治理［J］．社会科学，2016（8）．

［108］张志安，刘杰．人工智能与新闻业：技术驱动与价值反思［J］．新闻与写作，2017（11）．

［109］章留斌，陈天明，阿达来提·杂满，等．民间舆论场域中失效的议程设置与极化的网络群体——基于"江歌事件"新浪微博数据的内容分析［J］．情报科学，2019（2）．

［110］赵继伟．思想政治教育学研究对象新论［J］．湖北社会科学，2017（11）．

［111］赵孟营．社会治理现代化：从政治叙事转向生活实践［J］．西北师大学报（社会科学版），2016（4）．

［112］赵孟营．治理主体意识：现代社会治理的技术基础［J］．中国特色社会主义研究，2015（3）．

［113］赵义．社会"变狠"是今天严峻的问题［J］．南风窗，2013

（15）.

[114] 赵轶峰. 关于学术史的几个问题 [J]. 史学月刊, 2011 (1).

[115 朱春奎. 新型舆论生态下的官话困境 [J]. 人民论坛, 2013 (13).

五、中文报纸类

[1] 习近平. 习近平在全国高校思想政治工作会议上强调 把思想政治工作贯穿教育教学全过程 开创我国高等教育事业发展新局面 [N]. 人民日报, 2016-12-09.

[2] 中共中央国务院印发新时代公民道德建设实施纲要 [N]. 人民日报, 2019-10-28.

[3] 习近平. 总体布局统筹各方创新发展 努力把我国建设成为网络强国 [N]. 人民日报, 2014-02-28.

[4] 杜积西. 当前我国网络舆论特征及其应对 [N]. 光明日报, 2012-03-24.

六、外文文献类

[1] HEWSON M, TIMOTHY J. Sinclair. Approaches to global governance theory [M]. New York. State University of New York Press, 1999.

[2] PAGE B I, SHAPIRO R Y, DEMPSEY G R. What Moves Public Opinion? [J]. American Political Science Association, 1987, 81 (1).

[3] DOYLE T. A Critique of Information Ethics [J]. Knowledge, Technology and Policy, 2010, (23): 163-175.

[4] DUNLEAVY P, MARGETTS H, BASTOW S, et al. New Public Management Is Dead—Long Live Digital-Era Governance [J]. Journal of Public Administration Research and Theory, 2006, 16 (3).

[5] KUMLIN S. Ideology-driven opinion formation in Europe: The case of attitudes towards the third sector in Sweden [J]. European Journal of Political Research, 2001, 39 (4).

[6] MARGETTS H, DUNLEAVY P. The second wave of digital-era governance: a quasi-paradigm for government on the Web [J]. Philosophical Transactions of the Royal Society, 2013, 371 (1987).

[7] MOOR J H. What Is Computer Ethics? [J]. Metaphilosophy, 1985, 16 (4).

［8］ MUTZ D C, YOUNG L. Communication and Public Opinion：Plus Ca Change？［J］. *Public Opinion Quarterly*, 2011, 75（5）.

［9］ PACHECO J. Attitudinal Policy Feedback and Public Opinion ［J］. *Public Opinion Quarterly*, 2013, 77（3）.

［10］ PRICE V. Public Opinion Research in the New Century ［J］. *Public Opinion Quarterly*, 2011, 75（5）.

［11］ RAMADHAN A, SENSUSE D I, ARYMURTHY A M. e－Government Ethics：a Synergy of Computer Ethics, Information Ethics, and Cyber Ethics ［J］. *International Journal of Advanced Computer Science and Applications*, 2011, 2（8）.

［12］ RAMOS M, SHAO J, REIS S D S, et al. How does public opinion become extreme？［J］. *Scientific Reports*, 2015, 5（1）.

［13］ RISSE T. Global Governance and Communicative Action ［J］. *Government and Opposition*, 2004, 39（2）.

［14］ SHAPIRO P R Y. Effects of Public Opinion on Policy. ［J］. *The American Political Science Review*, 1983, 77（1）.

七、电子文献类

［1］ 中华人民共和国国家互联网信息办公室. 网络信息内容生态治理规定 ［EB/OL］. ［2020-2-21］. http：//www. cac. gov. cn/2019-12/20/c_1578375159 509309. htm.